The Jesus I never knew

published in agreement with the author,
Published by permission of Zondervan, Grand Rapids, Michigan

目次

第一部　イエスとは何者だったのか

1　私の知っていたイエス

このだれだかわからない男のことを大勢の人が噂していたとしよう。背がとても高かったと言う人もいれば、すごいちびだと言う人もいた。でぶなのが気にくわないと言う人もあれば、やせすぎていて気の毒だとも聞いた。肌の色が濃すぎると思った人もいれば、白すぎると思った人もいて、聞く人は困惑したとしよう。言うなれば……彼は普通と違う風貌をしていたのかもしれない。だがこんなふうに考えることもできる。彼はごく当たり前の体つきをしていたかもしれないのだ。おそらく（要するに）この非凡な人物は実に平凡な人物なのだ。少なくとも尋常で、真っ当な人間なのである。

——G・K・チェスタトン

初めてイエスに出会ったのは子どものころである。日曜学校で『主われを愛す』を歌ったり、「愛する主イエスさま」に寝る前の祈りをささげたり、聖書クラブの先生たちがフランネルボードの上で動かす切り抜き人形を眺めたりしながら、イエスに親しんでいった。イエスは粉末ジュースやクッキー、出席率がよければもらえる金の星と結び付いていた。

日曜学校で特に記憶に残っているのは、ある肖像画だ。それはコンクリートの壁に掛けられていた一枚の油絵だった。イエスは私の知るどんな男とも違い、流れるような長い髪を垂らしていた。細面で美しく、青みがかった乳白色の肌をしていた。まとっていた緋色のローブのひだには、戯れる光が描かれ、腕には、すやすや眠る子羊が抱かれていた。私は自分がその子羊になって、得も言われぬ祝福を受けている姿を想像した。

最近、イエスの生涯をわかりやすくまとめた本を読んだ。老境に入ったチャールズ・ディケンズが自分の子どもたちのために書いたものである。そこに描かれていたのは少年少女の頭をなでながら、「お父さんやお母さんの言うことをよく聞くんですよ」と言い聞かせるヴィクトリア朝の優しい乳母のようなイエス像だった。とっさに、日曜学校でいつも目にしていたイエスの肖像画を思い出した。親切で、人を包み込むようで、とげとげしたところが微塵もない、子ども向け番組の司会者ロジャースおじさんのような人だ。そういう人は、子どものころの私を安心させてくれた。

バイブルカレッジの学生になったとき、別の肖像画に出合った。当時人気のあったその絵のイエスは両手を広げ、ダリが描いたようなポーズでニューヨークの国連ビルにつるされていた。そこにいたのはあらゆるものを内在する宇宙的なイエスであり、変転する世界の中の静止点たる神であった。この宇宙的人物像は、私が子ども時代に見た、子羊を抱いた羊飼いのイメージとはずいぶん違っていた。

それでも学生たちは、その宇宙的なイエスについて驚くほど親しげに語っていた。大学の教職員たちは「イエス・キリストとの個人的な関係」を作り上げるよう熱心に勧め、私たちはチャペルでの礼拝で、ごくうちとけた言葉を使ってイエスへの愛を賛美した。薔薇の花にまだ露の残る庭をイエスと並んで歩くといった内容の歌もあった。学生たちは「主は私にこう言った……」というような言い方を気軽に口にしながら、自分たちの信仰について証ししていた。大学時代、私自身の信仰はある種の懐疑的な宙づり状態にあった。警戒し、混乱し、疑問を感じていた。

バイブルカレッジで過ごした日々をふり返ってみると、信仰がどれほど親密なかたちになっても、イエスは私から遠ざかっていくのだった。イエスは詮索の対象と化していた。私は福音書にある三十四の特別な奇跡を記憶していたが、そこから何の影響も受けてはいなかった。山上の説教を学びはしたが、あの不思議な言葉の意味をだれ一人――とりわけ私が――理解できていないこと、まして山上の説教に従って生きることなど不可能であるという事実から目を背け続けた。

その後、一九六〇年代に入ると（ほとんどの教会の例にもれず、この十年間のことを私が実際に知ったのは一九七〇年代に入ってからだったが）何に対しても異議申し立てが行われた。イエスの熱狂的なファンたちが、まるで宇宙から来たかのように、突如として表舞台に現れた。静穏な一九五〇年代だったら、〝イエス〟と〝熱狂的なファン〟は両立しない関係にあっただろうが、イエスの信奉者はもはや身なりのきちんとした中産階級の代表者ではなかった。だらしない、ぼさぼさ頭の過激派も混入したのだ。リベラルな神学者たちは、イエスがフィデル・カストロやチェ・ゲバラと並んでいるポスターを神聖なものとして大切にするようになった。

日曜学校の良き羊飼いや学生時代に出会った国連のイエスを含め、イエスの肖像画のほとんどすべてに口髭と顎髭が描かれていた。だが、口髭や顎髭はバイブルカレッジでは厳格に禁止されていたのである。そのとき、子どものころには思いもよらなかった疑問が頭をもたげ始めた。たとえば、互いに親切にし合うようにと人々に教えた男が、なぜ十字架にかけられなければならないのか。子どもに優しいロジャースおじさんやキャプテン・カンガルーを処刑するような政府があるだろうか。トマス・ペインは、幼い子どもの感性を傷つけるようなことを教える宗教は、宗教の名に値しないと言った。十字架は子どもの感性を傷つけないだろうか？

一九七一年、私はイタリアの映画監督ピエール・パオロ・パゾリーニの手がけた『奇跡の丘』（一九六四年）という映画を見た。この映画が公開されると、銀幕上のイエスなど認めることのない宗教界の権威ばかりか、パゾリーニの歯に衣着せぬ物言いや、彼が同性愛者でありマルクス主義者であることを知る映画界も憤慨した。パゾリーニはこの映画を皮肉たっぷりに教皇ヨハネ二三世にささげているが、それは教皇がこの映画の製作に間接的責任があったためである。あるとき、教皇が訪問中のフィレンツェに大変な交通渋滞が発生し、パゾリーニはホテルから一歩も出られなくなった。退屈しのぎにベッドサイド・テーブルから新約聖書を手に取った彼は、マタイの福音書を読んで感嘆する。そして、マタイの福音書に書かれている言葉だけを使った映画を作ることにしたのだった。

パゾリーニのこの映画を見ると、イエスを再評価する一九六〇年代の動きがよくわかる。南イタリアで撮影された低予算の白黒映画は、イエスの生きたパレスチナの様子をありありと伝えていた。パリサイ人たちは天をつくような被り物を頭にのせ、ヘロデの兵隊たちはファシストの分隊に少しばかり似ている。弟子たちはへまばかりする未熟な新兵のように演じていたが、イエス自身は強いまなざしと鋭い激しさをもった大胆不敵な人物に見えた。イエスが場所から場所へと忙しく移動する際、たとえ話や言葉がふり返りざまに短く言い放たれる。

あの激動の時代に青春時代を過ごした者でなければ、パゾリーニの映画の衝撃を理解することは難しいだろう。あのころの彼の映画には、映画館で嘲笑する群衆を黙らせるだけの力があった。過激派学生は、反物質主義的で、偽善的ではない、愛と平和のメッセージをいらただしいほど提唱した人が二千年前にもいたことを知らされた。

パゾリーニの映画を見て、私は当惑しながらも否応なくイエスのイメージを再吟味する羽目になった。イエスが好んだのは、バイブルカレッジから追い出されたり大概の教会から拒絶されたりしてきた人々のように見える。イエスは同時代人の中で、どういうわけか「大酒飲みで大食漢」との評判を得ていた。宗教家であれ政治家であれ、権力の座にある人々から、何かとごたごたを起こす人物、平和を乱す人物とみなされていた。名声、家族、財産、また成功するための旧来のやり方をさげすみ、革命家のようにしゃべり、行動した。パゾリーニの映画の台詞がすべてマタイの福音書から取られているという事実は否定できなかったが、伝えているものは明らかに、私がそれまでイエスに対して持っていた考えと合致しなかった。

これとちょうど同時期に、スラム地区に既成社会と価値観を異にするような共同体、コミューンを創ったビル・ミリケンという「ヤング・ライフ」のスタッフが、『優しいイエスよ、さようなら』という本を書いた。そのタイトルは、私の内側に起きつつあった変化をうまく表現していた。当時私は「ユース・フォー・クライスト」の機関紙であった『キャンパス・ライフ』誌で編集の仕事をしていたが、「要するに、このキリストって何者なんだろう」と不思議に思った。物を書き、あるいはほかの人の書いたものを編集している私に、疑問というちっぽけな悪霊が付きまとっていた。「おまえはそんなことをほんとうに信じているのか。それともただ、信じていれば好都合な公式見解を口にしているだけなのか。おまえはあの慎重で保守的な立場、つまり現代版のイエスに脅威を感じている集団に加わったというのか。」

私はイエスその人について記事を書くことを極力避けた。

＊

今朝パソコンの電源を入れ、画面が日付を映し出すのを見たとき、イエスの誕生が歴史を二分するほど重大な出来事であったことを無条件に認めざるを得なかった。この星で今までに起きたことはすべて、キリスト以前かキリスト以後のどちらかの範疇に分けられる。イエスの誕生は、人がそれを信じるか否かに関わらず、重大な出来事だったのだ。

一九六九年、アポロに乗った宇宙飛行士たちが初めて月に降り立ったとき、リチャード・ニクソンは興奮のあまり我を忘れた。「天地創造以来、最高に素晴らしい日だ!」 歓声を上げる大統領に、ビリー・グラハムは厳粛な面持ちでクリスマスとイースターを思い出させた。歴史のどんな物差しを持ってこようがグラハムは正しかった。このガリラヤ人がその生涯に言葉をかけた人間の数を合わせても、グラハムがこれまで満席にした多くのスタジアム一つ分にも満たないだろうが、イエスは他のどんな人間よりも世界を大きく変えた。歴史の中に新しい力の領域を導入し、今や地球に生きる全人類の三分の一がイエスに忠誠心を抱いているのである。

今日、イエスの名はのろう時にさえ使われている。ビジネスマンがゴルフのパットを打ち損なったときに「トーマス・ジェファーソン！」と叫んだり、配管工が工具で指を潰してしまったときに「マハトマ・ガンジー！」と金切り声を上げたりしたら、どれほど違和感を覚えることだろう。私たちは、このイエスという男から逃げることはできないのである。

H・G・ウェルズは言った。「千九百年以上も後に、クリスチャンを自称しない、私のような歴史家の目にも、事態の中心がこの最重要人物とその人生にあることは明らかだ……歴史家が一人の人間の偉大さを計るとき、基準に用いるのは『この人物は後に何をもたらしたか』である。人々はこの人物によって、それまでになかった方向から思考するようになり、それは彼の死後も根強く存続するだけの強さを持っていただろうか？　この基準に照らしてみれば、イエスはナンバーワンである。」　視界から消えていった船の大きさは、その航跡によって計ることができるのだ。

　しかし私は、歴史を変えたほどの偉大な人物だからイエスに関する本を書いているわけではない。ユリウス・カエサルや万里の長城を建設した中国の皇帝について書く気はない。私はどうしてもイエスに惹かれる。それはイエスが、自分こそが人生――私自身の人生――の分岐点であると自らを位置づけたからである。イエスは言った。「そこで、あなたがたに言います。だれでも、わたしを人の前で認める者は、人の子もまた、その人を神の御使いたちの前で認めます」（ルカ一二・八）。イエスによれば、私が彼について何を思ったか、そしてどのように応えたかが、私の運命を未来永劫決定してしまうのである。

　イエスの型破りな主張を文句なしに受け入れることもある。だが正直に言って、二千年前のガリラヤという場所に一人の男が生きていたということが、自分の人生に何らかの違いをもたらすだろうかと訝しく思うこともある。私は自分の中の、疑う者と愛する者の間にある緊張を晴らすことができるのだろうか。

　私は自分自身の疑いと対決するための手段として物を書く傾向がある。『痛むとき、神はどこにいるのか』〔訳注・邦題は『痛むキリスト者とともに』〕『神に失望したとき』といった拙著のタイトルは、ほんとうの私を暴露している。完全に癒えることがない古傷を指さすかのように、私はくり返し同じ疑問に舞い戻っている。神は地上にいる惨めな人々のことを心にかけているのだろうか。神にとって私たちは、ほんとうに重要なのだろうか。

大雪のコロラド山中で、二週間ほど山小屋に閉じ込められたことがある。道という道が猛吹雪のせいで封鎖され、パゾリーニと同じように聖書を読むことしかできなかった。一ページずつゆっくりと読み進め、気がつくと、旧約聖書の中で神に堂々と楯突いた人間に自分を重ね合わせていた。モーセ、ヨブ、エレミヤ、ハバククと詩篇の記者たちである。読みながら、芝居を観ているような気持ちになっていた。芝居の中の人間たちは、舞台の上でささやかな勝利や大きな悲劇に見舞われる人生を演じながら、目に見えない舞台監督に向かってくり返し呼びかける。「こっちがどんなものか、あなたにはわからないんだ！」　ヨブはだれよりも、ずけずけと神に向かってこういう糾弾をぶちかました。「あなたは肉の目を持っておられるのですか。あるいは、人間が見るように、あなたも見られるのですか」(ヨブ一〇・四)。

たびたび幕の後ろ、舞台のずっと奥からとどろくような声が鳴り響いてきた。「そうだ。だが、おまえだってこの舞台裏がどんなものかわかっていやしない！」　神はモーセに、預言者たちに、そしてヨブには最も声高にこう語られた。しかし福音書に来ると、この問い詰めるような声は静まった。こういう言い方が許されるのならば、神は、地球という星の範囲内にある人生がどのようなものか「理解された」。ヨブの苦しんだ埃っぽい平原から遠くない場所で、イエス自身が悲しみ苦しみながら、短く困難な生を知ったのである。神が人間になった理由はたくさんあるが、その中の一つは確かにヨブの、「あなたは肉の目を持っておられるのですか」という非難に対する答えだった。神はいっとき、肉の目を持たれたのである。

「ヨブのように嵐の中から神の声を聞き、神ご自身と言葉を交わすことさえできたなら！」時々そう思う。そして、おそらくそれがイエスについて書こうと決めた理由なのだ。神は無言ではない。「ことば」は語ったのである。嵐の中からではなく、パレスチナのユダヤ人という人間の喉から語ったのだ。まるで今まで生きてきたあらゆる懐疑論者の詮索好きな目のため、十字架の上に身を投げ出すかのように、神はイエスという姿になって解剖台の上に横たわったのである。そして、私も疑う者の一人なのだ。

＊

「あなたが見ているキリストの姿、私のキリストの最大の敵。
あなたのキリスト、あなたのように大きなかぎ鼻を持っている。私のキリスト、私と同じくしししっ鼻……。

あなたも私もふたりとも、夜昼聖書を読んでいる。だけど私が白と読めば、あなたはそれを黒と読む。」

――ウィリアム・ブレイク

イエスについて考えていると、カール・バルトの提示したたとえが心に浮かんだ。ある男が窓辺に立って通りを見つめている。外では人々が手を目にかざして空を見上げている。ところが、ビルの出っ張りに遮られ、男は人々が何を指さしているのか見ることができない。イエスの死から二千年後に生きている私たちの持つ視点も、窓辺に立っていたその男と似ていないこともない。私たちには叫び声が聞こえる。福音書にある行為や言葉、また福音書にまつわる多くの文献から学ぶことができる。しかしどれだけ知りたい気持ちがあったところで、肉体を持ったイエスをちらっとでも見ることはできないだろう。

こういった理由で、ウィリアム・ブレイクの詩がいみじくも表現しているように、イエスを捜し求める私たちには、自分の感知能力程度のものしか見ることができないこともある。たとえば、ラコタ族はイエスを「神の子バッファロー」と言う。キューバ政府は、肩にカービン銃をつるしたイエスの絵をまき散らしている。フランスと宗教戦争を戦っている間、イギリス人は「教皇はフランス人だが、イエスはイギリス人だ！」と叫んだものだ。

現代の学問は事態をいっそうあいまいなものにしている。神学校の書店で手に入る学術書を詳しく調べてみてどんなイエスに遭遇するかといえば、政治的革命家、マグダラのマリアと結婚した魔術師、ガリラヤのカリスマ、ラビ、農民でユダヤ人の冷笑家、パリサイ人、反パリサイ派のエッセネ派、終末論的預言者、「アウグストゥス帝のヤッピー的世界におけるヒッピー」、幻覚剤を使うマジックマッシュルーム・カルトの指導者としてのイエスだろう。真面目な学者たちが一抹の当惑を覚えながら、こうした書物を書いているのである。※

運動選手たちは現代の学問の目をうまくかすめ、独創的なイエス像を考え出している。アメリカンフットボールチーム、マイアミ・ドルフィンズの元ラインマン、ノーム・エバンスは、『神のチームで』という著書の中で次のように書いている。「かつてこの試合に出た男の中で、キリストは間違いなく最強のプレーヤーだ……もしキリストが今日生きていたら、彼は六フィート六インチ、二六〇ポンドもあるディフェンス・タックルで、いつも胸のすくようなプレーをし、私のような攻撃的なラインマンにはバックフィールドから追い出しにくい選手であるだろう。」　元ニューヨーク・ヤンキースの選手フリッツ・ピーターソンはもっと簡単に、野球のユニフォームを着たイエスを思い描いてこう書いた。「イエスのスライディングを受けた二塁手は左翼にぶっ飛び、ダブルプレーは封じられるはずだ。キリストはスピットボールを投げたりはしないだろうが、ルールの範囲で懸命にプレーすることだろう。」

こういう混乱の直中にあって、私たちは「イエスって何者だったの？」という素朴な質問にどう答えればいいのだろう。宗教とは無関係の歴史が多少の手掛かりを与えてくれている。不思議なことに、ほかのだれよりも歴史を大きく変えた人物は、その時代に生きた大方の学者や歴史家の注意を引かなかったのである。福音書を書いた四人でさえ、現代の読者に興味深い多くの部分を省いている。なにしろイエスの生涯の九割を抜かしているのだ。身体の特徴についてはだれも書いていないので、イエスの外見や身長、目の色について何一つわからない。家庭生活の詳細もほんの少ししか明らかでないので、イエスに兄弟姉妹がいたのかどうか、学者たちは今なお議論している。現代の読者にとって本質的と思われている伝記上の事実は、福音書の記者たちにとってまったく重要でなかったのである。

私はこの本の執筆にとりかかる前に数か月を費やし、カトリック、リベラルなプロテスタント、保守的福音派という三つの神学校の図書館で、イエスについて書かれたものを読んだ。最初の日に足を踏み入れて、単なる棚どころか壁という壁がすべてイエスに関する書物で埋まっているのを見たときは、このうえない威圧感を感じた。シカゴ大学のある学者は、過去二十年間にイエスについて書かれたもののほうが、それに先立つ千九百年間に書かれたものより数は多いと見積もっている。まるで、ヨハネの福音書の最後にあるあの大げさな意見が実現していたかのようだ。

「イエスが行われたことは、ほかにもたくさんあるが、もしそれらをいちいち書きしるすなら、世界も、書かれた書物を入れることができまい、と私は思う。」

(二一・二五)

学問の集塊に触れながら、私の感覚は鈍っていった。イエスの名前の語源的説明やイエスの話した言語をめぐる議論、ナザレやカペナウム、ベツレヘムにイエスがどれほどの期間住んでいたかについての論争などに関し、多くの書物を読んだ。だが真実に近いイエス像は、ぼんやりとした霧の中に遠のいていった。私の読んだ多くのイエス像を知ったら、イエス自身がびっくりしてしまうのではないかと思った。

同時に終始一貫して、福音書そのものに立ち返るたびに、この霧は晴れていくようでもあった。J・B・フィリップスは福音書を翻訳・意訳した後でこう書いた。「ギリシア語やラテン語でいろいろな神話を読んできたが、福音書には神話の匂いがまったく感じられなかった。……ある真実の出来事がこの背後にあるのでなければ、このように芸術性のない弱みだらけの記事を記録することなどだれにもできなかったことだろう。」

宗教書の中には宣伝《プロパガンダ》のすえた臭いを放っているものもあるが、福音書にはそれがない。マルコは、すべての歴史の中で最高に重大と言いうる出来事、神学者たちが「なだめ」「贖罪」「犠牲」のような言葉で、なんとか意味を伝えようとしている出来事を一文で記録している。

「それから、イエスは大声をあげて息を引き取られた。」　（マルコ一五・三七）

イエスの家族や隣人たちが、頭がおかしくなったのではないかと思ってイエスを遠ざけようとしたというような、奇妙で予測もつかない場面もある。聖人伝を書くつもりだったのなら、なぜそんな場面を入れたのだろう。最も献身的な弟子たちもイエスを有名にしようと計画するどころではなく、イエスを見て、「この人は何者なんだ?」と理解に苦しむばかりだった。

イエス自身は自分が何者なのか説明を要求されたとき、一分の隙もない証明を提供したりしなかった。イエスはところどころでヒントを口にしていたが、その後に、「だれでもわたしにつまずかない者は幸いです」（マタイ一一・六）とも言った。

一連の記述を読み、どこかの時点でイエスにつまずかなかった人物を見つけるのは困難だ。福音書は、イエスを何者と考えるか、その判断を大きく読者に投げ返している。福音書は、点を結んでいくと出来上がる絵というよりは、「だれがやったか」を問う（あるいはアリスター・マクグラスが指摘したように「彼女はだれだったか」を問う）推理小説のように展開するものなのだ。私は福音書のこうした謎解きのような性質に新鮮なエネルギーを見いだした。

死んだその日から、イエスを曲解するあらゆる理論がわき起こった。それは神が解剖台の上に自らの身体を差し出すという、畏れ多い危険を冒したことを裏付けているように思う。神は危険を歓迎したようだ。わたしを調べてごらん。わたしを試してごらん。おまえが決めるのだから――。

＊

イタリア映画『甘い生活』（フェデリコ・フェリーニ監督、一九六〇年）は、ヘリコプターがイエスの巨大な彫像をローマまで空送する場面から始まっている。イエスは両腕を広げた状態で吊り鎖に掛けられている。上空を通ってゆくヘリコプターを見て、人々はイエスに気がつく。「おい、あれはイエスさまだよ！」年老いた農夫が叫び、トラクターから飛び下りて野原を駆け抜けて行く。ローマに近づくと、プールサイドで日光浴をしていたビキニ姿の女の子たちが愛想よく手をふって挨拶し、ヘリコプターの操縦士はもっと近くに寄って見ようと急降下する。コンクリートのイエスは陰鬱と言っていいような表情を浮かべながら、現代世界の上空を場違いな感じで旋回している。

映画製作者のメル・ホワイトからイエスの生涯を撮った十五本の映画のコレクションを借りたとき、私のイエス探究は新しい方向に動きだした。映画のコレクションは、セシル・B・デミルによる一九二七年の無声映画の古典『キング・オブ・キングス』から、『神の呪い』と『綿花畑の福音』のようなミュージカル、きわめて現代的なフランス系カナダ人の視点で描かれた『モントリオールのジーザス』までと、多岐にわたっていた。私は場面ごとにあらましをはっきりさせながら、これらの映画を注意深く吟味していった。そしてその後二年間にわたり、イエスの生涯を学ぶ授業を受け持ち、議論の出発点に映画を使った。

授業の運びはこうだった。イエスの生涯における重大な出来事にさしかかると、私がさまざまな映画の中から注目すべきと思しき七本か八本を選び出し、それぞれの映画から二分ないし四分のカットを見せる。演出がこっけいだったり、堅苦しかったりするものを見せてから、徐々に核心をつく、また心を揺さぶるようなシーンへと移っていった。日曜学校や聖書の学び会に何年も通うと、先の展開が読めるようになるが、同じ出来事を七、八人の映画監督の目を通して見るうちに、教会での学びによってこびりついた古さびが剝がれてきた。映画の中には、解釈の異なるものもあったので、どれかが誤っているはずだった。だが、どの映画が間違っているのだろう。ほんとうは何が起こったのだろう。私たちは映画のワンシーンを見てから福音書の記述に戻り、再び議論を開始した。

この授業は、シカゴの中心街にあり、活発な信徒たちが集まっているラサール・ストリート教会で行われた。その中には、ノースウェスタン大学で博士号を取った人もいれば、その時間を暖かい部屋で一眠りする好機とするホームレスの人々もいた。主にこのクラスのお蔭で、私のイエス観は徐々に変容を遂げることになった。ヴァルター・カスパーは言った。「過激な考えだ……サンタクロースの格好をした神や、崩壊した世界の修復にあたる人が作業服に袖を通すように、人間性の中に潜り込んだ神を見たまえ。イエスが人間の知性と自由を持つ完全な人であったという聖書や教会の教義は、平均的クリスチャンの頭にはゆきわたっていないようだ。」白状すると、ラサール・ストリート教会の授業において、イエスという歴史上の人物との出会いを果たそうとするまでは、私の頭の中にもゆきわたっていなかったのだ。

私のイエスに人間性を取り戻させてくれたのは、本質的には映画だった。教会でくり返し唱えられる使徒信条は、キリストが永遠の昔から存在することや死後の栄光について語っているが、キリストの地上での経歴はほとんど無視している。福音書はイエスの死後何年も経って書かれたものだ。今日の私たちにとって朝鮮戦争が遠いものであるのと同じく、福音書もまた記者たちにとって遠い出来事について、イースターの反対側から報告している。映画を観ることにより、イエスの生涯を見る私の感覚はずっと昔のイエスと同時代の人々により近いものとなった。群衆の端っこにくっついているのはどんなものだったろう。私ならこの方にどう反応しただろう。ザアカイのように夕食に招待しただろうか。それとも、あの若い裕福な役人のように、悲しげな表情を浮かべて去って行っただろうか。あるいは、ユダやペテロのように裏切っただろうか。

イエスは、私がかつて日曜学校で出会ったロジャースおじさんのような人物に少しも似ていないし、バイブルカレッジで学んだ人物とも著しく違っていた。たとえば、イエスは一筋縄ではいかない人物だった。かつて持っていたイエスのイメージは、『スタートレック』に出てくるバルカン人の性格にそっくりだった。バルカン人はつねに冷静沈着、落ち着いており、興奮しやすい人間たちの乗った宇宙船地球号の中をロボットのように大股で歩いていた。だがそれは、私が見た福音書や名作映画に描かれているイエスの姿ではない。イエスの心は他の人々から深く影響を受けていた。人間の強情さに憤りを感じたり、自己正当化に激怒したり、素朴な信仰にわくわくしたりした。実際、イエスは人並み以下どころか、人並み以上に感情的、情動的であるように思われた。

イエスのことを研究すればするほど、整理分類するのが困難になった。イエスと同郷の人々の話題は主にローマの占拠についてだったのに、イエスはそれについてほとんど何も語らなかった。だが彼は鞭を手に取り、利を貪る者どもをユダヤの神殿から追い払った。違法者との評判を得る一方で、モーセの律法に従うよう熱心に説いた。中傷されながらも異邦人をあわれんだのに、最高の友には「下がれ。サタン」と厳しく叱責した。富裕な者やふしだらな女について断固たる見解を持っていたが、どちらのタイプの人間もイエスと共にいることを喜んだ。

ある日には奇跡がイエスから流れ出したかと思うと、翌日には人々の信仰が足りないためにその力は妨げられてしまう。ある日には再臨のことを詳しく語ったかと思うと、別の日にはそれがいつなのかわからないと言う。捕らえられないよう逃げた時もあれば、説得にも耳を貸さずに捕らわれていったこともあった。平和をつくることについて雄弁に語ったかと思えば、弟子たちに剣を手に入れなさいと言った。自分自身について語った途方もない主張のせいでイエスはつねに議論の的だったが、ほんとうに奇跡を起こした時には口止めする傾向があった。ウォルター・ウィンクが言ったように、もしもイエスが生きていなかったら、私たちは彼を想像で作り上げることなどできなかったであろう。

福音書のイエスに当てはまるとは思えない言葉が二つある。退屈と意外性のなさ、である。それほどの性格を、教会はどういうわけでおとなしいものにしてしまったのだろう。ドロシー・セイヤーズの言葉で言えば、「ユダの獅子であるイエスの爪をきれいに切って、青白い顔の教区牧師や敬虔な老婦人のペットに最適とのお墨付きを与えた」のだろうか。

ピューリッツァー賞を受賞した歴史家バーバラ・タックマンは、歴史を書くにあたって「未来場面の事前挿入」をするべきではないと力説している。第二次世界大戦中の「バルジの戦い」のことを書いていたとき、「この結末は知られているが」というせりふを入れたい誘惑に抵抗した。実際バルジの戦いに巻き込まれた連合軍は、その結末を知らなかったのである。形勢を見れば、連合軍はもと来たノルマンディーの海岸まで即撃退される可能性が十分にあっただろう。緊迫感や劇的効果を保ったまま事件を展開させたいと願う歴史家は、先に結末を書いて、すべてお見通しとする視点を打ち出すようなことはしない。そんなことをすれば、緊張感など溶けてなくなってしまう。優秀な歴史家はむしろ読者のために、「あなたもそこにいた」ような感覚で描き、歴史の状況を再現するものだ。

それこそが、イエスについて物を書いたり考えたりする際に大方生じる問題である。私たちはニケアやカルケドンのような教会会議という、未来場面を前もって挿入するレンズや、イエスを理解しようとする教会の慎重な試みを通して福音書を読む。

イエスは人間だった。名前と家族を持ったガリラヤのユダヤ人で、ある意味ではほかのみなと同じような人物だった。しかしまた、かつて地球上に生きた人間とは何かが違ってもいた。「ほかのみなと同じような」と「何かが違う」の間のいわば認識論上のバランスについて、教会は五世紀にもわたり活発な議論を交わした。教会で育った私たち、いや名目上のキリスト教文化圏で育った私たちにとってさえ、このバランスはどうしても「何かが違う」ほうへ傾いてしまう。パスカルが言ったように、「教会はイエス・キリストが神であったと示すことにも、またイエスが人であったことを、それを否定する人々に対して示すことにも同じく大きな困難を覚えてきた。だが神であった蓋然性も、人であった蓋然性も等しく大きなものだったのだ」。

私が使徒信条を肯定していることをはっきりさせておこう。だがこの本では、そういった決まった型を超えたところに戻りたいと思っている。私はできるかぎりイエスの人生を、イエスの後にくっついていた大勢の中の一見物人として、地べたから見たいのだ。もしも私が五千万ドルの製作費を手にした日本人の映画監督で、福音書の記事だけを使って脚本を書くとしたら、どんな映画を作るだろう。私はルターの言葉で言えば、「キリストをできるだけ肉の中に深くひきよせ」たいと思っている。

その作業をしながら、自分が巨大な記念碑の周りを、畏敬の念にうたれて歩いている観光客のように感じられることがあった。歴史を一変させた男のことを考え、理解しようとするために、誕生にまつわる話、イエスの教え、奇跡、敵と弟子など、イエスを構成する要素を念入りに調べながら、イエスの記念碑の周りをぐるぐる回っている。

また、システィナ礼拝堂の足場の上に身体を横たえて、湿らせた綿棒で歴史の垢を拭き取っている絵画の修復家のように感じることもあった。ごしごしとよくこすったら、この何層もの重なりの下に原画を見つけることができるのだろうか。

本書において、私は自分の話ではなくイエスの話をしようと思った。だがイエスを探っていくと、どうしても自分自身を探るところに行き着いてしまう。イエスに出会うと、人はみな変わる。科学、比較宗教学、私の心に巣食う懐疑主義という欠点、教会への嫌悪といった多くの原因のせいで私が悩んでいる疑問の数々は、イエスという名の男のところに持っていかれたとき、新しい光を帯びることを発見した。しかし、第一章のこの時点でこれ以上語ると、あのバーバラ・タックマンが大事にしていた原則を破ることになってしまうだろう。

2　誕生――訪問を受けた星

力の神は光に変わる壮麗な栄光の衣を身にまとった。そしてある日、すべてを脱ぎ捨て、下に降りた。
――ジョージ・ハーバート

去年のクリスマスにわが家に届いたカードの山をより分けていたら、クリスマスを象徴するものはどれもみな、祝福の意味合いを含んでいることに気がついた。舞台の景色のほとんどが、雪に埋もれたニュー・イングランドの町で、たいていは馬に引かせた橇《そり》もさりげなく添えられている。楽しそうにはしゃぐ動物たちの描かれたカードもある。トナカイだけでなく、シマリスやアライグマ、赤い鳥、かわいいねずみたちまでいる。あるカードには、ライオンが前足で子羊を愛情深く包みこんで寝そべっているさまが描かれている。

天使は近年再び大人気で、ホールマーク社やアメリカン・グリーティングス社のカードには、特に天使が描かれているものが多い。といっても上品で愛くるしい天使に描かれていて、「恐れることはありません」と宣言するようなタイプには見えない。こうした見るからに宗教的なカード（明らかに少数派）は、ヨセフとマリアと幼子イエスの聖家族に焦点を合わせており、一目見れば普通とは違う人々であることがわかる。その様子は安らかで静かであり、まばゆい金の光輪が、まるで異世界からの冠のように頭上にかかっている。

カードを開くと、愛、善意、元気、喜び、温かさといった明るい言葉が強調されている。私たちがクリスマスという聖なる休日を、こうした家庭的な温かい思いで尊んでいるのはすばらしいことだと思う。しかし、福音書の最初のクリスマスの記述から聞こえてくるのは、ずいぶん違った響きであり、崩壊の始まりが感じられるのである。

一九八〇年代に三十代を過ごした〝ベビーブーム世代〟を取り上げたテレビドラマ『サーティー・サムシング』に、ホープというクリスチャン女性がユダヤ人の夫マイケルと聖日について議論する話があった。妻が尋ねる。「なんだってわざわざハヌカー（ユダヤ人の祭り）の心配なんかするの？　あなた、ほんとうに何人かのユダヤ人が絶対油の切れない不思議なランプをかざして、大軍隊を撃退したと信じているの？」

マイケルはかっとなって怒鳴る。「ふん、それでクリスマスなら筋が通ると言うのか。おまえはほんとうに、天使が来たら十代のセックスもしたことがない少女が妊娠して、馬に乗ってベツレヘムまで旅をし、納屋で一晩過ごして赤ん坊が生まれ、それが世の救い主になったと信じているのか？」

率直に言うと、マイケルのような猜疑心に近いものを、福音書の中で読んだ気がする。マリアとヨセフは、家族や隣人たちの恥さらしであり嘲笑の的であった。人々はマイケルにとてもよく似た反応を見せたのである。（「ほんとうに、天使が来たら十代のセックスもしたことがない少女が妊娠して、……と信じているのか？」）

超自然的な出来事を受け入れた人々でさえ、必ずや大変な問題が出てくるだろうと思っていた。年老いたザカリヤは「この救いはわれらの敵からの、すべてわれらを憎む者の手からの救いである」と祈った（ルカ一・七一）。シメオンは処女マリアに「剣があなたの心さえも刺し貫くでしょう」と陰鬱に警告を発した（同二・三五）。マリアの賛歌には、「心の思いの高ぶっている者を追い散らし、権力のある者を王位から引き降ろされます」とある（同一・五一、五二）。

カードが思い込ませようとしているものとは対照的に、クリスマスは地球という星の上の人生をただ感傷的にするものではなかった。おそらくこれがクリスマスがめぐるたびに私の感じていることなのだ。カードの陽気さから、福音書の殺風景へと目を向けるのである。

＊

クリスマスの芸術作品は、イエスの家族を金箔で型どった聖画に描いている。穏やかなマリアが受胎の知らせを一種の祝福として受け取るさまもそこにはある。だがそれはルカの語る話とはまったく違うものだ。マリアは天使の出現に「ひどくとまどって……考え込んだ」（一・二九）。天使がいと高き方の子について、またその国は終わることがないことについて崇高な言葉を唱えたとき、マリアの心にあったのは、それよりはるかに世俗的な思いだった。「でも、私は処女なんですよ！」

シンシアという若い未婚の弁護士が、勇敢にもシカゴにある私の教会で会衆を前に、とっくに知られている罪を告白したことがあった。毎日曜日、彼女の活発すぎる息子は通路を走りまわっていた。シンシアは父親のいない子を産み育てるという孤独な道を選択した。子どもの父親はすでに町を出ていた。シンシアの罪はほかの大勢の人々より重いわけではなかったが、彼女が言うには、人の目にそれとわかる結果をもたらした。彼女はその一度きりの情熱の結果を隠すことができなかったのである。おなかが突き出てくる何か月の間も、生まれた子どもが一日一時間ごとに変わっていく間も、彼女の残る生涯ずっと隠せないのである。ユダヤのティーンエージャーだったマリアがひどくとまどったのももっともだ。情熱のなせるわざは関係なかったにせよ、マリアもまた同じような事態に見舞われようとしていたのである。

現代のアメリカでは年間百万人を超える少女が未婚のまま妊娠するため、マリアの陥った苦境の大きさがいくらか薄められてはいる。だが、緊密な人間関係のユダヤ人社会で一世紀に天使がもたらした知らせは、もろてを挙げて歓迎されるようなものではなかったはずである。律法は、姦淫によって妊娠した婚約中の女は石打ちの刑に処すよう定めていた。マタイによると、ヨセフは度量が大きく、マリアを責め立てず、密かに去らせることにした。すると間もなく天使が現れ、マリアがヨセフを裏切っていないことを知らせたのである。ルカによると、動揺したマリアはわが身にふりかかっていることを理解してくれるであろう唯一の人間、すなわち親戚のエリサベツのもとへ急いだ。彼女は別の天使から宣告を受け、老齢の身でありながら奇跡的に身ごもったのであった。エリサベツはマリアを信じ、喜びを分かち合うのだが、この場面は二人の女性の違いを痛烈に描き出している。自分に起きた奇跡ゆえの恥を隠さなければならなかったマリアをよそに、村はエリサベツの胎が癒された話でもちきりだったのだ。

数か月の後に、バプテスマのヨハネの誕生が大ファンファーレをもって迎えられた。助産師もいれば、子どもが大好きな親戚もおり、伝統的な村の合唱隊がユダヤ人男子の誕生を祝福するというように、何もかもがそろっていた。その半年後、家から遠く離れた場所で生まれたイエスには、助産師も親類縁者もいなければ、村の合唱隊も来なかった。ローマの人口調査には、一家の家長が赴けば事足りただろう。ではヨセフは、身重の妻が故郷の村で不名誉な出産をしなくてすむように、彼女をベツレヘムまで連れて行ったのだろうか。

C・S・ルイスは神の計画についてこう書いた。「すべてがどんどん狭まって、ついに、槍の先のようなほんの小さな一点に集約します——祈っているユダヤの少女です。」今日、イエス誕生の記事を読むと、私はこの世の運命を思って震えるのである。この世は、二人の田舎出のティーンエージャーの応答にかかっていた。マリアは神の子が子宮壁をけとばすのを感じたとき、天使の言葉を幾度思い出したことだろう。ヨセフは、婚約者の体つきの変化を村人たちがじろじろ見ている中で、恥ずかしい思いに耐えていたことだろう。そして、自分が天使と出会ったのはただの夢ではなかったか、と何度も思い直したことだろう。

イエスの祖父母について私たちは何も知らないが、彼らはどう思っていただろう。今日の未婚のティーンエージャーを持った両親と同じように、道徳に反していると怒りを爆発させ、しばらくむっつりと黙りこんでいたものの、やがて目のぱっちりした赤ん坊が生まれるや冷ややかな態度も和らぎ、家族の間で弱々しい停戦協定を結んだのだろうか。あるいは今日のスラムに住む祖父母たちのように寛大に、子どもを引き取ろうと申し出たのだろうか。

ぎこちない説明を九か月も続けていれば、スキャンダルの臭いが漂ってくる。神はご自身の登場にあたって、まるで、えこひいきという非難一切を避けようとするかのように、できうるかぎり最高に謙遜な状況をしつらえたように見える。神の子は人間になるとき、父親の知れない少年は、小さな町では冷たくあしらわれるという厳しいルールに従った。私はそのことに感銘を受ける。

マルコム・マゲリッジは次のように述べた。家族計画の相談にのる診療所が、家名を汚すような「過ち」を正す便利な方法を提供する今の時代だったら、「およそイエスが生まれるのを許されたりすることなど、実際問題として、現状では、きわめてありべからざることである。環境は貧しく、また父親の知れないマリアの懐妊は、まぎれもない中絶処理のケースであったろう。また聖霊の介入の結果として懐妊したことを彼女が口にすれば、これは精神医療が必要だということになったろうし、妊娠中絶の論拠をさらに強めることにもなったろう。かくて今日の世は、過ぎし日の、おそらくはいつにもまして救い主を求めていながら、あまりに人間本位で救い主の誕生を許すことができず、あまりに人知が開け過ぎて、いやさらに垂れこめる闇の中に世の光の輝くことを許すわけにはゆかぬのであろう」。

しかし、親になることなど考えもしなかった処女マリアの反応は違っていた。天使が姿を現すと、マリアは自らの妊娠が広げる波紋について深く考え、こう答えた。

「ほんとうに、私は主のはしためです。どうぞ、あなたのおことばどおりこの身になりますように。」

（ルカ一・三八）

神のみわざには、しばしば大きな喜びと大きな苦痛という両極端が伴う。そしてマリアは淡々とした返答をもって、その両方を受け入れたのである。マリアは己の犠牲を顧みず、御言葉どおりにイエスを受け入れた最初の人間だった。

＊

イエズス会の宣教師マテオ・リッチは一六世紀に中国へ渡ったとき、キリストの話を一度も聞いたことのない人々のために、宗教画の見本を携えて行った。中国人は幼子を抱く処女マリアの絵をすぐに受け入れたが、リッチがキリストの磔刑図を見せながら、神の子はただ処刑されるために生を受けたと話し始めると、強い嫌悪感と恐怖感を示した。彼らは処女マリアのほうがずっと好きで、十字架にかけられた神よりもマリアのほうを拝みたいと言い張った。

もう一度クリスマスカードの山をめくっていくと、私たちのようにキリスト教国にいる人々も、大方同じようなことをしていることに気がついた。スキャンダルの気配などすっかり取り去ってしまった、家庭的で落ち着いた祝日が見て取れる。何といっても、ベツレヘムで始まったあの物語がカルバリで迎えた結末を思い起こさせるものが一掃されている。ルカやマタイによるキリスト誕生の話では、神が実行に移した計画の神秘的な性質を把握していたのはただ一人、あのシメオン老人だけだった。この老人は生まれた赤ん坊がメシアであることを見抜き、必ず闘争が起こることを直観したのである。そして、「この子は、イスラエルの多くの人が倒れ、また、立ち上がるために定められ、また、反対を受けるしるしとして……」と言って、剣がマリアの心をも刺し貫くだろうと予言した（ルカ二・三四、三五）。表面上は何も変わっていなかった。独裁者ヘロデの統治が続き、ローマの軍隊はなお愛国者たちをさらし者にしており、エルサレムはいまだに物乞いであふれていた。しかし、どういうわけかシメオンには、深いところではすべてが変わっていたことが感じ取れたのである。この世の権力者たちの土台を浸食するために、新しい力がやってきたのだった。

当初、権力者たちはイエスにほとんど脅威を感じていなかった。イエスが生まれたのは、ローマ帝国の隅々まで希望が流れていたカエサル・アウグストゥスの時代である。アウグストゥスほど、指導者がなし遂げうること、また社会が達成しうるものについて民衆の期待を高めた支配者はいなかった。実際、アウグストゥスが初めて、「福音」とか「良い知らせ」を意味するギリシア語を借用し、その統治が象徴する新しい世界秩序の呼び名に使ったのである。ローマ帝国はアウグストゥスを神であると宣言し、彼を崇める儀式を設けた。その賢明で安定した体制は永遠に続き、統治体制の問題について最終的な解決が与えられたと、多くの人が信じていた。

一方、アウグストゥス帝国の片隅でイエスという名の赤ん坊が誕生したことは、時の年代記作者らからは見過ごされた。私たちはイエスについて、その死後何年も経ってから書かれた四冊の書を通して知るのである。当時、イエスの噂を聞いたことのある者は、ローマ人世界の二分の一パーセントにも満たなかった。イエスの伝記作者たちも、ゴスペル（福音）という言葉を借用し、それまでとは違った種類の新しい世界秩序を宣言した。彼らがアウグストゥスに触れたのはたった一度、イエスが確かにベツレヘムで誕生したことを知らせるために人口調査の日付に軽く触れた時だけである。

だが、イエスの人生で最も初期のころの出来事は、ありそうもない戦いがすでに始まっていることを、脅かすように予告している。ユダヤの王、ヘロデ大王は地方レベルにまでローマの支配を行き渡らせた。歴史の皮肉《アイロニー》なのだが、私たちがヘロデの名前を知るのは、主に罪のない者たちを大量殺戮したことによる。その国家主導による恐ろしい行為を描いたクリスマスカードを目にしたことはないが、それもまたキリスト到来の一部なのだ。この世の歴史は言及していないが、ヘロデならそのような残虐なことをやっただろうと、彼の人生をよく知る人はみな思った。彼は義理の兄弟二人、妻マリアムネ、そして息子二人を殺害した。ヘロデは死の五日前に、多数の市民を逮捕するよう命令した。そして、自分が死んだ日は喪に服するにふさわしい雰囲気が国中を覆うように、逮捕してあった人々を処刑するようにと命じたのである。このような暴君にとって、ベツレヘムで小規模の皆殺しをすることなど造作もないことだった。

実際ヘロデの統治下では、処刑の行われない日はないくらいだった。イエスが生まれた時代の政治情勢は、一九三〇年代スターリン下のソ連と似ている。市民たちは公の集会に出ることはできなかった。そこらじゅうにスパイがいた。ベツレヘムの幼児らを虐殺せよと命じることは、ヘロデの考えではおそらく最高に理にかなった行為だった。別の王国が侵攻してくるとささやかれていたので、虐殺は自分の王国の安全を保持するための防衛戦だったからだ。

W・H・オーデンは『しばしの間は』（国文社、二〇〇〇年）の中で、大量虐殺命令について考え込んでいた時のヘロデの頭の中を想像している。

「今日は完全に冬らしい一日であった、寒くて、陽が輝いて、全く静かで羊の番犬の吠え声は何マイルも響き、大きな荒れた山々は城壁のすぐ近くに迫り、精神はひどく活動的に感じ、今宵城塞の上高くこの窓辺に立っていると、平野と山とのこの雄大な景観の中にはこの『帝国』の速駈けのラクダに乗ったダッタン人の侵入とかプレトリア人雇兵の反乱以上にもっと恐ろしい危険によって脅かされているのを示すものは何もない……。

おお、何たること、何故にこの忌まわしい嬰児はどこか別の土地に生まれなかったのか。」

そして、このようにイエス・キリストは紛争と恐怖の渦巻く世界に入り、難民としてエジプトに隠れて幼少期を過ごした。地方の政治が、イエスが子ども時代を送る場所を決定したとさえ、マタイは記している。ヘロデ大王が死んだとき、天使はヨセフにこう知らせた。イスラエルに戻っても大丈夫だが、ヘロデの息子アケラオが支配していいるていいる地方に行ってはならない。ヨセフは家族を北のナザレに連れて行き、そこで暮らした。ナザレはヘロデのもう一人の息子アンティパスの領地だった。イエスが「あの狐」と呼んだのも、バプテスマのヨハネの首をはねたのも、アンティパスだった。

　数年後、ローマ人はエルサレムを囲む南部地方を直接支配するようになり、その中でも最も残虐で悪名高かった統治者が、ポンテオ・ピラトという名の男だった。彼はアウグストゥス・カエサルの孫娘と結婚し、有力な縁故を築いていた。ルカによると、ヘロデ・アンティパスとローマ総督ピラトは敵対関係にありながら、あるとき、宿命的に結び合わせられてイエスの運命を決定することになった。その日二人は、ヘロデ大王の轍は踏むまいという思いを胸に手を組んだ。王位を狙う得体の知れない男を処分することで、王国を守ろうとしたのである。

　ローマとイエスの争いは、一貫して一方的なものに見えた。イエスが処刑されることによって、どのような脅威にも明らかに終止符が打たれるだろうし、またその時点では当然そうなるものと思われていた。またもや圧政が勝利をおさめるだろう、と。イエスのしつこい弟子たちがローマ帝国よりも長く生き残るなど、だれも考えなかった。

＊

キャロルに歌われたり、教会の劇で子どもたちが暗唱したり、カードに描かれたりしているクリスマスの様子があまりにも馴染み深いものになってしまい、その背後にあるメッセージは容易に見過ごされてしまう。あらためてキリスト誕生の物語を読んだ後で自問してみた。「イエスは、私たちに神が見えるようになるためにやって来たというのなら、その最初のクリスマスから神の何がわかるというのだろう。」

その質問を考え込んでいると、不意にある言葉の連なりが心に浮かんできた。謙遜、近づきやすさ、負け犬、勇敢――こんな言葉を神に対して使うなど、およそ不適当というものだ。

◆謙遜

イエス以前の宗教の創始者で、「謙遜」を賛辞として使った人間はいなかったと言える。しかしクリスマスの出来事を表すには、「謙遜な神」のような矛盾した言い方を用いるほかない。地球にやって来た神は、荒れ狂う嵐の中を来たわけでも、なめつくす炎の中を来たわけでもなかった。想像を絶することだが、あらゆるものを造られた方はどんどんどんどん縮まってゆき、肉眼ではほとんど見えない一個の卵になった。卵は受精して分裂をくり返し、神経質なティーンエージャーの内側で細胞を少しずつ膨らませ、やがて胎児となったのである。詩人ジョン・ダンは驚嘆して、「無限が汝のその胎に閉じこもった」と言った。神は「ご自分を無にして、……自分を卑しく」したと、使徒パウロの言い方はより平凡である（ピリピ二・七、八）。

あるクリスマスシーズンに、ロンドンの美しいホールでヘンデルの「メサイア」を聴いていた時のことだ。大合唱団が「主の栄光があらわれる」日のことを歌っていた。私はその日の午前中に博物館で、イギリスの栄光の名残を鑑賞したところだった。王冠の宝石、統治者の持つしゃく、ロンドン市長の金メッキを施した馬車などだ。すると、あの約束を最初に聞いたイザヤと同時代の人々の心に広がっていたのも、そういう富や権力のイメージだったのではないかという気がした。イザヤの言葉を読んだユダヤ人たちが痛切な郷愁をもって、「王は銀をエルサレムで石のように用い」ていたソロモンの栄華の時代を思い出していたことは間違いない（I列王一〇・二七）。

しかし、姿を見せたメシアが身にまとっていたのは、まったく違った種類の栄光、つまり謙遜という栄光だった。ネヴィル・フィッギス神父は書いている。「『アッラーは偉大なり』というイスラム教徒の叫びは、超自然的存在に教えてもらう必要もない真理である。

神は小さい。それこそイエスが人間に教えた真理である。」号令をかけ、軍隊や帝国にチェス盤上のポーン（歩）に対するがごとくあれこれ指図できるはずの神。だが、この神はしゃべることも固い物を食べることも膀胱のコントロールもできない赤ん坊、住む所も食べ物も愛もティーンエージャーに頼りきっている赤ん坊として、パレスチナにやって来た。

ロンドンのホールで、女王やその家族が座るロイヤルボックスのほうに目を向けると、支配者たちがこの世を闊歩する、より典型的な仕方が見て取れた。護衛官たちに、トランペットのファンファーレ、色鮮やかな衣装ときらびやかな宝石類の見せびらかし。エリザベス女王二世は最近合衆国を訪れたが、記者たちは女王の四千ポンドもの荷物について嬉々として詳しく説明した。行事ごとに二着分揃えてある衣装一式、葬儀に参列する場合に備えて喪服一式、四十パイントの血しょう、そして白ヤギの革で作った便座カバー。お抱え美容師とボーイ、そしてほかにも大勢の従者を連れて来ていた。皇族が外国を数日訪れるだけで、軽く二百万ドルはかかるだろう。

素直に比べてみると、神が地球を訪れた時にいた場所は従者など一人もいない動物小屋で、生まれたばかりの王を横たえる場所も飼葉おけしかなかった。目撃者は人間より動物のほうが多かったかもしれず、ロバがこの王を踏んづけてしまうかもしれなかった。それでもこの出来事は私たちの歴史を、また暦さえをも二分したのだった。「なんと静かに、

なんと静かに、この驚くべき贈り物は与えられたのでしょう。」

ほんの一瞬、空は天使たちで輝いたが、その光景を見たのはだれだったろう。他人の羊の群れを番していた字も読めない雇われ人たちであり、自分の名前を残しておくことのできなかった「名もない人たち」である。羊飼いは粗野だとの評判だったので、筋金入りのユダヤ人は彼らを「神を知らない」人々と同等に扱い、宮の外庭にしか入れないよう規制していた。罪人の友として知られるようになる方の誕生を祝うために神が選んだのは、まさしくそうした名もない人たちだったのである。

オーデンの詩の中で、賢者たちは宣言する。「おお、ここに今我らの果てなき旅は終る。」　羊飼いたちは言う。「おお、今からわしらの果てなき旅は始まる。」　この世の知恵の探究は終わった。真実の生が、いま始まったのだ。

◆近づきやすさ

形式的でない、個人的な祈りをする伝統の中で育った私たちは、人間の神への近づき方ということでは、イエスの起こした変化を評価していないのかもしれない。ヒンズー教徒は宮で犠牲をささげる。ひざまずくイスラム教徒は額が地面に触れるまで低く身をかがめる。たいていの宗教的伝統では事実、神に近づく時にまず感じるのは「恐れ」である。

　確かにユダヤ人は恐れと崇拝を結びつけていた。モーセの燃える柴、イザヤの熱い炭、エゼキエルの地球外の幻。神と直接出会った「祝福された」人間は、身が焦げたり、光を放ったり、あるいはヤコブのように足を引きずることになっても当然であった。これらの人々は幸運だった。ユダヤの子どもたちは、荒れ野には聖なる山があって、だれでもそれに触ると命がなくなるという話を聞かされていたからだ。契約の箱の取り扱いを間違えば息絶えるのだった。いったん至聖所に入れば、二度と生きて出てくることはなかった。

　神のために壁で仕切った聖所を宮の中に設け、神の名を唱えたり文字で綴ったりすることを恐れていた人々の中に、神は飼葉おけに寝かされた赤ん坊という驚くべき姿で現れた。身体をぴっちりと布でくるまれた赤ん坊ほど、怖くないものがあろうか。神はイエスの中に、恐怖なしで人間と関係を持つ方法を見いだされたのである。

　実際、恐怖が功を奏したためしはなかった。旧約聖書には恐怖の持つ利点より、欠点のほうがはるかに多く記されている。神と人間の間にある広大な溝を強調するのでなく、むしろその溝をおおう新しい接近方法、聖書の言葉を使えば新しい契約が、必要とされていた。

　友人のキャシーは「当ててごらん」というゲームをしながら、六歳の息子にいろいろな動物の名前を覚えさせている。その子は自分の番になると、こう言った。「それは哺乳動物でね、大きくて、不思議な力があるんだ。」キャシーはしばらく考えてみたが降参した。「わからないわ。」「答えはイエスさまだよ！」子どもは勝利の声を上げた。その時は見当違いのように思われた答えも、後で考えてみると、息子が受肉というものの深遠さをおぼつかなげにも見抜いていたしるしであったと、彼女は言った。哺乳動物のイエス！

塩水を入れた水槽を管理しながら、受肉について学んだことがあった。水槽の管理は楽ではない。持ち運びできる測定器を使って、硝酸カリウム肥料の度合いやアンモニアの含有量を監視しなければならなかった。岩が育つようにビタミンや抗生物質、サルファ剤や十分な酵素をポンプで送り込んだ。水はグラスファイバーや炭で濾過してから紫外線にさらした。費やした労力を考えると、魚たちは感謝ぐらいしてくれたと読者諸氏は思われるだろう。だが、そんなことはなかった。水槽に私の影がかかるたびに、魚たちはいちばん近くの貝殻の中に身を潜めたのである。魚たちが私に見せた唯一の「感情」は恐れだった。時間どおり、日に三回、水槽の蓋を開けて食べ物を落としてやる時も、私が苦痛を与えようとしていると思い込んでいるかのように反応した。私が気にかけていることを、魚たちにわかってもらえなかった。

魚にとって私は神だった。存在が大きすぎるため、私の行動はあまりにも理解しづらかったのだ。魚たちを慈しむ私の行為を、彼らは残酷なものと見た。魚の病を癒そうとする試みも破壊的なものとみなされた。彼らの認識を変えるには、受肉という形態をとるしかない。自分も魚になり、魚にわかる言葉で「話しかけ」なければならないのだろう。

人間が魚になることなど、神が赤ん坊になることと比べれば何でもない。だが福音書によると、これこそがベツレヘムで起きたことだったのである。物質を造られた神が物質の中にかたちを成した。ちょうど芸術家が作品の中の一部になったり、脚本家が自分の書いた劇の中の人物になったりするようなものである。神は現実の人格だけを使って、現実の歴史のページに話を書いた。「ことば」は肉になったのである。

◆負け犬

この言葉を、特にイエスとの関連において書くのも気がひける。粗野な言葉である。おそらく闘犬に由来し、時が経つうちに、負けが予測される者や不正の犠牲者という意味に用いられるようになったのであろう。しかしイエスの誕生にまつわる話を読むと、この世は富と権力のある者のほうに味方しているかもしれないが、神は負け犬のほうに味方していると結論せざるを得ない。マリアはその賛歌の中でこう言った。

「主は、……権力ある者を王位から引き降ろされます。低い者を高く引き上げ、飢えた者を良いもので満ち足らせ、富む者を何も持たせないで追い返されました。」

（ルカ一・五一〜五三）

ラースロー・テケシュというルーマニア人牧師がいる。彼の受けた不当な扱いに国民は激憤し、共産主義指導者チャウシェスクに対する反乱が勃発した。テケシュは、赴任した小さな山の教会でクリスマスの説教準備をしようとしていた時のことを語っている。国家警察が反体制派を検挙し、国中で暴動が起きていた。身の危険を感じたテケシュは、ドアに閂をかけて腰を下ろし、再びルカやマタイの福音書の話を読んだ。そのクリスマスに説教する多くの牧師とは異なり、ヘロデが幼い子どもたちを大量虐殺するさまを描いた聖書の一節を、説教で講読することにした。教区民の心にまっすぐ響いたのがその一節だった。圧政、恐怖、暴力といった負け犬にとって日常的な状態を、彼らは実感をもって理解したのだった。

翌日のクリスマス、チャウシェスク逮捕のニュースが流れた。教会の鐘が鳴り響き、ルーマニア中に喜びが沸き起こった。もう一人のヘロデ王が失脚したのだった。テケシュは述懐している。

「クリスマス物語の出来事すべてが、私たちに今や新しく輝かしい次元を持つものとなったのです。私たちの人生の現実に根をおろした歴史の次元です。……人生の現実を生き抜いた私たちにとって、一九八九年のクリスマスはクリスマス物語の豊かで朗々と響きわたる美しい模様を象徴するものとなりました。そのとき、トランシルバニアの丘の上に時間を超えて太陽と月があるのと同じように、神の摂理と邪悪な人間の愚かさが、理解しやすいものに思われたのでした。」

ルーマニア人は四十年ぶりに、クリスマスを公の聖日として祝ったのだった。

受肉の「負け犬」的性質を理解する最善の方法は、今日の状況に言い換えてみることかもしれない。未婚で出産したホームレスの女性は、植民地政府による厳しい税の徴収に応じるため、宿を探しながら旅をせざるを得なかった。彼女が暮らしたのは、暴力にまみれた内戦から復興しつつあるが、まだ動乱の続く土地だった。現代のボスニア、ルワンダ、ソマリアの状況によく似ている。今日出産する母親の半数と同じように、彼女もアジアで子どもを産んだ。アジアでもずっと西の隅、生まれた息子を受け入れてくれそうにない土地だった。子どもはアフリカで難民となった。今でも多くの難民が見られる大陸だ。

マリアはエジプトで悲惨な年月を過ごしている間、神は敵を倒すと歌ったあの賛歌のことをどう思っていたのだろうか。ユダヤ人にとってエジプトと言えば、ファラオの軍隊を打ち倒し、解放をもたらした力強い神という輝かしい記憶を喚起させてくれるものであった。だが、そこに逃亡したマリアは絶望している。母国の政府から隠れて、見知らぬ土地のよそものとなっている。赤ん坊は追われていて、頼りなげで、動き回っているが、この子はユダヤ人のとてつもない望みをかなえることができるのだろうか。

この家族の母国語さえ、負け犬の立場にあることを思い起こさせた。イエスのしゃべったアラム語は、アラビア語と関係の深い通商語であり、ユダヤ人が外国の支配下にあったことを苦痛をもって思い出させるものだった。

外国の占星術師（おそらく現在イラクとなっている地方の出身）が何人か、イエスを訪問したが、彼らは当時のユダヤ人からは「汚れている」と考えられていた。高官たちと同じく、彼らも当然のことながら、最初にエルサレムの有力な王に尋ねてみたが、王はベツレヘムの赤ん坊のことなど、何も知らなかった。子どもに会い、それがだれなのかを知った後、この訪問者たちは市民としてあるまじき行為を犯した。子どもを守るため、ヘロデをだまして別の道を通って帰ったのである。権力者に歯向かい、イエスのほうを選んだのだ。

イエスは、貧しい者、無力な者、抑圧されている者、要するに〝負け犬〟たちから強い影響を心に受けながら成長した。今日、神学者たちは「貧しき者を優先的に選ぶ神」という言い方が、神の負け犬に対する関心を表す方法として適切かどうか議論している。神は、地球という星のどういう環境の中に生まれるかを選択した。権力も富もなければ、権利も正義もない環境を何よりも優先して選んだ。そのこと自体が神の関心を雄弁に物語っている。

◆勇気

一九三三年にニューヨークのブルックリンにあるクラウンハイツ地区で起きた「メシア目撃」のニュース記事を読んだ。クラウンハイツには二万人ものルバビッチ派のユダヤ人が住んでいるが、彼らの多くが一九三三年にメシアは同地区に暮らすラビ・メナヘム・メンデル・シュニアソンという人間に宿っているのだと信じ込んだ。

ラビが公の場に姿を現すという噂は、燃えさかる炎のようにクラウンハイツのあらゆる街路に広がり、黒いコートを着てもみあげをカールしたルバビッチ派の人々は、ラビがいつも祈りをささげているシナゴーグに押し寄せた。幸運にもポケットベルのネットワークに接続できた人々は、かすかな振動を感じるや、全速力でシナゴーグに向かって走り、ほかの人々に先んじることができた。何百人もが大ホールに詰めかけ押し合いへし合いし、場所を取ろうと柱に上った人までいた。ホールは礼拝というより、スポーツ競技のチャンピオン決定戦にも似た期待感と高揚感に満ちていた。

九十一歳のラビは前年に卒中を患い、話をすることができなくなっていた。ついに幕が開いたとき、シナゴーグに大挙していた人々が目にしたのは、長い髭をはやした弱々しい老人だった。手をふったり、首をかしげたり、眉を動かすのがやっとだった。だが聴衆はだれも気にしていないようだった。「長生きしてください、我が主、我が師、我がラビ、王、メシア、永遠に永遠に！」と声を合わせて何度も歌い、歌声はどんどん大きくなった。やがてラビが手で小さくあいまいなしぐさをすると、幕は閉じられた。聴衆はその瞬間を味わいながら恍惚状態のままゆっくりと会場から出て行った。※

初めてこのニュース記事を読んだとき、あやうく大声で笑いだすところだった。この人々はだれをからかっているって？　ブルックリンの口をきかない九十歳のメシアだって？　ところがその後、こんな思いに打たれた。私のラビ・シュニアソンに対する反応は、一世紀の人々がイエスに対して見せた反応にそっくりだ。ガリラヤ出のメシアだって？　たかが大工の子どもじゃないか。

このラビと熱狂的な信者たちの記事を読んだ時に感じた侮蔑は、イエスが生涯を通して直面した人々の反応への手掛かりを与えてくれた。イエスの隣人たちは、「この人は、こんな知恵と不思議な力をどこで得たのでしょう。この人は大工の息子ではありませんか。彼の母親はマリヤで、彼の兄弟は、ヤコブ、ヨセフ、シモン、ユダではありませんか」（マタイ一三・五四〜五五）と尋ねた。ほかの同郷人は嘲ってこう言った。「ナザレから何の良いものが出るだろう」（ヨハネ一・四六）と。

イエス自身の家族も、彼は正気を失ったと思い、遠ざけようとした。ユダヤ教指導者たちはイエスを殺そうとした。庶民は振り子のように揺れ動き、イエスのことを「悪霊につかれて気が狂っている」（同一〇・二〇）と言ったかと思えば、力ずくでイエスを王にかつぎあげようとした。

神が力も栄光も脇へ置き、私がブルックリンのラビ・シュニアソンのことを初めて聞いた時に感じたのと同じ尊大さと疑念の入りまじった気持ちで迎える人間の中に身を置かれたとは、勇気ある振る舞いだと思う。御しがたい暴力を持つことで知られている惑星に、しかも、預言者たちを拒絶したことで知られている人種の中に下りて行く危険を冒すには勇気が必要だった。神は何と無謀なことをなされたのだろう。

ベツレヘムでの最初の夜にも勇気が必要だった。その夜の、父なる神の心中はいかばかりであっただろう。人間の父と同様、過酷で冷たい世界に向かうため、息子が血にまみれて出て来るのを、なすすべもなく見守っていたのだろうか。二つのクリスマス・キャロルのメロディーが心に響いてくる。「家畜の声で覚めても、お泣きにならぬイエスさま」（聖歌六六七、二節）は、ベツレヘムの恐ろしい出来事を和らげて描いているようだ。私はイエスも、この世に来られた夜、ほかの赤ん坊と同じように泣いていただろうと思う。そして成人してからも、イエスはこの世で泣いていたのだ。二つ目の「ああベツレヘムよ」からの一節は、二千年前と同じように今日でも深遠な真理を語っているようだ。「世界の希望と恐れ、今宵なれの上にかかれり。」

G・K・チェスタトンは言った。「あらゆる宗教の中でただ一つ、キリスト教だけが創造主の美徳の一つに勇気を付け加えた。」　地球で過ごした最初の夜から最後の日まで、イエスには絶えず勇気が必要だった。

＊

あのウィリアム・ブレイクも含め、どの芸術家も正しく描くことができなかったからなのだろう。クリスマスカードでは見られない、クリスマスの光景がある。ヨハネの黙示録一二章の幕が開くと、垣間見えるのは、アンドロメダ星雲のはるか彼方から見えたはずのクリスマス、つまり天使の目から見たクリスマスである。

その記事は、福音書の誕生物語とは徹底的に違っている。黙示録には羊飼いや嬰児殺しの王のことなど書かれていない。描かれているのは、天上での激しい戦いを指揮している竜である。太陽の衣をつけ十二の星の冠をかぶった女が、産みの苦しみに叫び声をあげている。突然、巨大な赤い竜が登場する。竜の尾は空から三分の一の星を払い落とし、地に投げつける。竜は物欲しそうに女の前に体をかがめ、子どもが生まれたら即座にむさぼり食おうとしている。すんでのところで子どもは無事に奪い返され、女は荒野へ逃げて、全面宇宙戦争が始まる。

どう見ても黙示録は奇妙な書物である。この異様な光景の意味を知るためには、黙示録の様式を理解しなければならない。日々の生活で、二つの歴史が同時進行している。一つは地上で、もう一つは天国である。しかし黙示録は、場面の背後を素早く見せながら、その二つをいっしょに見ているのである。地上に赤ん坊が生まれ、王がその噂を聞き、追跡が始まる。天国では大いなる侵攻が始まっていた。善の力の支配者が宇宙の悪の座に大胆な襲撃をかけたのだ。

ジョン・ミルトンはこの観点を、『失楽園』と『復楽園』の中で壮大に表現した。二つの詩の焦点は天国と地獄であり、地上はその両者が衝突する戦場にすぎない。著述家であり、聖書の翻訳もしているＪ・Ｂ・フィリップスも、それほど雄大なスケールではないが、同じような見方を試みている。去年のクリスマスは、地上に縛られた見方から逃れようと、フィリップスのファンタジーを参照した。
フィリップス訳聖書では、年上の天使が若い天使に宇宙の壮麗さを見せている。二人は渦巻く銀河や灼熱の太陽を眺めると、無限の隔たりを持つ空間を軽やかに飛んで、最後に五千億もの星からなる、ある特別の銀河にやって来る。

「私たちが太陽と呼んでいる星や、そのまわりを回っている惑星の近くに二人が寄ったとき、年上の天使は軸の上でゆっくりと回転している、どうでもいいような小さな天体を指さした。小天使の目に、それは汚れたテニスボールのようにつまらないものに見えた。さっき見た宇宙の壮大さや美しさが小天使の心を満たしていた。『おまえには特にあの星を見てほしいのだ。』年上の天使は指さしながら言った。小天使は答える。『ええっ、ちっぽけだし、ちょっと汚く見えますけれど。あの星の何が特別なんですか。』」

フィリップスのファンタジーを読んだとき、アポロの宇宙飛行士たちが地球に向けて送った映像を思い出した。飛行士たちはこの地球を「完全で丸くて、美しくて小さい」宇宙に浮かんでいる青緑と黄褐色の混じり合った球だと描写した。ジム・ラベルは、その場面を後にふり返ってこう言った。「それはただ、月の四倍ほどの大きさの天体にすぎなかった。だがそこには、アポロ八号の乗組員が知っていた、また愛していた希望のすべて、命のすべて、あらゆるものがあった。全宇宙の中で最高に美しいものだった。」それが人間の観点だった。

しかし小天使にとって、地球はそれほど印象的なものではなかった。年上の天使が、この小さくて取るに足りない、あまりきれいと言えない星は有名な「神の訪れた星」なのだと話したときも、呆然として信じられない気持ちで聞いていた。

「『我らが偉大なる栄光の王子自身が……あんな格下の小さな球に下りて行かれたと言うんですか。王子はなぜそのようなことをしなければならなかったのでしょう。』……

小天使はうんざりして顔に皺をよせた。『神さまはあえてご自分を低くされて、あの浮遊している球の、のろのろと這いつくばっている生き物のひとつになられたとおっしゃるのですか。』

『そうだ。それに神さまは、おまえが彼らのことを「のろのろと這いつくばっている生き物」などと、そんな口調で呼ぶことを望まれているとは思わないね。』

小天使は色を失ったようだった。彼には理解しがたい見方だったのだ。」

そして、私も理解に苦しんでいる。それでも、この考えがクリスマスを理解するための鍵であると思うし、実際、自分の信仰の試金石なのだ。私はクリスチャンとして、自分たちが二つの平行した世界に生きていると信じている。一つの世界は丘や湖、家畜小屋、権力者、夜ごと羊を見守る羊飼いなどから構成されている。もう一つの世界は、天使や悪の力、どこかにある天国とか地獄とか呼ばれている場所からできている。ある寒くて暗い夜、ベツレヘムの幾重にも連なる丘の中、これら二つの世界は、劇的に交差したのである。過去も未来もない神が時間と空間の中に入られた。限界を知らない神が、赤ん坊の皮膚という衝撃的な制限、死すべき運命という不吉な束縛を身につけられた。

「御子は、見えない神のかたちであり、造られたすべてのものより先に生まれた方です」と、後に使徒は書いている（コロサイ一・一五）。

「御子は、万物よりも先に存在し、万物は御子にあって成り立っています。」

（同一七節）

しかし、クリスマスの夜の数少ない目撃者たちは、そのどれも見なかった。彼らが見たのは、初めて使う肺を一生懸命動かそうとしている幼子だった。

この創造主がちっぽけな惑星の上で生まれるために下りて来たというベツレヘムの話は真実なのだろうか。真実であるなら、前代未聞の話である。この汚くて小さいテニスボールのような惑星で起こることが、宇宙のほかの部分にとって重要なのかどうか、もう二度と疑問に思う必要はないのである。幾人かの羊飼いだけでなく、宇宙全体を騒がせてまで、天使の一群が思わず歌いだしてしまったのも不思議はないことだ。

※　ラビ・シュニアソンは、一九九四年の六月に亡くなった。現在、多くのルバビッチ派の人々が、彼の肉体のよみがえりを期待している。

3　背景——ユダヤのルーツと土壌

これもまた大きな矛盾である。彼はユダヤ人だったのに、彼に従った人々はユダヤ人ではなかったのである。
——ヴォルテール

少年時代をジョージア州アトランタのワスプ〔訳注・アングロサクソン系白人新教徒〕コミュニティーで過ごしたので、ユダヤ人の知り合いは一人もいなかった。ユダヤ人というのはブルックリンかどこか遠い場所に住んでいて、言葉に強い訛りがあり奇妙な帽子を被って、精神科医や音楽家になるために勉強している人々だと思っていた。ユダヤ人が第二次世界大戦と何か関係があるのは知っていたが、ホロコーストの話を聞いた記憶はない。ユダヤ人は私のイエスと絶対に無関係だった。

二十代に入って、初めてユダヤ人の写真家と友だちになった。彼はユダヤ民族について私が多くの思い違いをしていたことに気づかせてくれた。ある晩二人で遅くまで話をしていたとき、ホロコーストで二十七人の家族を失った過去を打ち明けてくれた。その後、彼に教えられて、エリ・ヴィーゼル、チャイム・ポトク、マルティン・ブーバー、そのほかのユダヤ人作家の作品に親しんだ。そして、新約聖書を新しい目で読むようになった。それまでどうして見過ごしていたのだろう！　イエスのまごうかたなきユダヤ人らしさが、マタイの冒頭部から飛び出してくる。マタイはイエスを「アブラハムの子孫、ダビデの子孫」と紹介している。

私たちは教会で、イエスは「神のひとり子、世に先立って父なる神から生まれた……まことの神」であると断言していた。しかし、そうした信条の陳述は、福音書の記事にある農耕の町ナザレのユダヤ人家庭に育ったイエスから長い年月の後に記されたものである。改宗したユダヤ人でさえ、使徒信条を作成したカルケドン総会議に招かれていなかったことを私は後に知った。彼らならイエスをより確実にユダヤの土壌の中に見いだしたかもしれなかった。異邦人は、つねにイエスのユダヤ人らしさ、そしてイエスの人間性をも見落としてしまう危険に直面している。

歴史的事実としては、「彼らの」イエスを私たちが勝手に選んだのである。私はイエスを知るにつれ、イエスが一世紀のユダヤ人の中で生涯を送ったのは、二〇世紀のアメリカ人を救うためばかりではなかっただろうという認識を深めていった。歴史に登場するすべての人間の中でただ一人、イエスだけが生まれる時と場所を選ぶ特権を持っていた。そして彼は異教の帝国の、僻地の保護領に住む敬虔なユダヤ人家庭を選んだ。ガンジーをインド人気質と切り離して理解することができないのと同様、イエスをユダヤ人気質と切り離して理解することもできない。はるか昔にさかのぼり、手首には聖句箱、サンダルにはパレスチナの土埃をつけた、一世紀のユダヤ人イエスを思い描く必要がある。

＊

マルティン・ブーバーは言った。「われわれユダヤ人は、（イエスを）彼に従う異邦人には依然手の届かない仕方で理解している。イエスの持つユダヤ人に特有の気質、すなわち突き上げてくるような情熱と感情がわかるのである。」ブーバーの言うとおりだ。イエスのことを知るには、ほかの人のことを知るのと同じように、イエスの文化、家族、そして背景から幾ばくかを学ばなければならない。

マタイはこの原則にしたがって、その福音を、私がついやりたくなってしまうように「この本がいかにあなたの人生を変えるか」といった人目を引くうたい文句で書き始めてはいない。むしろ淡々と、イエスの家系を表す名前を冒頭に並べ立てている。イエスが神の血筋を持つことを確証するため、マタイは四十二代のユダヤ人から代表となる人々を選び出した。ヨーロッパの位を剝奪されたわびしい王族の子孫にも似て、農夫一家のヨセフとマリアは自分たちの血統を、幾人かの印象的な先祖にさかのぼってとらえることができた。イスラエル最大の王ダビデや、イスラエルを建国したアブラハムもその中にいた。※

イエスは「ユダヤ人の誇り」がよみがえった時代に育った。ギリシア文化を奉じる圧力への反動で、そのころは族長時代や出エジプト時代に使われた名前を取り入れる家族が増えていた（アメリカの少数派民族が、子どもにアフリカやヒスパニックの名前をつけるのに似ている）。そういうわけでマリアはモーセの姉妹ミリアムに、ヨセフはヤコブの十二人の息子の一人にちなんで名づけられた。イエスの四人の兄弟もそうだった。

イエス自身の名前は、「彼は救う」を意味するヨシュアという言葉に由来するが、当時ではありふれた名前だった（メジャーリーグの名簿からもわかるように、イエスという名前は今でもラテンアメリカではよく見受けられる）。イエスという名の平凡さは、今日の「ボブ」や「ジョー」のように、一世紀のユダヤ人がイエスの言葉を聞いたとき、その耳に不愉快な響きをもたらしたに違いない。ユダヤ人は神という栄えある名前を口に出すことがなかった。例外は一年に一日、大祭司がその名を口にすることが許されている時だけだった。今でも正統派ユダヤ人は慎重にG□Dと綴る。そうした伝統の中で育った人にとって、イエスのような名前を持つ平凡な人物が神の子であり世の救い主だ、などという考えは言語道断だったと思われる。イエスはどう見ても人間であり、マリアの息子であった。イエスにユダヤ人らしい面が見て取れたことは、福音書の至る所に表されている。たとえば、イエスは赤ん坊の時に割礼を受けている。重要なことだが子ども時代のある場面から、イエスの一家が参加の義務づけられていた祭りに出るため、数日かけてエルサレムまで旅をしたことがわかる。イエスは大人になるとシナゴーグや宮で礼拝をささげ、ユダヤの慣習に従い、また仲間のユダヤ人にわかるような言葉遣いで語った。パリサイ人のようなほかのユダヤ人と交わした議論さえ、彼らがイエスに自分たちと同じ価値観を持ち、もっと自分たちと同じように行動してほしいと期待していた事実を強調している。

ドイツの神学者ユルゲン・モルトマンが指摘したように、イエスがナチの第三帝国時代に生きていたら、きっとほかのユダヤ人と同じように烙印を押され、ガス室へ送られただろう。イエスの時代にあったヘロデによる幼児の大量虐殺は、イエスその人を標的としたものだった。

友人のラビによると、クリスチャンはイエスの十字架上の叫び、「わが神、わが神。どうしてわたしをお見捨てになったのですか」（マタイ二七・四六）を父と子の闘争が行われた深遠な瞬間だとみなしているが、ユダヤ人はイエスのこの言葉を、ユダヤ人犠牲者による典型的な死の叫びとして聞くのだという。拷問を受けた時に詩篇の言葉を叫んだユダヤ人はイエスが最初でもなければ、もちろん最後でもなかったのだ。

しかしイエスの生涯から数世代のうちに、不思議な転換が起こった。大方のユダヤ人はイエスに従うのをやめ、教会はすっかり異邦人のものになったのである。何が起きたのか。明らかに、イエスはユダヤ人の待ち望んでいたメシアにそぐわなかったのであろう。

＊

敬虔なユダヤ人の中では、「メシア」という言葉の重要性はどんなに誇張しても足りないほどだろう。一九四七年に発見された死海文書は、クムラン教団がメシアのような人物が今にも現れるのではないかと期待しており、毎日神にささげる食事の際に空の座席をそのメシアのために取っておいたことを伝えている。大国の間にはさまれているほんの小さな一地方が、世界の統治者を生み出すことを夢見るなど無鉄砲かもしれないが、ユダヤ人はちょうどそんなふうに信じていたのである。自分たちの国を再び栄光へと導いてくれる王に未来を賭けていたのだ。

イエスが生きている間、あちこちで反乱が起きていた。偽メシアたちが一時的に現れて反乱を指揮したが、結局容赦のない弾圧にあって潰れてしまった。一例だけ挙げると、

「エジプト人」として知られた預言者が大勢を率いて荒野へ行き、自分が命令すればエルサレムの城壁は落ちると宣言した。ローマの政治家は派遣隊に追わせて、反抗分子四千人を殺害した。

待望の預言者が荒野に姿を現したという知らせが広まったとき、群れをなした人々が目にしたのは、ラクダの衣を身にまとった野性的な男だった。「私はキリスト（メシア）ではありません」とバプテスマのヨハネは断言し（ヨハネ一・二〇）、まもなく姿を現す高貴な方のことを語り、希望をさらに高く引き上げた。ヨハネがイエスにした質問、「おいでになるはずの方は、あなたですか。それとも、私たちは別の方を待つべきでしょうか」は、実際その時代に、至る所でささやかれていた質問だった（マタイ一一・三）。

ユダヤ人預言者はみな、いつか神が地上に神の国を造ると教えていた。だから「ダビデの子」についての噂はユダヤ人の望みに火をつけたのである。神は自ら、ユダヤ人を見捨ててはいなかったことを証明されるだろう。イザヤが叫んだように、神は「天を裂いて降りて来られると、山々は御前で揺れ動くでしょう。……国々は御前で震えるでしょう」（イザヤ六四・一、二）。

しかし正直に言おう。ヨハネの示した人物が場面に登場したとき、山々は揺れ動かなかったし、国々も震えなかった。イエスは、ユダヤ人の過多な望みを満足させるには至らなかった。その反対のことが起こり、一世代のうちにローマ兵はエルサレムを壊滅させたのである。初期キリスト教会は、この神殿の破壊を、神とイスラエルの間の契約が終わったしるしと受け取った。そして一世紀経たとき、キリスト教に改宗したユダヤ人の数は非常に少なかった。クリスチャンはユダヤ人の聖典をわがものとして「旧約聖書」と新しい名をつけ、ユダヤの慣習をおおよそ終わらせた。

教会から拒絶され、イエスの死のことで責めを負ったユダヤ人の中には、クリスチャンに対する反逆キャンペーンを始める人たちもいた。彼らはイエスが、マリアとローマ兵が密通した挙げ句にできた非嫡出子であるとの噂を流し、福音書の残酷なパロディーを書いた。イエスは過越の祭りの前夜に吊るし首にされたと書いた記事もある。「魔術を行い、イスラエルをだまし、惑わした」からだという。天使が地に平和を宣言してその誕生を祝った男は、人間の歴史の大きな境目となったのである。

＊

数年前、十人のクリスチャン、十人のユダヤ教徒、十人のイスラム教徒と席を共にしたことがある。精神科医であり作家でもあるＭ・スコット・ペックが、お互いの違いを乗り越えて、何らかの共同体を作ることができないか考えてみよう、と皆を招待してくれたのである。それぞれの宗教で礼拝を執り行ったが——イスラム教徒は金曜日、ユダヤ教徒は土曜日、キリスト教徒は日曜日——、他宗教を信じる人々も見学に招かれた。礼拝には驚くべき類似性が見られ、この三つの宗教にどれほど多くの共通点があるか思い出させられた。

おそらくこの三つの伝統の中にある感情の激しさは、共通の遺産から生じたものである。家庭内の争いはいつでもいちばんやっかいなものだし、内戦は最も血なまぐさいものだ。

私はニューオーリンズで「置換神学」という新しい言葉を知った。キリスト教信仰が選民としてのユダヤ人に取って代わったというこの考え方に、ユダヤ人は憤慨していた。ある人は言った。「自分の宗教がまるで老人ホームに入れられたかのような歴史の珍妙さを感じます。『旧約聖書の神』という言い方や、『旧』約という言い方さえ耳に障ります。」

キリスト教徒はヘブル語のメシアという言葉、もしくはそれに相当するギリシア語の「キリスト」という言葉を取り入れた。あるラビから聞いた話である。バージニア州の小さな町で唯一のユダヤ人家庭に育ったという。父親は、そのコミュニティーの尊敬を集めていたし、ユダヤ人なので、公明正大な判断を下すと思われていたせいか、クリスマスライトの飾りつけに順位をつけ、入賞者を決める仕事を毎年クリスチャンたちから頼まれていた。このラビは子どものころ、父親の車で町中の家を一軒ずつ見て回りながら、憧れと理解し難い気持ちでクリスマスライトのまばゆい飾りを見つめていた。クリスマスライトとはキリストのライト、つまり文字どおりに言えば「メシアの光」であった。

イスラム教徒が置換神学的な視点を持って、この両宗教を見ていたことを、私は知らなかった。イスラム教徒の見方によると、ちょうどキリスト教がユダヤ教から育ち、ユダヤ教と部分的に合体したように、イスラム教はその二宗教から育ち、また部分的に合体したという。アブラハムは預言者だったし、イエスも預言者だったが、ムハンマドは教祖としての預言者なのだ。旧約聖書には、新約聖書と同じように役割がある。しかしコーランは「最後の啓示」である、という。三宗教を同族関係としてとらえる言葉の中で語られるのを聞き、ユダヤ人が二千年もの間味わってきた気持ちについて、私自身の信仰が洞察を与えられた。

三つの宗教がその違いをはっきりと表明するのを聞いて、イエスのもたらした分裂の深さも理解した。イスラム教の礼拝は、主に全能の神に対する敬虔な祈りから成っていた。ユダヤ教の礼拝は、詩篇やトーラーの交読と心温まる歌唱を合わせたものだった。そういった要素はどれもキリスト教の礼拝にも見られるものである。キリスト教をほかから分けているものといえば聖餐式だった。「これはわたしのからだです、あなたがたのために裂きました。」指導者はマタイの福音書の一節を読み、それからキリストのからだ、すなわち相違点そのものであるパンを配った。

イスラム教徒は小アジアを征服したとき、多くのキリスト教会をモスクに改造し、残存するクリスチャンへの勧告として次のような容赦のない碑文を刻みつけた。「神は、子をもうけることもなければ、生まれることもない。」これと同じ言葉がシナゴーグの壁に書かれてもおかしくない。歴史の偉大な分岐点はベツレヘムとエルサレムにまでさかのぼる。イエスはほんとうにメシアだったのか、神の子だったのか。三十三歳で息を引き取るメシア、救い主の死後、衰亡する国。分裂が和らぐどころか、さらに深まる世界。ニューオーリンズのユダヤ人が言ったように、こういった事実はイエスと同じ民族であるユダヤ人にとっては、納得がいかないように思われる。

しかし、その二千年に及ぶ大きな分かれ目にもかかわらず、また暴力的な反ユダヤ主義が猛威を振るう世紀にあったにもかかわらず、イエスに対する興味はユダヤ人の中で復活している。一九二五年、ヘブル語学者ヨーゼフ・クラウスナーがイエスについて本を書こうとしたとき、イエスの全生涯について当時のユダヤ人学者が書いたものは三冊だけであった。今では何百とあるし、その中にはきわめて啓発的なものもある。現代イスラエルの子どもたちにとり、イエスは偉大な教師、おそらく最も偉大な教師であった。そのため、異邦人たちからも「勝手に使われた」のだろうと教わっている。

不都合なところで目をつぶらずに福音書を読むことは可能だろうか。ユダヤ人は憤慨するのを覚悟しながら不信感を持って読んだ。クリスチャンは教会史という屈折したレンズを通して読んだ。どちらのグループもマタイの最初の言葉、「アブラハムの子孫、ダビデの子孫、イエス・キリストの系図」のところで立ち止まり、静かに考えるのがいいと思う。ダビデの子孫とはイエスがメシアの血筋にあることを物語っているが、ユダヤ人はそれを無視すべきではない。「彼が敢えて自分の生命を救うために否定しなかった称号が、彼にとって重要でないはずはなかった」とC・H・ドッドは記している。アブラハムの子孫とはイエスがユダヤ人の血筋にあることを明らかにするものであり、私たちクリスチャンもそれを無視してはならない。ヤロスラフ・ペリカンはこう書いた。

「あのような反ユダヤ主義、ユダヤ人虐殺、アウシュヴィッツは、イスラエルの苦難の歴史、そして、人類の苦難の歴史の中で、はたして起こったであろうか。もしも…もしもすべてのキリスト教の家庭が、マリアの肖像を神の母や天国の女王としてだけではなく、ユダヤ人の乙女として、新しいミリアムとしても尊崇していたら。そして、キリストの肖像を宇宙の支配者（パントクラトール）としてだけでなく、ラビ・ヨシュア・バール・ヨセフ（ヨセフの息子ラビ・ヨシュア）として、ナザレのラビ・

イエス、ダビデの子として崇敬していたら……と。」

私は少年時代にユダヤ人を一人も知らなかったが、今は知っている。ユダヤの文化についてもいくらかわかる。もはや安息日の価値を信じていない人々ですら、その日には家族で集まるという緊密な絆。人と関わる方法としての情熱的な議論。私はユダヤ人の激しい論戦に最初は怖気づいたが、すぐに魅力を感じるようになった。もっぱら自主性を重んじる社会にありながら律法に対して抱いている崇敬とも言えるほどの尊敬の念。ユダヤ文化を抹消しようとするほかからの容赦のない試みにもかかわらず、文化の継承を助けている学問の伝統。世界にお祝いをする理由などほとんど見つからない時でも、腕を組んで歌い踊り笑うことのできる力。

イエスはこうした文化、ユダヤ文化の中で育ったのである。確かにイエスはこの文化を変えはしたが、いつでもユダヤ人という土台の上に立っていた。今、イエスはどんなティーンエージャーだったのかと思うとき、自分の知るシカゴのユダヤ人少年たちのことを思う。そしてイエスの土台がユダヤ人であるという考えに違和感を覚えるとき、その時代の人々に耳障りだったのは、イエスがユダヤ人であることではなく、イエスが神の子であるという考えであったことを思い出している。ユダヤ人の若者には違いない――だが神の子だって？

＊

イエスは民族を選んだばかりでなく、生まれる時と場所も選んだ。ボンヘッファー流に言えば、歴史は「神の誕生を担った子宮」となった。なぜこのような特別な歴史となったのか。イエスはなぜマスコミをうまく利用できたはずの現代に生まれなかったのか、不思議に思うことがある。さかのぼってイザヤの時代ならメシアを待ち望む気持ちも高まっており、イスラエルもまだ独立国家だった。一世紀の何が、神がこの世界に入るのに最適だったというのだろう。

どの時代にも、その時代に支配的な雰囲気というものがある。たとえば一九世紀の明るい自信、二〇世紀の暴力的混沌。イエスが生まれた時代はローマ帝国の絶頂期であり、希望と楽観主義が蔓延していた。崩壊前のソ連やヴィクトリア女王時代の大英帝国のように、ローマは暴力を振りかざすことで平和を保持していたのだが、被征服民族さえ、おおむね協力的だった。パレスチナ以外は。

イエスの誕生した時期は「この時代の新しい秩序」への期待が高まっていた。この言い回しを作りだしたのはローマの詩人ヴェルギリウスだが、「新しい人類が天の高みから降りてくる」とか、変化が起ころうとしているけれども、それは「一人の子供の誕生であり、その子供とともに、人類の鉄の時代は終わり、黄金の時代が始まるだろう」と宣言するなど、旧約聖書の預言者の語り口にも似ている。しかし、ヴェルギリウスはこのメシアに関する言葉でイエスを指していたのではない。「現在の神」であり「世界の復興者」であるアウグストゥス皇帝について書いたのだった。アウグストゥスは、カエサルの暗殺をきっかけに内紛が起きた後、帝国の再建に取り組んだ皇帝だった。

忠実なローマ市民に対し、アウグストゥスは平和と安全、娯楽を提供した。要するに、パンとサーカスを提供したのである。「ローマの平和」は、市民が外敵から保護されること、またローマの司法と市民政府の恩恵を保証した。帝国中の人々がギリシア人のような装いをし、ギリシア風の建築物を作り、ギリシアのスポーツをし、ギリシア語を話した。パレスチナ以外は。

パレスチナは大蛇が飲み下すことのできない一塊のごとく、ローマをはなはだしく憤慨させた。ローマが多くの神々を容認したのと対照的に、ユダヤ人は、自分たちが「選ばれた民」として独特の文化を持っていることを示した唯一の神、彼らの神という考えにかたくなにこだわった。この二つの社会が衝突した時に起きた出来事を、ウィリアム・バークレーはこう描いている。「ヘロデ大王出現前の紀元前六七年から三七年までの三十年間に、パレスチナでは十五万を下らぬ人の命が革命動乱で失われたというのは、単純な歴史事実である。パレスチナほど、世界中で爆発炎上することの多い国はなかった。」

ユダヤ人は、ローマ軍団と戦う時と変わらぬ猛々しさで「ギリシア化」(ギリシア文化の押しつけ)に抵抗した。ラビたちは、一世紀以上も前にセレウコス朝のアンティオコスがユダヤ人をギリシア化しようと企てたことをユダヤ人に思い起こさせ、ギリシア化への反感を存続させた。アンティオコスは若者たちに、ギリシアの運動競技で裸体を見せることができるよう、強制的に逆割礼手術を受けさせた。豚肉を食べるのを拒んだといって老齢の祭司を鞭で打って殺し、偶像に頭を下げなかったといって母親と七人の子を惨殺した。至聖所に侵入し、ギリシア神ゼウスを崇めるために汚れた豚を犠牲としてささげ、聖所に血をなすりつけた不埒千万な所業は、「荒廃という忌まわしい行為」として知られるようになった。

アンティオコスの一連の行動は、ユダヤ人をマカベア家一族を指導者とするあからさまな暴動に駆り立てたため、惨めな結果に終わった(ユダヤ人は今でも、この時の勝利を覚えてハヌカーを祝う)。実際、ローマの勢力がパレスチナに入って来るまでの一世紀近くもの間、マカベア家は外国からの侵入者を撃退していた。ローマ軍が反乱の兆候をことごとく潰すには三十年を要した。ローマはその後、地方の独裁者ヘロデを傀儡の「ユダヤ人の王」とした。ヘロデは、ローマ人が家や市場、あるいは宮で、女性や子どもたちを殺害するのを眺めながら将軍に尋ねた。「ローマ人は町から住民も財産も取り上げ、その荒れ地に私を王として残していくつもりなのか。」　おおむねそういうことだった。ヘロデが王位に上るまでには、エルサレムばかりか全国土が荒廃していたのである。

イエスが生まれた時もまだヘロデ大王が統治していた。パレスチナはその強い支配のもとで比較的静寂を保っていた。長きにわたった戦争がユダヤ人の意気も資産も枯渇させてしまったからだった。紀元前三一年の地震で三万人が死に、家畜も多くが失われ、窮乏はいっそう深刻さを増していた。ユダヤ人はその悲劇を「メシアの苦しみ」と呼び、救い主を神に懇願した。

ソビエト帝国が崩壊した今、ユダヤ人がローマの支配のもとで味わっていた不安定な状態に相当するものを、現代の世界に捜すのは困難である。中国の支配下にあるチベットあたりだろうか。少数者の支配から自由を獲得する前の南アフリカの黒人たちだろうか。じつは、現在のイスラエルを訪れた人々から、大いに興味をそそられる手掛かりをもらうことができる。今のイスラエルを訪れると、イエスの時代のガリラヤのユダヤ人と現代のパレスチナ人の状態が同様であることに気づかざるを得ない。どちらも、自分たちより豊かな隣人たちの経済上の利益に貢献した。どちらも、より当世風の違った性質の文化に囲まれながら、小さな村や難民キャンプで暮らしていた。どちらも夜間外出禁止令や厳重な取り締まり、不意の手入れを受ける立場にあった。

一九七〇年代にマルコム・マゲリッジが指摘したように、「ローマの軍団の役割りは、イスラエル軍によって踏襲されていた。今や従属民族の地位にあるのはアラブの民であり、彼らはイエス生前のユダヤ人と同じく、彼らのモスクの礼拝と、その宗教行為は許されているものの、それ以外では二級市民の扱いを受けていた」。

現代のパレスチナ人もガリラヤのユダヤ人も、武装蜂起を呼びかける性急な人間に影響されやすいところがある。現代中東の暴力、陰謀、騒々しく言い争う党派などを考えてみるといい。そういう煽動的な環境の中に、イエスは生まれたのである。

＊

ユダヤからガリラヤを目指す春の旅は、乾燥した岩だらけの土地から地中海流域の青草の繁茂する土地に向かう、茶色から緑色への旅である。果物や野菜がふんだんに育ち、漁師たちがガリラヤ湖に網を下ろし、西方の起伏のある丘の向こうには青くちらちらと光る地中海が見える。イエスの故郷ナザレは、タルムードに記載されている六十三のガリラヤの町に入っていないほど辺鄙な所だが、海抜三九〇メートルの丘の中腹にある。尾根からは、海に近いカルメル山から北方の雪に覆われたヘルモン山の頂までを、一大パノラマのように見晴るかすことができる。

ガリラヤには肥沃な土地、美しい眺め、穏やかな気候といった魅力があり、イエスがこの土地で楽しい少年期を過ごしたことは明らかだ。作物の間に茂る野の花や雑草、麦とをみがらを分ける手間のかかる作業、丘の斜面に点在するいちじくやぶどうの木、刈り入れるばかりに色づいた畑——これらすべてが、後にイエスのたとえ話や教えの中に登場する。だが、いかにも印象的なことだが、間違いなくガリラヤの呼び物だったのに、イエスの話に取り上げられなかったものがある。ちょうどそのころ、ほんの四キロ北のナザレからよく見える所で、セフォリスという華麗な町が建設されているところだった。イエスの隣人たちも働いており、そこにはイエスの父もいたと思われる。

イエスが生きていた間、彼らはこの美しいグレコ・ローマン風大都市の建設作業に当たっていた。この町の呼び物は街路樹、広場、宮殿、浴場、競技場、白いライムストーンと色つきの大理石だけで造られた豪華な別荘だった。四千人を収容する堂々たる劇場では、ギリシア人俳優、あるいはヒポクリテース〔訳注＝ギリシアの仮面劇の役者。ギリシア語で「偽善者」を意味する〕たちが、さまざまな民族から成る群衆を楽しませていた（イエスは後にこの言葉を借りて、公衆の面前で虚偽の役割を演じる人間のことを言い表した）。イエスの生前、セフォリスはつねにガリラヤの首都としての役割を果たし、全パレスチナの中でエルサレムに次ぐ重要都市だった。しかし福音書は、イエスがこの町を訪れたとは一度も記録していないし、それどころかこの町に言及さえしていない。イエスは、ガリラヤ湖畔にあったヘロデの冬用の別荘地ティベリアにも足を向けなかった。富と政治権力の中心地を敬遠していたのである。

ヘロデ大王はガリラヤを、パレスチナの中でいちばん豊かな地方に発展させたが、その恩恵を受けた者は少なかった。土地を持たない農夫の労働は、富裕な地主を利するばかりだった（イエスのたとえ話に顔を出すもう一つの事実）。病気や悪天候の季節が続けば、多くの家庭が災難に見舞われた。イエスが貧困の中で育ったことを私たちは知っている。イエスの家族は宮で犠牲にささげる子羊を買う余裕がなく、一組の鳩をささげたのだ。

ガリラヤは革命の温床との評判だった。イエスの誕生に近い紀元前四世紀、反逆者たちがセフォリスの兵器庫に押し入り、仲間たちを武装させるべく武器を略奪した。ローマの軍隊は町を奪還して焼き払い――この町が再建されなければならなかったのは、こうした理由からだ――この暴動に加わったユダヤ人二千人をはりつけにした。十年後、ユダという名のまた別の反逆者が、異教徒のローマ皇帝には税金を払うな、と同郷者たちを説き伏せ、暴動に駆り立てた。ユダはその後六十年間、ローマを悩ませることとなる熱心党の創設に貢献した。ユダの息子のうち二人は、イエスの死後はりつけにされ、最後の息子はついにローマ人からマサダの砦を攻略し、ユダヤ人が全滅するまでこの砦を死守すると誓う。その場所で最終的に九百六十人のユダヤ人男性、女性、そして子どもたちが、ローマ人の手に落ちるよりはと自決をはかった。ガリラヤ人は心底、自由を愛する人々だったのである。

ガリラヤは繁栄し、積極的な政治活動もしたが、ユダヤのほかの地域からほとんど敬意を払われてはいなかった。ガリラヤはエルサレムから最も遠い地方であり、文化的にはいちばん遅れていた。当時のラビ文学はガリラヤ人を田舎者とか、少数民族を笑う小話の種として描いている。ガリラヤ人でヘブル語を学んだ人々も、その発音があまりにぎこちなかったので、ほかのシナゴーグでトーラーの朗詠に任名されることはなかった。共通の言語であるアラム語を野暮ったく話せば、ガリラヤ出身であることがわかってしまうのだった（ペテロが中庭で、話し方から素性を見破られたのと同じように）。福音書に記されているアラム語の言葉からイエスもまた、その北部訛りでしゃべっていたことがわかる。イエスに対する懐疑的態度にはずみがついたのも不思議のないことである。

「まさか、キリストはガリラヤからは出ないだろう。」

（ヨハネ七・四一）

「ナザレから何の良いものが出るだろう。」　(同一・四六)

ほかのユダヤ人はガリラヤを、霊的な事柄についても、やはりいいかげんだとみなしていた。「ガリラヤよ、ガリラヤよ、おまえはトーラーを憎んでいる!」当地で十八年も実りのない年月を過ごした挙げ句、こう嘆いたパリサイ人がいた。イエスを支持したニコデモは「あなたもガリラヤの出身なのか。調べてみなさい。ガリラヤから預言者は起こらない」と咎められ、沈黙した(同七・五二)。イエス自身の兄弟たちは「ここを去ってユダヤに行きなさい」とイエスを励ました(同三節)。エルサレムの宗教勢力の本拠地からすれば、ガリラヤはメシアが出現することなど、最もありそうにない場所だと思われていた。

＊

福音書を読むとき、自分がその時代にいる様子を想像してみることにしている。私は模範的な市民となり、面倒を避け、人は人、自分は自分として生きようと躍起になるだろうか。熱心党のような激しい反乱分子に心ひかれるだろうか。たとえば税金不払いなど、もっと狡猾なやり方で抵抗するだろうか。宗教運動に精力を注ぎ込み、政治紛争は避けようとするだろうか。一世紀に生きていたら、私はどんな種類のユダヤ人となっていただろう。

ローマ帝国には当時八百万のユダヤ人がいたが、そのちょうど四分の一強がパレスチナに住んでいた。※※彼らのせいでローマの忍耐が限界に達することも時々あった。ユダヤ人はギリシアやローマの神々を断固として崇めなかったので、ローマ人はユダヤ人に「無神論者」の烙印を押していた。またユダヤ人には、隣人たちの「汚れた」食べ物を口に入れることを拒んだり、金曜日の夜と土曜日は一切の仕事を控えたり、市民としての務めを見下げたりといった独特の慣習があった。このためローマ人はユダヤ人を社会不適応者とみなしていた。だがそれにもかかわらず、ローマはユダヤ人に法的身分を授けていた。

ユダヤ人指導者の置かれていた苦しい立場は、スターリン下にあったロシアの教会と多くの点で似ている。政府の干渉に屈することになるが協調路線をとることもできたし、激しい迫害に遭うことになるが自分たちの道を行くこともできた。スパイのネットワークを張りめぐらし、宗教共同体を猜疑心と恐怖で満たしていたヘロデ大王の場合、スターリンのやり方に当てはまる。「彼は衣服のように簡単に大祭司を取り替えた」と不平をもらしたユダヤ人作家もいた。

ユダヤ人はそうした状態の中でいくつかの派に分裂し、協調か分離か、どちらかの道を取ることになっていく。それらの人々こそイエスについてまわり、彼の言葉に耳を傾け、あるいは彼を試し、その人格を見定めた人々だったのである。

その中でもエッセネ派が最も社会から隔絶していた。彼らは平和主義者であり、ヘロデやローマに積極的に抵抗したりはしなかった。むしろ荒れた不毛の地の洞窟に修道院のような共同体を作り、その中に引っ込んでしまった。ローマの侵攻は、律法をきちんと守らなかった自分たちへの罰なのだと確信していたので、己のきよめに専心した。エッセネ派は毎日水浴し、厳格な規定食を守り、安息日には排便せず、宝石類は身につけず、誓いをたてることもなく、すべての物を共有していた。そして、熱心な信仰がメシアの到来を促すのだという希望を持っていた。

熱心党は分離主義といっても異なった戦略を主張しており、武装蜂起して汚れた外国人を放り出せと提唱していた。熱心党のある支部はローマに対する政治テロ活動を専門とし、また別の支部は同胞ユダヤ人の一致をはかるため、一種の「道徳警察」として動いていた。民族浄化を目指す初期のやり方では、熱心党は他民族と結婚した者はすべて私刑に処すと宣言した。イエスが宣教していた間、傍らで見ていた人は、イエスの弟子グループに熱心党のシモンが入っていることに気がついていたはずだ。一方、良きサマリア人のたとえを持ち出すまでもなく、イエスが異教徒や外国人と接触するのを見て、好戦的な愛国主義の熱心党は激怒したことだろう。

他方、協調主義者たちは体制の中で生きる術を模索していた。ローマ人は、サンヘドリンと呼ばれていたユダヤ人議会に、ある程度の権威を認めていた。サンヘドリンは特権を許された見返りとしてローマに協力し、どんなに小さな謀反の兆候も捜し回った。反乱や、反乱に確実に伴う過酷な報復行為を防ぐことが、ローマにとって最大の関心事だった。

ユダヤの歴史家ヨセフスは、大衆の祭りのさなか、「エルサレムは災いなるかな！」と叫んで群衆を煽動した、精神病を患う農夫のことを語っている。サンヘドリンはこの農夫を罰しようとしたが失敗した。それでこの男をローマ総督に引き渡し、正式に鞭打ちの刑を受けさせた。農夫はこっぴどく鞭で打たれ、平和が取り戻された。これと同じやり方で、サンヘドリンは使者を送り、バプテスマのヨハネやイエスのことを調べさせたのだ。あの二人は平和に対する真の脅威となるだろうか。もしそうなら、ローマに引き渡すべきだろうか。大祭司カヤパは、完全にローマに協力する立場を取っている。「ひとりの人が民の代わりに死んで、国民全体が滅びないほうが、あなたがたにとって得策だということも、考えに入れていない」（ヨハネ一一・五〇）。

サドカイ派は、ローマの協力者の中でもひときわ露骨であった。彼らはギリシア人の下で最初にギリシア化し、その後、マカベア家、ローマ、そしてヘロデと次々に手を結んだ。サドカイ派の神学は人間中心であり、死後の生も神のこの世への介入も信じていなかった。起こることが起こるだけで、未来には何の報いや懲罰のシステムもないのだから、人はこの世での限られた時間を楽しむほうがましなわけである。考古学者らが発掘した宮殿のような家や金銀の台所用品からすると、サドカイ派は実際人生を大いに楽しんだようである。パレスチナのあらゆる党派の中で、この官僚的なサドカイ派は、現体制を脅かすものから最大の損失を受けるはずだった。

中産階級に受けの良かったパリサイ派は、ローマとは一線を画す路線をとるか、あるいは協調路線でいくか、形勢をうかがっていた。彼らはきよめに関して高い基準を持ち続け、安息日の遵守、儀式によるきよめ、祝日の時間といった事柄にはとりわけ厳しかった。律法を守らないユダヤ人を「異邦人」扱いして地方議会から閉め出したり、商取り引きに応じなかったり、食事や社交的な集まりから排斥したりした。しかしパリサイ派はパリサイ派で、すでに迫害に遭っていたのである。たとえば、一日に八百人のパリサイ人が磔刑に処されたことがあった。彼らはメシアの存在を情熱的に信じていたが、民族に災難をもたらす恐れのあるペテン師や奇跡を行う人間に、性急に従うのを躊躇したのだった。

パリサイ人は戦いを慎重に選び、ほんとうに必要な時だけ命を危険にさらした。あるときポンテオ・ピラトが、ローマの軍隊は皇帝の肖像を描いた軍旗を持ってはエルサレムに入らないという、かつてユダヤ人と交わした合意を反故にした。パリサイ派の人々にとって、この行為は偶像崇拝に等しかった。パリサイ派を圧倒的多数とするユダヤ人群衆は抗議して、五日五夜ピラトの宮殿の外で一種の座り込みストライキを行い、かつての合意を復活させてほしいと泣きながら懇願した。ピラトは群衆に競技場へ行くよう命じるのだが、競技場には兵士らが待ち構えており、ピラトへの懇願をやめない者はだれかれの別なく殺すと脅しをかけた。群衆は一つになってひれ伏し、首を差し出して、律法が破られるくらいなら死ぬ覚悟ができていますと宣言した。ピラトは折れた。

*

以上の各グループを考えてみると、私がいちばんなりそうなのはパリサイ派である。支配政府に対する実際的な働きかけは、積極的に律法を支持する態度と均衡がとれており、私は感心したことだろう。パリサイ派は規律正しい人々であり、良き市民を生み出した。エッセネ派や熱心党のような過激論者には、落ち着かない気持ちになったと思う。サドカイ派のことはご都合主義者として軽蔑しただろう。したがって、私はパリサイ派の同調者として、イエスの言葉に耳を傾ける人々の端で、当時最も重大だった問いを彼がどう扱うか、注視していただろう。

　イエスは私を説き伏せただろうか。説き伏せてほしかったと思うが、この問いには簡単に答えることができない。イエスはいつだったか、パレスチナの主なグループのどちらをも困惑させ、遠ざけたことがあった。イエスは分離でも協調でもなく、強調点をヘロデやカエサルの国から神の国へと根本的に変えてしまうことで、第三の道を差し出した。

今ふり返ってみると、派閥同士を隔てていた微妙な違いを洗い出したり、イエスの教えの些細な部分をめぐって論争が起きた理由を理解したりすることは難しそうに見えるかもしれない。だが、あれほどの違いがあったにもかかわらず、エッセネ派、熱心党、パリサイ派、そしてサドカイ派まで、ある一つの目的を共有していた。その目的にとってイエスは脅威だったのであり、私は自分もその脅威を感じたことだろうと確信している。

実際ユダヤ人は、高い理想を持つこの小国を周囲の異教徒たちから守りたいとの望みから、自分たちの文化の周りに塀を張りめぐらしていた。神はかつてユダヤ人をエジプトから解放したように、ローマからも解放することができるだろうか。ある言い伝えによると、イスラエルが丸一日悔い改めるか、あるいはイスラエルが二日の安息日を完全に守れば、メシアによる贖いが直ちに起こると約束されていた。新しい立派な神殿に刺激され、霊的な復興もいくらか進んでいた。神殿はエルサレム全市を見下ろす巨大な高台の上に建設され、国家の誇りと未来への希望の中心となっていた。

イエスが律法主義や安息日の遵守や神殿について語った言葉を聞いたら、それはこういった背景と対立するものだったと、私もほかのユダヤ人と同様に判断したことだろう。

「わたしのもとに来て、自分の父、母、妻、子、兄弟、姉妹……までも憎まない者は、わたしの弟子になることができません。」

（ルカ一四・二六）

こんな考えと、家族を大切に思う気持ちに折り合いをつけるなど、どうやってできただろう。いったいイエスは、何を言おうとしていたのだろう。同じように、サンヘドリンという公的立場にある人間の耳には、「わたしは神の神殿をこわして、それを三日のうちに建て直せる」（マタイ二六・六一）という言葉は、無為な自慢どころかれっきとした冒瀆であり、ユダヤ人を結束させているもの自体を攻撃しているのだから、大逆罪でさえあった。人の罪を赦そうというイエスの言葉は、彼らにすれば、奇異で不適切なものだった。今日なら、個人がだれかにパスポートを交付しようとか、建設許可を与えようと申し出るようなものだからだ。神殿全体を私物化するとは、何様のつもりだったのだろう。

ユダヤ人が〝文化の自殺行為〟と恐れていたことが、全面的に正しかったと証明されることとなった。イエスではない、ほかのカリスマ的な人物たちが反乱を指導し、紀元七〇年に挑発にのったローマは神殿を破壊し、エルサレムを壊滅させたのである。エルサレムは後にローマの植民地として再建され、破壊されたユダヤ教の神殿跡地には、ユピテル神を奉る神殿が建てられた。ユダヤ人はエルサレムに入ることを禁じられ、従わなければ死罪となった。ローマはユダヤ人を国外追放《ディアスポラ》する。そして、ユダヤ人は二〇世紀に入るまで、離散の民として生きたのである。それによって、ユダヤ主義の様相は永遠に変わってしまったのだった。

※　マタイの挙げた名前のリストは、この家系の恥部も暴露している。記載されている女性たちを考えてみるとよい（ユダヤの系図にはまれなことである）。少なくとも四人のうち三人が外国人である。それはイエスが全世界に向けて約束を差し出していることをほのめかすマタイの流儀だったのかもしれない。ユダヤ人のメシアには異邦人の血が流れていた！

タマルは子どものいない未亡人だった。娼婦のような恰好で義父を誘惑しなければならなかったが、それなくしてはイエスの系図も成立しなかったのである。ラハブは娼婦のふりをすることがなかったとはいえ、実際は娼婦として生活していた。そして「ウリヤの妻」バテ・シェバはダビデの情欲の対象であり、それが旧約聖書中最大の王室スキャンダルとなった。これらのうしろ暗い祖先たちは、イエスが喜んで恥ずべき先祖の子孫として裸のまま歴史に登場したことを示している。それと対照的に、イエスが誕生した時に権勢を振るっていたヘロデ大王は、虚栄心から家系の記録を廃棄した。だれにも自分の素性をほかの人の素性と比べさせたくなかったからである。

※※　主としてホロコーストのせいで、ユダヤ人の数は一世紀とほとんど変わっていない。そして、現在パレスチナに住んでいるユダヤ人の割合も一世紀と変わらない。

※※※　学者たちは、イエスとパリサイ派の人々との衝突が、なぜこれほど多く福音書に記録されているのか議論した。実際、サドカイ派やエッセネ派、熱心党よりはパリサイ派のほうがイエスとの共通点が多いのである。一つの説明としては、福音書が書かれたのはイエスの死後数十年経ってからだったということである。そのころ、エルサレムは破壊されており、パリサイ派以外の党派も実質的には消滅していた。福音書の記者たちが、クリスチャンにとって唯一の脅威であったパリサイ派の人々に焦点を合わせたのも合点のいく話である。

4　誘惑――荒野の対決

愛はすべてを受け入れ、また受け入れる者にだけ命令する。愛とは退くことである。神は退くのである。

――シモーヌ・ヴェイユ

ガリラヤという田舎で育ったユダヤ人イエスは、悪との戦いの先頭に立つべく天国から送られた神の息子にほかならない。福音書はそう断言している。その使命を考えれば、イエスにとっての優先事項ですぐさま思いつく疑問がある。それは、何はさておき自然災害である。イエスに病気を治したり死者をよみがえらせたりする力があるというのなら、なぜ地震やハリケーン、あるいは突然変異する不気味なウイルスの群れといった、地球に災厄をもたらす大問題に取り組まないのだろうか。

哲学者や神学者たちは、地球上の不幸の多くは、人間が自由になった結果もたらされたものだと非難するが、その議論はまた別の疑問を生み出すことになる。私たちは、ほんとうにありあまる自由を享受しているだろうか。私たちには、互いを傷つけ殺し合う自由、世界戦争をする自由、地球を損なう自由がある。神に公然と歯向かう自由、ほかに世界は存在しないかのように、何の制約も設けずに生きることさえ自由である。イエスはあらゆる懐疑論者を黙らせ、勝算が決定的に神に傾くような、反駁の余地のない証拠を考え出すことができたはずなのだ。ところが、人間は神を容易に無視したり、否定したりすることができそうである。

この問題に取り組む機会が訪れたのは、成人したイエスが初の「公式」活動として、荒野で糾弾者と直接対決した時である。サタン自らがルールを変え、目もくらむような近道を使って目的を達成するよう、神の子を誘惑した。パレスチナの砂地で危険にさらされていたのは、イエスの人格だけではなかった。人間の歴史が危機に瀕していたのである。

＊

ジョン・ミルトンのあの壮大な『失楽園』の続編では、十字架ではなく荒野の誘惑に、世界を復興させようとするイエスの企ての成否がかかっていたように描かれている。楽園で一組の男女が、今よりもっと賢くなれるというサタンの約束に惑わされた。何千年か後に、もうひとりの後継者――パウロの言葉で言えば「第二のアダム」――が同様の試みに遭う。しかし、それは不思議なことに前とは逆の試みだった。蛇はエデンで尋ねた。「おまえは神のようになれるのか？」ところが誘惑者は荒野でこう聞いたのである。「おまえは、ほんとうに人間になれるのか？」

荒野の誘惑の話を読みながら、目撃者がいなかったのだから、事の詳細はイエス自身から伝えられたに違いない、という考えが浮かんだ。イエスはなぜか、この戦いや自分の弱さを弟子たちに正直に話すべきだと考えたのだ。荒野の誘惑は、イエスが前もって結果を知ったうえで役を演じたのではない、本物の戦いだったと私は思っている。アダムとエバに致命的な弱点を見いだしたあの誘惑者は、攻撃の照準を寸分の狂いもなくイエスに合わせたのである。

ルカはこの場面を、地味な雰囲気のドラマに仕立てている。

「さて、聖霊に満ちたイエスは、ヨルダンから帰られた。そして御霊に導かれて荒野におり、四十日間、悪魔の試みに会われた。その間何も食べず、その時が終わると、空腹を覚えられた。」

（ルカ四・一、二）

一騎討ちに出た戦士のように、宇宙の巨人二人が荒涼たる場面に顔を揃えた。一方は敵地で宣教し始めたばかりで、ひどく弱々しい状態でやって来た。もう一方は自信に満ち、己の縄張りで主導権を握っている。

誘惑の、ある細かい部分で不思議に思っているところがある。サタンはイエスに石をパンに変えてみろと言い、この世の王国すべてを差し出し、神が肉体の安全を約束しているのだから、高い所から飛び下りてみろと促した。これらの要求のどこが悪なのだろう。この三つの誘惑はイエスの特権、メシアに期待されている資質そのものであるように見える。イエスは五千人のためにパンを増やすという、はるかに印象的なわざを見せるのではなかっただろうか。また死に打ち勝ち、よみがえって王の王となるのではなかっただろうか。三つの誘惑それ自体は悪でないように思われる。しかし、荒野では明らかに何か決定的なことが起きたのだ。

英国の詩人ジェラード・マンリ・ホプキンズは、荒野の誘惑をイエスとサタンが互いの品定めをしているプロセスのようなものとして描いている。サタンは神が人となったことを知らず、イエスがただの人間なのか、それとも神の顕現なのか、あるいは自分と同じようにある程度の力を持った天使であるのか、確信を持てずにいた。サタンは敵の力を見定めようと、奇跡を起こしてみろとイエスにけしかけたのだ。マルティン・ルターはさらに掘り下げて、こう考えている。イエスは生涯を通して、「とても謙虚な姿勢で、罪深い男女とつきあった。その結果、大した尊敬も受けなかった」。だから、「悪魔も彼を見過ごし、気づかなかった。悪魔は遠視なのだ。大きくて高いものだけを探すので、そういうものにくっついている悪は、低いものや下のほうにあるものには目を留めないのである」。

福音書の記述によると、この一騎討ちの戦士たちは、二人のボクサーがリング上をぐるぐる回るように、互いに用心深く相手をうかがっていた。おそらくイエスは力を振り絞って、何よりもまず誘惑に耐えようとした。人間の歴史を悪の災厄から救おうとするなら、あっさり誘惑者を滅ぼしてしまえばいい。だが、イエスはそれを良しとしなかった。

サタンのほうでは、神の子に勝つという満足と引き換えに、世界を支配する力を売り払おうと申し出た。サタンは試みを持ち出しながら、最終的に試みに失敗した。サタンは二つの試みでは、イエスに自分のことを証明しろと言っただけだった。しかし三つ目の質問で、崇拝を要求した。それは、神ならば決して応じない要求だった。

誘惑はサタンの正体を暴露したが、神のほうは正体を隠したままだった。サタンは言った。「もしもおまえが神だと言うのなら、俺を驚嘆させてみろ。神らしくやってみろ。」イエスは答えた。「そういう決定を下すのは神だけだ。だから、おまえの命令を聞くつもりはない。」

＊

天使を描いたヴィム・ヴェンダースの気品に満ちた映画（『ベルリン・天使の詩』西独・仏合作、一九八七年）の中で、天上の天使たちは無邪気に人間について話し合っている。コーヒーを飲んだり食べ物を消化したり、暖かさや痛みを経験したり、歩く時に骨が動くのを感じたり、ほかの人間に触れられるのを感じたり、先のことなど何もわからないので、「ああ！」とか「おお！」とか言ったり、時間や分の単位で生きて、ただの永遠でない「今」という時間を経験したりするのはどんなものだろう、と。三十歳かそこらのイエスが初めて荒野でサタンに対して身構えたとき、彼は人間であるがゆえのそうしたすべての「利点」に気がついていた。イエスは皮膚という衣の中で快適に生きた。

あらためて三つの誘惑を顧みると、次第に巧妙さが増していくことがわかる。サタンは、人間であることのつらさを抜いた旨みだけを味わえ、とイエスを誘惑したのである。空腹を覚えることも、農作業をすることもなしに、パンを美味しく食べればよいではないか。本物の危険などないところで危険に立ち向かったり、拒絶されてつらい目に遭う恐れもなしに、名誉や権力を享受したりすればよいではないか。要するに、十字架ではなく、王冠をかぶれと誘惑したのである（イエスの抵抗した誘惑は、今でも多くのクリスチャンが切望しているものである）。

教会は聖書外典を認めてはいないが、イエスがサタンの誘惑に屈していたらこのようになっていたのでは、と示唆している外典がある。その風変わりな記事には、イエスの子どものころの出来事が書かれている。イエスが粘土で作った雀に息をふっと吹き込むと命が宿ったり、水の中に投げ入れた干し魚が奇跡的に泳ぎ始めたりするのである。イエスは戒めるために遊び仲間を山羊に変えたり、癒しを行う時のスリルが味わいたくて人々の目を見えなくしたり耳を聞こえなくしたりする。聖書外典は、「スーパーボーイ」や「バットガール」といった現代漫画の二世紀版である。その価値は主として、本物の福音書との著しい違いにある。福音書に書かれているメシアは、奇跡を起こす力を自分のためには使わなかった。荒野の誘惑をはじめとして、イエスは地上の決まりを曲げることには難色を示した。

マルコム・マゲリッジは、イスラエルでドキュメンタリーを撮りながら、荒野の誘惑に思いをめぐらしていた。

「実に奇妙なことだが、まさに映画を撮り始めようとして、影は長々と伸び、しかも光は弱すぎもせぬ時に、わたしはたまたま、あたり一面にちらばる石が、皆な同じ形で、よく焼けた茶色のパンに、目を見張るばかりに似ているのに気づいた。後に婚礼の宴席で水を酒に変えもしたように、これらの石のパンを、食べられるパンに変えるのは、イエスにとってはいともやさしいことであったろう。それなのに、どうしてそうはしなかったか。ローマの当局は無料のパンを配給してカイザルの国の人気を高めたが、イエスも同じことをやってイエスのみ国の人気を高めることはできたのだ。……。

イエスはただ承知してうなずきさえすれば、頼りない四つの福音書と、十字架に釘づけられた敗者の上にではなく、確かな社会・経済的計画と原理の基盤の上に、キリストの王国を築くことができたであろう。……ユートピアはすべて実現され、希望はすべてかなえられ、夢はことごとく現実となったであろう。そうなっていれば、イエスはなんたる大恩人になっていたことであろうか。ロンドン経済大学でも、ハーバードの経営学部でも、等しく喝采され、パーラメント広場には銅像が建ち、キャピトル・ヒルと赤の広場には、さらに大きな銅像さえ建ち……。ところが彼は、神のみが拝さるべきものとの立場を崩さず、その提案を斥けた。」

マゲリッジが考えるように、荒野の誘惑の中心にはある疑問があった。それはイエスの同郷人たちの心に真先に浮かんだ、メシアはどんな方であろう、という疑問である。石をパンに変えて大勢の人間に食物を与えることができるような、人々のためのメシアだろうか。神殿の頂に立つトーラーのメシアだろうか。イスラエルばかりか、地上の全王国を支配する王としてのメシアだろうか。要するにサタンがイエスに差し出していたのは、おそらく私たちが欲している、圧倒的な力を持つメシアとなる機会であった。マゲリッジの描写したものの中に、どうやら私の欲しがっているメシアがいるようだ。

私たちは、苦しみを受けるメシアなどまっぴらなのだ。ある面ではイエスもそうだった。サタンはイエスに、神の守りを試すために高所から身を投げてみたらどうかと持ちかけたとき、痛いところを突いていたのである。その誘惑は再び浮上する。イエスは、かっとなってペテロを強く叱責し、こう言ったことがあった。

「下がれ。サタン。あなたはわたしの邪魔をするものだ。あなたは神のことを思わないで、人のことを思っている。」（マタイ一六・二三）

ペテロは、苦しみを受けて死ぬだろうというイエスの預言にひるみ、「そんなことが、あなたに起こるはずはありません」と言ったのだが、とっさに発したイエスを守ろうとするようなその言葉は、イエスの痛いところを突いたのであった。イエスはペテロの言葉の中に、再び自分を安易な道へ仕向けようとするサタンの誘惑を聞いたのである。
十字架に打ちつけられたイエスの耳には、最後の誘惑が嘲るようにこだましていた。

「あなたはキリストではないか。自分と私たちを救え。」　（ルカ二三・三九）

一人の犯罪人が嘲笑った。見物人たちもその叫び声に同調して言った。

「今、十字架から降りてもらおうか。そうしたら、われわれは信じるから。……もし神のお気に入りなら、いま救っていただくがいい。」　（マタイ二七・四二、四三）

しかし救われることもなく、奇跡もなく、容易で苦しみのない道もなかった。真に単純なことだが、イエスがほかの人々を救うためには、自分を救うことはできなかったのである。その事実を、荒野でサタンと向き合ったとき、イエスは知っていたはずである。

＊

私自身の誘惑には、情欲や貪欲というありふれた悪徳が含まれることになるようだ。ところがイエスの誘惑に目を凝らすと、問われていたのはイエスがこの世にやって来た理由、イエスの働き「方」であったことがわかる。要するにサタンは、手っ取り早く使命を果たす方法を、イエスの目の前にぶら下げて見せたのである。イエスは己の安全を確保しながら、求められるままに食物を作り出して群衆の心をつかみ、この世の王国を支配することもできた。「最善を行うのに、なぜおまえの足はそんなにのろのろ動くのか。」ミルトン版のサタンは嘲った。

私はこうした洞察を、ドストエフスキーの著作の中に初めて見いだした。ドストエフスキー不朽の名作『カラマーゾフの兄弟』の中心は、荒野の誘惑の場面である。不可知論者の兄、イワン・カラマーゾフは、異端審問が横行していた一六世紀セビリアを舞台に「大審問官」という叙事詩を書く。その中でイエスは変装して、異端者たちが毎日火あぶりの刑に処されている町を訪れる。枢機卿の大審問官は「ほとんど九十歳に近い老人で、背が高く、腰もまっすぐだし、顔は瘦せこけて目は落ちくぼんでいる」が、変装していた男をイエスであると見抜き、牢に放り込む。両者は、荒野の誘惑を意図的に思い出させる場面で対峙する。

大審問官は告発する。イエスは三つの誘惑を退けることによって、「奇跡、神秘、権威」という三つの大きな力を手放してしまった。だが、イエスはサタンの勧めに従って、要求に応じ、名声を高めるために奇跡を行うべきだったのだ。権威や力を与えようという申し出をありがたく受けるべきだった。人々はほかの何よりも、論争の余地のない確立されたものを崇めたいものだ。イエスには、それがわからなかったのだろうか。「人間の自由を支配すべきところなのに、お前はかえってそれを増やしてやり、人間の心の王国に自由の苦痛という重荷を永久に背負わせてしまったのだ。お前に惹かれ、魅せられた人間が自由にあとにつづくよう、お前は人間の自由な愛を望んだ。」

人間の自由を蹂躙しようというサタンの誘惑に抵抗することで、イエスは自らをあまりにも拒絶されやすいものとしてしまった。大審問官はそう断言する。イエスは最大の強みを放棄した。信仰を強制する力を放棄したのだ。幸運なことに教会はその誤りを認め、それを正した。そして以後、奇跡と神秘、権威に信頼を置いてきたのだと、狡猾な大審問官は続ける。だから、教会の働きを妨害させないために、大審問官はイエスを今一度処刑しなければならないのだ。

『カラマーゾフの兄弟』が執筆された当時、共産党の革命家たちがロシアで組織作りをしていたので、この「大審問官」の場面は、より辛辣なものになっている。ドストエフスキーが言及したように、革命家たちも教会からテクニックを借用した。彼らはたった一つのものと引き換えに、石をパンに変え、全市民の安全と無事を保証しようと約束した。たった一つのものとは、すなわち自由であった。共産主義も、奇跡、神秘、権威を土台とする、ロシアの新しい教会になるだろう。

ドストエフスキーが権力と自由について、このぞっとするような対話を書いてから一世紀以上も経ってから、私は彼の故郷を訪れ、共産主義者が七十年も支配した結果をこの目で見る機会を得た。一九九一年十一月、ソビエト帝国が崩壊し始めた時で、ミハイル・ゴルバチョフがボリス・エリツィンに座を譲り、国全体がロシアを再発見しようとしているところだった。権力の厳しい支配はゆるまり、人々は今や、言いたいことを何でも言える自由を大いに楽しんでいた。

旧ソ連共産党の正式な代弁者であった機関紙『プラウダ』の編集者との会合を、鮮明に記憶している。『プラウダ』もほかの団体と同じように、共産主義者の「教会」に隷従していた。だがもはや『プラウダ』の発行部数は共産主義の凋落とともに、一千百万部から七十万部へと激減していた。『プラウダ』の編集者たちは、真面目で誠実で洞察力があるように見えたが、その事実に心底動揺していた。その動揺はあまりにも大きく、共産主義の創設者が「民衆のアヘン」と軽蔑していた宗教からの使者にまで助言を求めてきた。

キリスト教と共産主義は平等、分かち合い、正義、民族の和合など、多くの理想を共有しているのだが、と編集者たちは物思いに沈みながら言った。だが彼らは、マルクス主義者がその理想を追求した結果、世にひどい悪夢を生み出してしまったことを認めなければならなかった。なぜなのか。

編集長は言った。「私たちには、どうやったら人々が同情心を起こすようになるのか、わからないのです。チェルノブイリの子どもたちのために寄付を募ろうとしたのですが、平均的なロシア市民は募金するぐらいなら酒代にしてしまいます。どうやって人々の心を改めさせ、意欲を起こすことができるのでしょう。あなたはどうやって、人々に思いやりを持たせるのですか。」

七十四年にわたる共産主義は明らかに、善はロシア政府から立法化されるものでも、銃を突きつけられて執行されるものでもないことを証明していた。大変な皮肉《アイロニー》だが、道徳を強制しようという試みは、傲慢な国民と道徳心を失った暴君を生み出してしまうのだ。私たちクリスチャンは、荒野の誘惑の基本的な教訓をあらためて学ぶべきだと強く確信しながら、私はロシアを後にした。善はトップダウン式に外側から押しつけることはできない。徹底的に、内側から育たなければならないのである。

荒野の誘惑は、神の力とサタンの力の奥深い違いを暴露している。サタンは強要し、目を眩ませ、服従を強制し、破壊する力を持っている。人間はその力から多くを学び、政治もこの力の貯蔵庫から多くを手に入れている。牛追い用の鞭や警棒や旧ソ連製突撃銃AK－四七を使って、人間はほかの人間を思いのままに動かすことができる。サタンの力は外面的であり、強制的である。

神の力はそれとは対照的に、内面的であり非強制的である。「お前が（十字架から）下りなかったのは、またしても奇跡によって人間を奴隷にしたくなかったからだし、奇跡による信仰ではなく、自由な信仰を望んだからだ」と、ドストエフスキーの小説の中で大審問官はイエスに言った。そういう力は時に弱々しく見えるかもしれない。神の力は穏やかに内側から変容することで遂行され、またあくまでも人間の選択に依存する点において、放棄に似ているかもしれない。親や恋人ならだれでも知っているように、愛する相手が拒絶を選ぶとき、愛は無力になるのである。

「神はナチではない」と、トマス・マートンは言った。実際、神はナチではない。宇宙を統べ治めるイエス・キリストは宇宙の犠牲者になったのだ。庭の一分隊の兵士らの前に無力である犠牲者に。神はご自身をある目的のために弱いものとされた。その目的とは、神をどう扱うのか、人間に自由に選ばせることであった。※

＊

ゼーレン・キェルケゴールは、神の優しい触れ方についてこう書いた。「世界にずっしりと御手をかけることのできる全能の主は、被造物が主体性を持つことができる程度にそっと触れることもできる。」 正直に言うと、神がもっとしっかりと触れてくれたらいいのにと思うこともある。自由も誘惑もありすぎて、私は疑いのほうへ向きがちだ。時には神に圧倒されたく思う。私の疑う心を確実に打ち負かし、神が存在し、神が私に関心を持っておられることの決定的な証拠を示してほしいのだ。

それに、神は人間に関する事柄にもっと積極的な役割を果たしてほしいとも思う。神が手を伸ばしてサダム・フセインを権力の座から払い落としさえしたら、どれほどの命が湾岸戦争で救われたことだろう。神がヒトラーの力も奪ってくれていたら、どれほどのユダヤ人が死なずにすんだことだろう。なぜ神は「手をこまねいて」いるのだろう。

神には、私の個人的な歴史にも、もっと積極的役割を担ってほしい。自分の病気の癒しや、愛する者の安全と保護を求める祈りには迅速かつ劇的に答えてもらいたい。疑い深い友人たちに指し示すことができるような、あいまいさのない神が欲しい。

こんなことを考えていると、サタンが二千年前イエスに叩きつけた挑戦が、自分の中でかすかに低くこだましているのがわかる。イエスが、ゆっくりした穏やかなやり方をあえてよしとすることで、地上での誘惑に抵抗したように、神は今、素早くドラマチックに祈りに答えるといった誘惑に抵抗しておられるのだ。ジョージ・マクドナルドは次のように言った。

「神の力によって悪の力を打ち砕く代わりに、正義を強制し邪悪なものを破壊する代わりに、完全な王子の支配によって地上に平和を作る代わりに、エルサレムの子どもたちを好むと好まざるとにかかわらず神の翼の下に集め、神の預言する魂を苦しめる恐怖から救う代わりに——神は悪が存在するかぎり、働くのを許された。神は人々を善良なものにしたり、サタンを単に支配するのでなく追い払ったりといった、ゆっくりで、心もとない、本質的なものを助ける方法に満足されたのだ。……正義を愛するとは、正義を育てることであり、正義の仇を討つことではない。……神は、劣った善のためにより速やかに働こうという衝動には、ことごとく抵抗なさった。」

マクドナルドが触れた場面で、イエスはこう叫んだ。

「ああ、エルサレム、エルサレム。……わたしは、めんどりがひなを翼の下に集めるように、あなたの子らを幾たび集めようとしたことか。それなのに、あなたがたはそれを好まなかった。」

（マタイ二三・三七）

弟子たちはイエスに、悔い改めようとしない町に火を降らせてはどうかと提言したが、イエスは無力を嘆く叫びを発したのだった。「もし……でさえあれば」が神の子の口から出るなど、驚きである。イエスは、望まない人々に無理強いしようとはしなかった。

私はイエスを知れば知るほど、イワン・カラマーゾフが「自制という奇跡」と呼んだものに感銘を受けるようになった。サタンの持ち出した奇跡、パリサイ人の要求したしるしや不思議、私が望んでやまない究極的な証明。そういったものを全能の神が行っても何ら支障はないはずである。さらに驚くべきなのは、目を見張るようなわざを見せたり、人々を圧倒したりすることを、神が「拒絶」なさったことである。人間の自由に対する神のこだわりは絶対的だ。神は私たちに、神の顔に唾をかけたり、神を処刑したりして神が存在しないかのように生きる力を授けられたのである。イエスは自らの強大な力を自制する力へと集中させて荒野の誘惑者を負かしたとき、このすべてを知っていたにちがいない。

全能であることを派手に見せびらかしたところで、ご自分の望むような反応を勝ち取ることはできないため、神はそういう自制にこだわったのであろう。力は服従を強いるが、愛の答えを呼び寄せることができるのは愛だけである。愛による応答こそ、神が私たちに求めているものであるし、神が私たちを造られた理由なのだ。「わたしが地上から上げられるなら、わたしはすべての人を自分のところに引き寄せます」とイエスは言った（ヨハネ一二・三二）。そして私たちに意味がわからない場合に備え、ヨハネはこう付け加えた。

「イエスは自分がどのような死に方で死ぬかを示して、このことを言われたのである。」（同三三節）

神の本質は自らを与えることであり、その訴えの根本に犠牲愛を置いた。

それはシカゴで過ごしたある午後のひとときだった。私は屋外レストランに腰を下ろし、一人の悲嘆にくれた男が放蕩者の息子の話をするのに耳を傾けていた。彼の息子ジェイクは、仕事が長続きしなかった。有り金は麻薬と酒に消えた。ろくに電話をかけてくることもなく、両親は、喜びではなく悲しみの種ばかり受け取ってきた。ジェイクの父親が語った無力感は、イエスがエルサレムについて語った言葉と少し似ている。「息子を連れ戻して私の庇護下に置き、どれだけあの子を愛しているか、わからせてやれたら。」一呼吸置いて、声の調子を整えると、言葉を続けた。「不思議なことに、拒まれてもジェイクからの愛のほうが、あとのまともな三人の子どもたちより大事に思えることなんだ。おかしいだろう。愛なんてこうしたものさ。」

その最後の言葉に、私はどんな神義論の本にもまさる、神の自制の神秘についての洞察を感じるのである。神はなぜ、正義の仇討ちをするよりむしろ、正義を育てるという時間のかかる、途方もないやり方をよしとされるのだろう。「愛なんてこうしたものさ。」愛には愛の力がある。それは人間の心を根本から征服することのできる、たった一つの力である。

＊

三つの誘惑すべてをはねつけられながらも、サタンがにやりと笑みを浮かべてイエスとの対決の場から離れ去ったのも不思議はなかった。イエスはサタンのルールにのっとって勝負することを断固として拒否したが、それはとりもなおさず、サタン自身はそのルールで勝負を続けられることを示していたからだ。サタンの手には、まだこの世の王国を自由に支配する権利があり、今や神の自制について学びもしたわけである。神の自制は、神に対立する者にチャンスを作り出している。

ほかのいざこざも、もちろんあるだろう。イエスは力強く悪霊を追い出すだろうが、悪霊の代わりに置かれた聖霊は所有欲がはるかに少なく、つねに聖霊を宿した人の意志に依存していた。やっかいなことが起きる機会はたくさんあった。それはイエスも認めており、悪の中に育つ神の国を、雑草の中に育つ麦にたとえもした。

サタンの見方からすれば、荒野の誘惑で寿命が延びたわけである。『蝿の王』（ウィリアム・ゴールディング著、新潮文庫、一九七五年）の子どもたちは一見、大人の支配から自由になって、しばらくの間島を駆けめぐることができた。そのうえ、うまくいかないことがあれば、それは神のせいだった。十字軍やホロコーストのような悪魔的な所行がなされても、神があくまで動かないなら、なぜ子どもたちではなく、親である神のほうを非難しないのか。

荒野で誘惑を退けることによって、イエスは神ご自身の評判を危険に晒すことになったのではないだろうか。神はいつか地上を完全なかたちに建て直すと約束されたが、その時まではどうなるのだ。人間の歴史という沼地、教会史にさえ見られる野蛮さ、来たるべき全面破壊。これらすべてをもってしても、神が自制する価値があるというのだろうか。率直な話、人間の自由は代価を払うだけの価値があるのだろうか。

回復の最後の部分ではなく真っ最中に生きている者はだれも、その質問に正しく答えることができない。私にできることと言えば、悪と正面衝突した単独の兵士イエスが、悪を破壊する力を持ちながら違う方法を選んだと、思い出すことだけである。イエスにとって、欠点だらけと悪名の高い人類の自由意志を守ることは、代価を払うに値することに思われた。弟子ばかりでなくイエス自身の苦しみも含まれていたのだから、その選択は生易しいものではなかったはずだ。

イエスの残りの生涯を概観すると、荒野で確立した自制のパターンは、イエスの一生を通じて変わっていない。私は、イエスが人に無理強いしていると感じたことが一度もない。むしろ、イエスはある選択の結果を述べてから、決断を相手に差し戻している。裕福な男の質問に断固とした言葉で答え、そしてその男が去るままにしておいた。マルコはわざわざ次の言葉を加えている。

「イエスは彼を見つめ、その人をいつくしんで……。」（マルコ一〇・二一）

イエスは、この世が自分をどう扱うか、現実的な見方をしていた。「不法がはびこるので、多くの人たちの愛は冷たくなります」（マタイ二四・一二）。「メサイア・コンプレックス」という言葉を使って、他人の問題を解決しようという思いにとらわれる病的な症状を表現することがある。しかし真の救い主には、そういうコンプレックスがまったくないようである。イエスは、自分が生きている間に全世界を回心させようとか、まだ癒される準備のできていない人々をも癒そうとする強制的なところがまったくなかった。ミルトン流に言えば、イエスは「むしろより慈悲深く、より神聖な在り方にとどまった。魅力的な言葉によって自発的な心を射止め、恐れの代わりに説得を用いた」。

要するにイエスは、人間の自由を信じがたいほどに尊重したのである。サタンがペテロを試して小麦のようにふるいにかけるチャンスを欲しがった時でさえ、イエスはその要求を拒絶しなかった。イエスの答えはこうだった。

「しかし、わたしは、あなたの信仰がなくならないように、あなたのために祈りました。」（ルカ二二・三二）

群衆が背を向け、多くの弟子たちにも見捨てられたとき、イエスはほとんど訴えるように十二弟子に言った。

「まさか、あなたがたも離れたいと思うのではないでしょう。」（ヨハネ六・六七）

自分の命がエルサレムで破滅に向かって進んでいたとき、イエスはユダの正体を暴いたが、その邪悪な行為を妨げようとはしなかった。それもまた、自制ゆえなのだった。「自分の十字架を負い、そしてわたしについて来なさい」（マタイ一六・二四）とイエスは言ったが、それはいまだかつてない招き、人を巧みに操ろうとするところが微塵も見られない招きである。

＊

この自制というイエスの性質、神の内気と呼んでもいいほどの性質に私は驚愕した。福音書のイエスの話を深く理解すると、自分がアメリカ南部の原理主義的な教会で子どものころに触れたのと同じ性質を、イエスに期待していたことに気がついた。その教会では、心が窒息しそうになっていると感じることがよくあった。教義は「信じなさい、質問はするな！」式に次々に提供された。奇跡や神秘、権威の行使に教会は一片の疑いも差しはさませなかった。「魂を獲得する」ための巧妙な技術も学んだが、その中には自分のことを偽りながら相手と話す技術も含まれていた。けれども今、こういった性質はイエスの人生の中に一つも見いだすことができない。

教会史を正確に読むと、ほかにも多くのクリスチャンがイエスの拒んだ誘惑に屈している。ドストエフスキーは、大審問官の拷問部屋に荒野の誘惑を鮮やかに再現した。教会は、誘惑に逆らった神によって造られたものなのに、信仰を強制する審問を、なぜ五百年も続けられたのだろう。一方ジュネーヴの町では、もっと穏やかなプロテスタント版として教会裁判所の判事たちが、教会に通うことは義務であり、聖餐式にあずかるのを拒否することは犯罪とみなしていた。そこでも異端者たちは火刑に処された。

恥ずべきことだが、キリスト教の歴史に見られるのは、イエスのやり方を改善しようとする、救われがたい試みだ。教会は権力への近道を提供する政府と手を結ぶこともあった。ヘルムート・ティーリケは、ドイツの教会がアドルフ・ヒトラーに心酔し始めたころのことを書いている。「成功を崇めることは概して、悪魔が最も甲斐甲斐しく手をかけている偶像崇拝の形態にほかならない。ナチス政権が誕生した一九三三年からの何年間で気づかされたのは、大きな成功から生じるそれとない強制や、こうした成功の影響下においては、クリスチャンでさえ、だれの名によって、またどれだけの犠牲を払って、ということをいかに問わなくなってしまうものか、ということであった。」

教会は、集団自殺や教団の武装化を図ったジム・ジョーンズやデイビッド・コレシュのような、教会の小ヒトラーを育ててしまうこともある。彼らは奇跡や不思議や権威に代表される力を知り尽くしている。また教会は、政治家やセールスマン、広告のコピーライターたちが完成した操作手段を無邪気に借用することもある。

私はこうした教会の問題点に飛びつきがちだ。しかし、教会史から自分自身に目を転じてみれば、私も誘惑には弱いのだ。人間の必要に手っとり早い解決を与えてくれるものに抵抗する意志力に欠けている。神がゆっくりと「紳士的に」働かれるのを待つ忍耐力もない。主導権を握りたいし、自分の信じる目的を達成するために、他者に助けを強要したい。安全と無事が保証されるなら、ある種の自由は喜んで売り払う。野望を実現するチャンスのためなら、さらに嬉々として自由を手放すのだ。

そうした誘惑が心の中で頭をもたげてきたと感じると、荒野でイエスとサタンが対決した場面に戻ることにしている。サタンの誘惑に対するイエスの抵抗は、私が誘惑に直面した時に働かせる自由を守ってくれていた。私は、イエスが見せたのと同じ信頼と忍耐を求めて祈る。そして喜ぶのである。ヘブル人への手紙の言うとおりである。

「私たちの大祭司は、私たちの弱さに同情できない方ではありません。罪は犯されませんでしたが、すべての点で、私たちと同じように、試みに会われたのです。」

（ヘブル四・一五）

「主は、ご自身が試みを受けて苦しまれたので、試みられている者たちを助けることがおできになるのです。」（同二・一八）

※　ドロシー・セイヤーズの劇『王となるべく生まれた人』の中で、ヘロデ王は東方の三博士たちに言う。「人間を愛によって支配することはできない。おまえたちの王を見つけたら、そう言ってやるがいい。人間を治めるのは、恐れと富への欲望、そして安全の約束、この三つなのだ。」ヘロデ王は、サタンの用いる基本原則を理解していた。荒野でイエスが拒絶した基本原則を。

5　プロフィール――私は何に気づいただろう

キリストのすべてが私には驚きである。その魂は私を畏怖の念で打ち、その意志は私を仰天させる。彼と比較できるような者はこの世には存在しない。彼は真に孤独な存在である……イエス・キリストに似た者、あるいは福音に匹敵するものを歴史の中に見つけようとしても無駄である。イエスと比べることのできるもの、イエスを説明することのできるものを、歴史も人間も年月も自然も、提供してはくれない。イエスにあってはすべてが普通と違うのである。

――ナポレオン

使徒信条はイエスの生涯を簡潔に一つの段落にまとめている。誕生に始まり、すぐさま死へと飛び、よみに下り、天国へ上げられる。ちょっと待ってほしい。何か欠けていないだろうか。処女マリアから生まれて、ポンテオ・ピラトのもとに苦しみを受けるまでの間には何が起きたのだろう。イエスが地上にいた三十三年間に言ったり行ったりしたこと全部が、どういうわけか、その生涯を駆け足で説明するにあたって、わきへ押しやられてしまっている。イエスは地上でどのように過ごしたのだろうか。

実際、日曜学校の思い出のせいで、イエスの日常生活を思い浮かべてみようとする私の努力はやや虚しいものとなっている。イエスは生気のないフランネルボードの景色の中にいたからだ。イエスはそこで教えている。子羊を抱いている。サマリアの女と話している。そしてほら、ニコデモという男とまた別の会話が始まった。弟子たちがミニチュアの舟に乗って、青いフランネルボードの海をひょいひょいと進んで行く時が、最も行動らしい行動だった。イエスが手に鞭を持って宮に立っている場面を覚えているが、それは私が学んでいたどのイエスにも合わないものだった。パーティーでイエスを見かけたことは一度もなかった。イエスの生涯に関する事実を日曜学校で学んでいたかもしれないが、一人の人間としてのイエスは遠くにいる二次元の存在のままだった。

しかし、イエスを描いた映画を観ることでその存在は血の通ったものになった。たとえば、ゼフィレッリ監督の『ナザレのイエス』（英伊合作、一九七七年）のような映画は、大変な労力を使って福音書の記事に忠実な場面を再現している。映画は動きのないフランネルボードの場面と違い、イエスをもっとよく見ようと押し合いへし合いしたり、しつこくせがんでいたりする始末に負えない見物人たちに囲まれた、行動するイエスを見せてくれる。

こうした映画を観てから福音書に戻るとき、私はジャーナリストという馴染みの職務に戻ろうとする。あるいは少なくとも、一世紀のジャーナリストに相当する人間になろうと試みる。隅のほうに立って、話を聞きながらメモをとり、イエスのことを何かとらえて記事にしようと懸命になる。その一方で、イエスは私個人にも影響を及ぼしている。私は何を見ているのか。何が私の心をとらえるのか。あるいは煩わせるのか。イエスのことをどうやって読者に伝えればよいのだろう。

＊

通常ある人物のことを報道するとき、まず取材相手の外見を描写するのだが、イエスに関してはそれができない。だれも知らないのだ。いくぶん写実的なイエスの肖像画が現れたのは五世紀になってからだったし、それも純粋に空想の産物だった。ギリシア人がそれまで描いていたイエスは、アポロ神似の若くて髭のない人物だった。

一五一四年、プブリウス・レントゥルスという、ポンテオ・ピラトの後継者たるローマの政治家の名の下に、何者かがある文書を作成した。その中に、以下のようなイエスを描写したくだりがある。

彼は長身で体格が良く、人好きがし、また畏敬すべき風格がある。髪は見たこともないような色で、優美な巻き毛となっており……このナザレ人の頭のてっぺんで二つに分けられ、いくらか前方へ流れている。額は高くて広く、堂々としていた。頬にはしみも皺もなく、きれいな赤みがさして美しい。鼻と口は申し分なく対称をなしており、髪と色の合った髭は長く伸び、真ん中で二つに分かれている。澄んだ青い瞳には落ち着きがあり……。

ここには、私が子ども時代に見た、教会のコンクリートの壁に掛けられていた油絵のイエスがいる。しかし、この文書の作成者は次の文を書いて自分の正体を暴露している。「彼が笑うのを見た者はいない。」彼が読んだのは、私が読んだのと同じ福音書だろうか。福音書の記録はイエスの外見について一言も触れていないが、イエスは結婚式で最初の奇跡を行ったと書いている。イエスは弟子たちに面白いあだ名をつけ、またどういうわけか「食いしん坊の大酒飲み」との評判を得ていた。信心深い人たちがイエスの弟子たちを、精神の鍛練が甘いと批判すると、イエスは「花婿が自分たちといっしょにいる間、花婿につき添う友だちが断食できるでしょうか」と答えた（マルコ二・一九）。イエスは選択可能なあらゆるイメージの中で、自分を花婿と決めた。花婿はその燦然たる輝きで、結婚のパーティー全体を明るく元気にするものである。

アフリカ、韓国、中国などの芸術家が描いたイエスの肖像画を数十枚のスライドにして、学生たちに見せたことがある。そのあとで、きみたちはイエスがどんな風貌だったと思うかね、と問いかけた。イエスは背が高くて（一世紀のユダヤ人にはありそうもないことだ）、ハンサムだと思う者がほとんどで、太りすぎていたと言う者は一人もいなかった。ずんぐりした俳優がイエス役をつとめたＢＢＣの映画を見せたが、それを不愉快に感じた者もいた。私たちが好きなのは、背が高くハンサムで、とりわけ細身のイエスなのである。

二世紀にさかのぼると、イエスは背が曲がっていたとほのめかす伝説がある。中世では、イエスはハンセン病に罹っていたと多くのクリスチャンが信じていた。今日たいていのクリスチャンはそうした意見に嫌悪感を抱くか、おそらく異端的だと思うだろう。イエスは人間として完璧ではなかったのだろうか。しかし、聖書を隈なく探して見つけられる、イエスの肉体をわずかに描写した唯一の箇所は、キリストが誕生する何百年も前に書かれた預言である。それはイザヤの記述であり、新約聖書はイエスの生涯がそこに描かれているととらえている。

「多くの者があなたを見て驚いたように、――その顔だちは、そこなわれて人のようではなく、その姿も人の子らとは違っていた。……彼には、私たちが見とれるような姿もなく、輝きもなく、私たちが慕うような見ばえもない。彼はさげすまれ、人々からのけ者にされ、悲しみの人で病を知っていた。人が顔をそむけるほどさげすまれ、私たちも彼を尊ばなかった。」（イザヤ五二・一四、五三・二、三）

福音書が沈黙を守っているため、私たちはイエスの外見がどのようであったのかという基本的な質問に、確信を持って答えることができない。だが、それはよいことなのだ。魅力的なイエスの肖像画が物語るのは、イエスその人のことよりも、むしろ私たち人間がイエスをどのようにとらえているか、である。イエスには超自然的な輝きなど何もなかった。バプテスマのヨハネは、特別な啓示がなければイエスのことが決してわからなかっただろうと認めていた。イザヤによると、見ばえとか輝きとか姿かたちについて魅力的と言えるものを、私たちはイエスの中に何一つ指摘することができない。鍵は別のところにあるのだ。

＊

イエスが人としてはどんなふうだったかを考えるために、外見を越えてその先へ進んでみよう。性格分析テストをしたら、イエスはどんな結果が出ただろう。

福音書から浮かび上がるイエスの性格は、私が少年時代に持っていたイメージと根本的に違っている。今にして思えば、私が抱いていたのは古いハリウッド映画に出てくるイエスのイメージだったのだ。ハリウッド映画では、イエスは感情的にならず静かにせりふを唱えている。混乱に陥った様子のエキストラの中で、一人落ち着きを保ち、大股で歩いている。何ものにも煩わされることがない。抑揚のない控えめな声で知恵を授けてゆく。要するに、抗鬱薬の必要なイエスなのである。

それとは対照的に、福音書が描くのはカリスマ性のある男だ。人々は三日間も食べ物なしに座り続けてでも、その心を奪われるような言葉を聞こうとした。イエスは興奮しやすく、感情に駆られて「同情をおぼえた」り「深くあわれまれた」りした。福音書はイエスの感情の揺れ幅を明らかにしている。ツァラアトを患う者にいきなり同情する、弟子たちの成功を見るやあふれんばかりの感情を吐露する、冷淡な律法主義者に怒りを爆発させる、かたくなな町を深く嘆く、そしてゲツセマネと十字架上での、あの恐ろしい苦悩の叫び。

声を上げたイエスには、一人一人の人間に対する、尽きることがないほどの忍耐力があったが、しきたりや不正を我慢することはなかった。

「自分の感情を知って」、典型的な男らしさという束縛から抜け出すために企画された、男性解放運動の黙想会に出席したことがある。小グループの一員として、ほかの男性たちの話に耳を傾けた。自分を表現したり、真に親密な関係を経験しようと精いっぱい努力しているのだと言う。それを聞いて、気がついた。イエスは完璧な男らしさという理想を具現していたのだ。だがそれは一九世紀経っても、大概の男には理解されていない理想である。少なくともイエスは三回、弟子たちの前で泣いた。恐れを隠したり、助けを求めるのをためらったりしなかった。

イエスはゲツセマネで言った。

「わたしは悲しみのあまり死ぬほどです。ここを離れないで、目をさましていなさい。」（マルコ一四・三四）

今日、これほど弱い自分をさらけ出せる強い指導者が何人いるだろうか。

イエスは私の知る大抵の人とは違い、ほかの人を褒めることも大好きだった。奇跡を行う時はよく、その名誉を奇跡を授けた相手のものにすることが多かった。「あなたの信仰があなたを直したのです」（マタイ九・二二）。イエスはナタナエルのことを「これこそ、ほんとうのイスラエル人だ。彼のうちには偽りがない」と言った（ヨハネ一・四七）。バプテスマのヨハネのことは、女から生まれた者の中で彼以上に偉大な者はいないと言った。激しやすいペテロには、新しく「岩」という名をつけた。卑しさで身をすくめた女性が贅沢なほど献身的な愛の行動に出たとき、イエスは批判する者たちから彼女を守り、その物惜しみしない行為の話は永遠に語られるだろうと言った。

福音書を読むと、イエスは出会った人々とすぐに親密になっている。井戸端で女と話す時だろうが、庭で宗教指導者と話す時だろうが、あるいは湖のほとりで漁師と話す時だろうが、イエスは瞬く間に問題の核心に切り込み、短く言葉を交わしただけで、人々は心の奥底に隠していた秘密をイエスに打ち明けるのだった。イエスの時代の人々は、ラビや「聖者」には尊敬をもって距離を置く傾向にあったのだが、イエスは何か別のもの、深い飢え渇きを引き出した。人々の飢え渇きは非常に深く、せめてイエスの衣に触れようとして集まってくるほどであった。

小説家メアリー・ゴードンは、女性や子どもに対する繊細さが、彼女を惹きつけるイエスの主な性質の一つだと言う。「確かにイエスは文学の中で唯一の愛情深い英雄だ。愛情深いオデッセウス、アエネアスなどだれが想像できるだろう。」イエスの傍らにいたエルサレムの娘たちに対するイエスのせりふ、「その日、哀れなのは身重の女と乳飲み子を持つ女です」（マタイ二四・一九）に対し、ゴードンはこう言う。「私も子どもが欲しかった。だからこの言葉は私のための言葉だと思った。今はこう考える。妊娠と子育ての大変さを考えてくれる男がどれほどいるだろうか。」

イエスは「今日やるべきこと」のリストに機械的に従ったりしなかったし、現代が強調する時間の正確さや厳密な計画を評価したかも疑問である。イエスは四日も続く結婚の祝宴に出席した。イエスの長衣に恥ずかしげに触れた長血を患う女にせよ、人の迷惑になっていた目の見えない物乞いにせよ、イエスは出会ったどんな「取るに足りない者」にも煩わされるままになった。イエスの起こした奇跡のうち最も印象的な二つ（ラザロとヤイロの娘のよみがえり）は、イエスの到着がその病人たちを癒すには遅すぎたために起きたのだった。

ボンヘッファーがいみじくも言い表したように、イエスは「他者のための男」だった。イエスの体はいつも空いていた。ほかの人々のために、いつでも動くことのできる状態にしていたのだ。夕食の招待を受ければ、それがだれからのものであろうとまず応じ、その結果、裕福な人々からローマの百人隊長、パリサイ人、取税人、娼婦、そしてツァラアトに冒された者まで、どんな公の人物もかなわないほど多様な友だちを持つこととなった。人々はイエスと共にいるのが「好きだった」。イエスのいる所には喜びがあったのである。だが、心理学者が好んで自己実現と呼ぶような、こうした性質すべてを備えていながら、イエスはその型を破っている。C・S・ルイスが言ったように、「彼は人格円満でバランスがとれ、よく適応し、幸せな結婚をし、仕事があり、評判のよい市民であるという、心理学者たちが描くイメージとはかけ離れていた。世間から『悪霊にとりつかれている』と言われたり、裸で木の棒に釘で打ちつけられて死んだりしたら、よく『適応していた』とは言えないだろう」。

＊

イエスと同時代を生きたほとんどの人々と同じように、どこにでもいそうなユダヤ人の男の口から途方もない主張をあれこれ聞いたら、私も必ずやたじろいだことだろう。イエスは神の子だと主張しながら、ほかの男と同じように飲み食いをしたし、疲れたり寂しくなったりさえもした。どういう種類の生き物なのだろう。

ある意味で、イエスは地上を「居心地よく」感じたようであり、別の意味では明らかに「居心地悪く」感じていた。イエスがエルサレムで姿を消し、母親から叱られた少年時代のある場面が思い浮かぶ。このユダヤ人の母親が「まあ、あなたはなぜ私たちにこんなことをしたのです」（ルカ二・四八）と言ったという、いかにも謎めいた記録は、この場面を詳しく説明しているとは言えない。イエスの両親は、三日間も捜し回っていたのだ。イエスは答えて言った。

「どうしてわたしをお捜しになったのですか。わたしが必ず自分の父の家にいることを、ご存じなかったのですか。」（同四九節）

早くも忠誠心の衝突という裂け目が、イエスとその家族を分断していた。自由意志を持った、反逆が可能な星の上に暮らしながら、イエスは「居心地悪く」感じることもしばしばあったに違いない。そういう時は離れた所へ行って、祈った。汚染された星で生き続けてゆく力をくれる生命維持装置から、新鮮な空気を吸い込もうとするかのように。

しかし、イエスは祈った時に、いつも決まった答えを得ていたわけではない。ルカは、イエスが十二弟子を選ぶために一晩中祈ったと報告している。それなのに、弟子の中には裏切り者が入っていた。ゲツセマネでイエスは初め、苦しみの杯を取り上げてくださいと祈ったが、もちろんそれはかなえられなかった。その場面に描かれているのは、どうしようもなく「居心地の悪い」思いでいながらも、超自然的な助けを求める誘惑すべてに抵抗している男の姿である。

イエスの「居心地のよい」性質と「居心地の悪い」性質を結び合わせる福音書の一場面がある。ガリラヤ湖で嵐が吹き荒れ、イエスが横になって眠っているボートは転覆しそうになっている。イエスは立ち上がって風と水しぶきに向かい、「黙れ、静まれ」と叫ぶ（マルコ四・三九）。弟子たちは恐怖におののいて後ずさりした。手に負えない子どもを戒めてでもいるように天候に向かって叫ぶことができるなんて、どんな人なのだろう。

嵐の中で見せられた力のせいで、弟子たちはイエスがほかのどんな人とも違うのだと確信するようになった。だがそれはまた、受肉の複雑さをも暗示している。「神はもろい」とは哲学者ジャック・マリタンの言葉である。イエスは疲れ果てて眠りこけてしまった。雨それればかりか神の子は、この嵐を静めた奇跡を別にすれば、受肉の被害者でもあった。雨雲を造った方が雨に降られ、星々を造った方がパレスチナの太陽の下で熱くなり、汗をかいた。イエスは自らを自然法則に従わせた。自然法則が己の願望にいくらか反した時でさえ、である（「できますならば、この杯をわたしから過ぎ去らせてください」〔マタイ二六・三九〕）。イエスは地上のルールに従って生き、また死のうとしたのである。

＊

彼はガリラヤ南部の小村に名も知れぬままやって来る。貧乏と極貧を正しく区別できるような暮らしをしてきた農夫たちから、冷たく厳しい視線を浴びる。物乞いのようにも見えるが、物乞い特有の卑屈な目、哀れっぽい声、足をひきずる歩き方はしていない。神の支配を語り、人々は何より好奇心から耳を傾ける。人々は支配や権力、王国や帝国について何でも知っているが、それは税金と負債、栄養不良と病気、農民の虐待と悪霊のとりつきの関係で知っているのである。彼らがほんとうに知りたいのは、この神の国は障がいを持つ子どもや目の見えない親、はずれの墓地で、孤独でたまらないと叫ぶ正気を失った魂のために何ができるのかということである。

――ジョン・ドミニク・クロッサン

イエスの隣人たちが、イエスの力を見抜くのに時間はかからなかった。イエスは足の萎えた子を歩かせ、目が見えない人の目に光を取り戻し、墓に住む男から悪霊を追い出した。イエスが癒したり教えたりといった任務を遂行し始めると、隣人たちは頭を掻いて面食らいながら尋ねた。「この人は、こんな知恵と不思議な力をどこで得たのでしょう。この人は大工の息子ではありませんか。彼の母親はマリヤで……」（マタイ一三・五四、五五）。

おそらく最初の一年ほどは、イエスは大きな成功をおさめていた。大勢の人々が彼のもとに集まって来たので、時には舟で沖へと逃げなければならないほどだった。イエスがまず肉体の癒しによって有名になったのは間違いない。悪魔が病気を引き起こすのだから、聖者は神の介入の仲立ちになれる。そう信じていたユダヤ人の歴史には、奇跡を起こす人々のことも記録されてきた（歴史家ヨセフスによると、イエスの時代のすぐ前にホニという名の、奇跡を起こす人物がいた）。イエスはライバルを何人か知っていたらしい。癒し人たちを非難しようとした弟子たちを制したからである。

福音書に記されているイエスの話の約三分の一には、肉体の癒しが含まれている。私だったら、ジャーナリストの直観に従い、医療の記録を捜したり、奇跡が起きたと主張する人々の家族に取材したりして、癒しの話の調査に当たったことだろう。癒しの形態はさまざまだった。少なくとも一人が遠隔からイエスに癒された。一瞬に癒された者もいれば、徐々に癒された者もいた。多くの人が癒されたが、その人々はそれぞれ特定の指示に従うよう求められた。

私はイエスを見て、奇跡について奇妙な両面性があることに気づいた。イエスは人の必要に対して、心のままに癒しを与えている。病を患う者を目の前にしてあわれみを感じ、癒してやった。直接助けを求められながら、それを拒絶したことは一度もなかった。その一方で、決して自分の力を宣伝しようとしなかった。しるしを騒がしく求める「悪い、姦淫の時代」を咎め、荒野でもそうであったように、目覚ましい光景を見せようというあらゆる誘惑に抵抗した。マルコは、イエスが癒された者に「だれにも言ってはいけない」と諭した箇所を七つ記している。信仰のない地方では、イエスは奇跡を行わなかった。

きっと私は考えただろう。それほどの力を持った男なら、ローマやアテネ、アレクサンドリアでどれほどのことを成し遂げていただろうか、と。イエスの兄弟たちは、イスラエルの首都エルサレムに活動の場を絞ってはどうかと提案した。だが、イエス自身は世間から注目を浴びないでいるほうを好んだ。群衆や世論を信用していなかったので、小規模な、さしたる重要性もない町でほとんどの時間を過ごした。

イエスは両面性を持ってはいたが、自分が何者であるかを証明するためには、ためらうことなく奇跡を行った。「わたしが父におり、父がわたしにおられるとわたしが言うのを信じなさい。さもなければ、わざによって信じなさい」（ヨハネ一四・一一）。イエスは弟子たちに言った。そして、牢獄の独房で衰弱していた従兄弟のバプテスマのヨハネが、イエスはほんとうにメシアなのかどうか疑いを抱いたとき、イエスはヨハネの弟子たちにこういうメッセージを与えた（フレデリック・ビュークナーによる言い換え）。

「行って、あなたがここで見たことをヨハネに伝えなさい。盲導犬を売り払い、バードウォッチングをやり始めた人々がいると言いなさい。アルミ製の歩行補助器をハイキングシューズと取り替えた人々がいると言いなさい。無一文だった人が成功を望める人になり、たくさんののらくら者が人生で初めて楽しく暮らしていると伝えなさい。」

*

イエスの同時代人たちに向けて、イエスを表す呼び名を探したとしたら、ラビか教師という言葉を私は選んでいたと思う。現代の合衆国に、イエスのような生涯を送っている人はいない。イエスのやり方は、現代の大規模な伝道集会で説教する大衆伝道者たちに共通するものがほとんどない。今の伝道者たちはテントやスタジアム、宣伝チーム、広告板を使ったり、ダイレクトメールによるキャンペーンを行ったり、電子工学の助けを借りて演説を盛り上げたりする。イエスに従う小さな群れは、永久的な作戦基地など持たず、これといった戦略もなく町から町へと放浪していた。

「狐には穴があり、空の鳥には巣があるが、人の子には枕する所もありません」とイエスは言った（マタイ八・二〇）。イエスと弟子たちが、路上生活者が厳重な取り締まりを受ける現代に生きていたら、警察にしつこく悩まされ、立ち退きを強制されていたことだろう。しかし古代には、そういう家を持たない教師はたくさんいたのである（実際これと共通の、散歩しながら知恵を分かち合っていたところから、逍遥《しょうよう》学派と呼ばれた哲学者の一派があった）。

インドに行ったとき、イエスが送ったような人生をじかに観察する機会に恵まれた。インドのキリスト教伝道者たちは、ヒンズー教や仏教の遍歴する「聖者」たちと同じようなやり方をしている。鉄道の駅でぶらぶらしながら汽車を待つ旅行者たちに、「神についてもっと知りたくありませんか」と声をかけている人々もいれば、町から町へ弟子を連れて歩いている人もいる。弟子たちを招いて、ヒンズー教の僧院アシュラムでいっしょに礼拝し、聖書を勉強しないかと呼びかけている人々もいる。

イエスの率いたグループは、本部もなければ財産もなく、役員も会計係（ユダ）がいたぐらいだったらしい。それでも、どうにかやっていけたようだ。納税金を工面するために、イエスはペテロに魚を釣らせた。カエサルの言い分の正しさを説くには硬貨を借り、徒歩で旅をしない時はロバを借りなければならなかった。弟子たちは畑の中を歩いていたとき、貧しい者に配慮したモーセの律法を活かし、穀物の穂を摘み取って中の粒を食べた。ニコデモや若い裕福な役人といった大物たちと会ったとき、イエスは金や影響力のある人物なら使いものになりそうだなどと、けっして思わなかったようだ。

イエスはどうやって生活を支えていたのだろう。当時の中東の教師たちは、自分の教えに耳を傾け、ありがたく思ってくれる人々からのささげ物に頼って生活していた。ルカの指摘によると、イエスは癒された幾人かの女性たちから、必要な物をもらい受けていた。ヘロデの財務大臣の妻も、イエスにささげ物をした一人だった！　感動的なことに、これらの女性の中には、過越の祭りの時にガリラヤからエルサレムまで長く危険な旅をし、イエスにいちばん近かった弟子たちがイエスを見捨てた後も、十字架のそばにとどまった者がいたという。

どう見ても、イエスは卓越した教師だった。付き従う者たちは、詩人ジョン・ベリーマンが「短く、的確で、恐ろしく、大いに気分を爽快にする」といったような、その言葉の求心力によってイエスに引き寄せられた。イエスは質問に自ら進んで答え、即座に不朽の教えを授けた。次々に七人の夫を持った女性がいた。彼女はこれから先、だれの妻となるのだろう。異教を信じる支配者たちに税を納めるのは合法的だろうか。永遠の命を手に入れるには何をしなければならないのか。天国でいちばん偉いのはだれなのか。年老いた者がどうやって新しく生まれることができるのか。

ヤロスラフ・ペリカンは、ある老齢のラビのことを語っている。そのラビは教え子から「何故あなたがたラビは、質問の形で教えようとするのですか」と尋ねられた。ラビはこう言い返した。「それなら、質問の何が悪いのかね？」　イエスもまた、ソクラテス式に、質問を違うかたちで尋ね返し、問う者を重大局面に追い込むことが多かった。イエスの答えは質問の核心を、また聞いている者の心をずばりと突くものだった。私はイエスと出会ったなら、うぬぼれや自己満足を持ったままでいられたとは思えない。

イエスがたとえ話という特異な手法を用いて教えを語ったことは、広く知られている。そのたとえ話に、私は驚嘆したことだろう。物書きたちは、あれほど日常的な話を通して深遠な真理を伝えるイエスの技術に感嘆してきた。口うるさい女性に裁判官の堪忍袋の緒が切れる。王が計画するずさんな戦争に突入する。弟子たちが路上で論じ合う。男が強盗に凶器で襲われ、半殺しにされて捨てられた。一セントを失っただけなのに、すべてを失ったかのようにふるまう女性。イエスのたとえ話には、奇抜な人間も込みいった筋書きもない。ただ、身近な生活を描いているのだ。

たとえ話はイエスの目的に完璧に役立った。だれでも良い話を聞きたがる。イエスの話をする才覚は、農夫や漁師といったほとんど無学な人々が構成している社会の興味を引きつけた。物語のほうが概念や要点より覚えやすいので、イエスのメッセージはたとえ話によって、記憶にとどめやすくなった。何年も後に、人々がイエスの教えをふり返ったとき、イエスの語ったたとえ話は細部まで鮮明に思い出された。神の無限で果てしない愛について抽象的な用語で語ることと、友のために命を投げ出す人や、毎晩道楽息子の姿を捜して地平線を見つめている悲嘆にくれた父親について語ることとは、まったく別である。

　イエスは地球に「恵みとまことに満ちて」やって来たと、ヨハネの福音書は言う（一・一四）。そしてこの言葉は、イエスのメッセージを見事に要約している。まず、恵みである。信仰をつとめて複雑なものにし、律法主義で硬直化させようとした人々とは対照的に、イエスは神の愛という単純なメッセージを説いた。決して私たちに受ける資格があるからではなく、神はどういうわけか、ただで、付帯条件も一切ない、「無料提供の」愛を私たちに与えようと決心されたのである。

　ユダヤ教の文献に、こんな話があった。農場の主人が、臨時の収穫作業員を見つけようと町に出かけた。朝から人を募り、十時間が過ぎたころに最後の何人かを雇い入れた。この者たちには、働く時間がほんの一時間しか残されていなかった。後から来た者は短い時間に目覚ましい仕事ぶりを見せたので、親方は彼らにも一日分の給料を支払ったと、当時のラビたちは説明していた。だがイエスの説明には、労働者たちの勤勉さについては一言もない。イエスは、古顔にも新顔にも同じように惜しみなく恵みを与える雇用者、すなわち神の寛大さを強調する。騙された者は一人もいないし、だれもが本来受けられる以上の報いを受けた。

このように恵みに力点が置かれたにもかかわらず、イエスが神の神聖さを薄めたと非難することはだれもできなかった。私だったら、イエスの宣言した真実につまずいただろうと思う。イエスの主張した真実は、当時最も厳格なラビが教えていた真実より、はるかに妥協を許さぬものだった。同時代の教師たちは、「共同体の大多数が耐え得るのでなければ、規定は押しつけないように」心を砕いていた。イエスにはそういった遠慮がなかった。殺人には怒りが、姦淫には情欲が、窃盗には貪欲が含まれる、とそれぞれの言葉の持つ意味を拡大させた。「だから、あなたがたは、天の父が完全なように、完全でありなさい」（マタイ五・四八）。こう言って、だれも行き着くことができないような倫理の基準を定めた。

エルトン・トゥルーブラッドが述べたように、イエスの用いた主な象徴にはすべて、厳しく、また腹立たしささえ覚える性質がある。重荷というくびき、苦しみの杯、仕える者を表す手ぬぐい、そして最終的には十字架刑。「費用を計算」しなさいとイエスは言い（ルカ一四・二八）、従って来た者みなに向かって、あえて公正な警告を与えたのである。

＊

ヤコブ・ニューズナーという現代のラビは、初期キリスト教時代のユダヤ教主義に詳しい世界的にも傑出した学者である。彼は五百冊ある著書の中の一冊で（『ラビ、イエスと語る』）、自分ならイエスにどのような返答をしただろうか、ということについて書いている。ニューズナーは、イエスにもキリスト教にも尊敬の念を抱いており、山上の説教のような教えに「深い感銘を受け、心動かされた」と認めている。そして、自分が山上の説教を聞いたら興味をかき立てられ、イエスの行く所について回ってその教えに喜んで耳を傾ける人々に加わったことだろうと言う。

だが最終的にニューズナーは、このナザレのラビと袂を分かっただろうと結論している。「イエスは重大なステップを踏み出した――しかし、間違った方向に向かってだった。」

ユダヤ人社会としての「我々」から「私」へと強調点を移すことによって、と彼は言う。ニューズナーは権威の中心を、トーラーからイエスその人へ移し変えることに得心がいかなかった。「問題はイエスという人物であり、その教えではまったくない……。結局、師イエスは神だけができる要求をした。」ニューズナーは信仰のジャンプをすることができずに、敬意を表しながらも不賛成に回った。

イエスの教えの真意が、ほかのラビの持つ型にほとんど当てはまらなかったというニューズナーの主張は正しい。孔子やソクラテスのような放浪の師とも、もちろん異なっている。イエスは真理を探究したというよりは、自分自身を指し示すことによって、真理を指し示していたのである。マタイの言葉で言えば、イエスは「律法学者たちのようにではなく、権威ある者のように教えられた」（マタイ七・二九）。律法学者たちは、聖書や正しいと認められていた注釈を根拠に所見を述べるにとどめ、個人的な意見は控えるよう心がけていた。ところが、イエスは自身の意見を多く持ち、聖書を注釈として使っていた。「……と言われたのを、あなたがたは聞いています。しかし、わたしはあなたがたに言います」（マタイ五・二一、二二ほか）。イエスは命令調の言葉をくり返した。イエスこそが真理の源であった。語るとき、自身の言葉と神の言葉との間に区別をつけなかった。話を聞く者はそれが何を意味するのか、たとえ拒絶するにしても、はっきり理解していた。「この人は神をけがしている」と言う人々がいた（同九・三）。

イエスには恐れがなく、争いにひるむことがなかった。あらゆるタイプの野次を飛ばす者や嘲ける者を相手にした。姦淫を犯した女を石打ちにしようとする者の群れをいさめたことがあった。また別のとき、イエスを捕らえに向かったものの、手ぶらで宮に戻って来た見張りたちは、「あの人が話すように話した人は、いまだかつてありません」と、イエスの存在に畏怖して言った（ヨハネ七・四六）。イエスは悪霊に直接命じることさえあった（興味深いことに、悪霊はいつでもイエスを「聖なる神の子」とか「いと高き神の子」と認めた。イエスが神の子であることを疑ったのは人間のほうだった）。

イエスが自身について述べた言葉（わたしと神は一つである、わたしには罪を赦す力がある、宮を三日で建ててみせよう）は、まったく前例のないものであり、イエスはつねに騒動に巻き込まれることとなった。実際、その教えはイエスという人物にからまっているものだったので、その多くの言葉はイエスの死後に残らなくても不思議はなかったであろう。その偉大な主張は、十字架でイエスと共に死んだのである。イエスを師と崇めて従った弟子たちは元の生活に戻ったが、悲しげにぶつぶつ文句を言った。「しかし私たちは、この方こそイスラエルを贖ってくださるはずだ、と望みをかけていました」（ルカ二四・二一）。復活が起きて初めて、真理であると公言していた者が、真理であると公言される者となったのである。

＊

イエスが活躍した時代にいたら、私はこのラビに魅せられながらも積極的に関わる気にはなれない真面目な求道者として、群衆の端っこにくっついていたことだろう。だが、注意をイエス自身から私の周囲にいる人々に向けてみれば、イエスのまわりに同心円を描いている見物人のグループがいくつか見えることだろう。

いちばん離れた外側の円にいるのは趣味の低俗な見物人や、興味本位の野次馬、そして私のようにイエスを理解しようとする人々である。これだけの群衆がここにいることで、イエスは守られていた。「世はあげてあの人のあとについて行ってしまった」と不平を言いながら（ヨハネ一二・一九）、敵はイエスを捕らえるのを躊躇していた。とりわけ初期のころには、ユダヤ人愛国者もイエスのそばにいて、しきりにイエスがローマに対する反乱を宣言するのを求めていた。私が注目するのは、イエスが決してこの外側のグループの要求を受け入れなかったことだ。それでも、イエスは彼らに説教した。そして、そのこと自体がイエスとエッセネ派やほかの分派とを区別している。エッセネ派そのほかの間では、集会は秘伝を授けられた人々だけのものだった。

もっと中心に近いところにいるのは、誠実な信奉者たち百人ほどのグループだ。イエスと共に旅を続けているこの人々の多くは、バプテスマのヨハネが逮捕された後に加わった。ヨハネの弟子たちは、「だれもが」イエスのところへ行こうとすると不平を言った。イエスは人気など意に介さず、大勢の人々ではなく、近くにいた真剣な求道者に向けて話すことがほとんどだった。イエスは絶えず、だれをもはっとさせるほど力強い言葉で、彼らがさらに深いレベルまで委ねることができるよう迫っていた。イエスは言う。あなたたちは二人の主人に仕えることはできない。金銭や、この世が提供する楽しみは捨てなさい。自分自身を否定しなさい。ほかの人々に仕えなさい。あなたの十字架を負いなさい。

その最後の言葉は単なる隠喩などではない。パレスチナの道に沿って、ローマ人は定期的に極悪人をはりつけにし、ユダヤ人への見せしめにしていた。イエスの「招き」の言葉は従う者たちの心の中で、どのようなイメージを呼び起こしたことだろう。彼は殉教者の行列を率いるつもりなのだろうか。明らかにそうなのだ。イエスが事あるごとに口にした警句がある。

「自分のいのちを自分のものとした者はそれを失い、わたしのために自分のいのちを失った者は、それを自分のものとします。」

（マタイ一〇・三九ほか）

イエスを取り巻く十二弟子が、喜んでその犠牲を喜んで払いますと自慢している。イエスは答えた。「あなたがたは自分が何を求めているのか、わかっていないのです。わたしが飲もうとしている杯を飲むことができますか。」「できます。」弟子たちは無邪気に言い張った（マタイ二〇・二二）。

*

自分だったら十二弟子に加わりたいと思っただろうか、と考えることがある。悩むまでもない。イエスはほかのラビたちと違い、弟子たちに自分を選ばせるよりはむしろ、弟子の実力者グループを自ら選び抜いたのだった。ほんの二言、三言話せば人々が仕事も家族も捨てて従うほど、イエスには人を惹きつける強い力があった。ヤコブとヨハネ、ペテロとアンデレという二組の兄弟は漁師仲間だったが、イエスが呼びかけるや、舟も網も捨ててしまった（皮肉《アイロニカル》なことに、イエスがかつてない大漁を経験させてやった日の後だった）。イスカリオテのユダ以外の弟子はみな、イエスの故郷ガリラヤの出身である。ユダはユダヤの出身であるが、このことはイエスの評判が国中に広まっていたことを示している。

十二弟子に代表されている奇妙な取り合わせに、私は当惑したことと思う。熱心党のシモンはローマに激しく敵対する党に属しているが、取税人のマタイは最近ローマの傀儡に雇われたところだ。ニコデモのような学者やアリマタヤのヨセフのような裕福な貴族は、十二弟子に入ることはできなかった。ぱっと見では、強力な統率力の持ち主がいるとは思えない。

実際私の見たところでは、弟子たちの何より明白な特徴はその愚鈍さである。イエスは、「あなたがたまで、そんなにわからないのですか」と尋ね、また「いつまであなたがたにがまんしていなければならないのでしょう」と言った（マルコ七・一八、マタイ一七・一七）。

イエスが、仕える者としての指導者のあり方を教えようとしているときに、弟子たちはいちばん恵まれた地位に就く資格があるのはだれかと、つまらない言い争いをしている。弟子たちのちっぽけな信仰はイエスを苛立たせる。奇跡が起きるたびに、弟子たちは次にはどんな奇跡が起こるのかと気にかけ、やきもきする。イエスは五千人に食事を与えることができるだろうか。四千人分ならどうだろう？　十二弟子とイエスの間には、理解を阻む霧が広がることが多かった。

　イエスはなぜ、この敗北者らしき者たちに多くを任せたのだろう。それに答えるために、十二弟子を選んだ時のイエスの動機に触れているマルコの記事を調べてみる。

「それは、彼らを身近に置き、また彼らを遣わして福音を宣べさせ……。」
（マルコ三・一四）

それは、彼らを身近に置くためだった――イエスは自分が孤独であり、ほかの人々に頼っていることを決して隠しはしなかった。イエスは弟子たちを召使いではなく、友として選んだ。喜びや悲しみの瞬間を彼らと分かち合い、必要な時は助けを求めた。弟子たちは、イエスの母や兄弟姉妹の代わりとなった。つまり、家族になったのだ。イエスが弟子たちのためにすべてを捨てていたように、弟子たちもイエスのためにすべてを捨てた。イエスは弟子たちを愛した。単純明白なことである。

また彼らを遣わして福音を宣べさせるためだった――十二弟子へと招いたそもそもの初めから、イエスの心にはいつかカルバリで起きることが見えていた。イエスは地上に残された時間が短いことも、己の使命の究極の成功は、単にこの数年で成し遂げることではなく、この十二人が――一旦十一人になるが、すぐに何千人、そして何百万人が――イエスの去った後にするはずのことにかかっていることも知っていた。

奇妙なことに、現在の地点からイエスの時代をふり返ってみると、この弟子たちの平凡さこそが私に希望を与えてくれるのである。イエスは弟子を選ぶのに、生まれ持った才能や完璧さ、偉大な人物になる可能性を基準としたのではないようだ。地上に生きた間、イエスは普通の人々に囲まれていた。彼らはイエスを誤解したり、霊の力をあまりよく働かせられなかったり、また時には不作法な子どものような振る舞いをしたりした。特に三人の弟子（ヤコブとヨハネの兄弟、そしてペテロ）をイエスは選抜し、それまでになく厳しい叱責を与えた。だがこのうち二人は、初期のクリスチャンの中で最も傑出した指導者となるのだった。

イエスはあまり期待できそうもない新人と働くほうが好きなようだ、との印象をぬぐい去ることができない。イエスは、伝道の訓練に送り出した七十二人の弟子たちから、成功の報告を受けて大喜びをしたことがあった。福音書の中で、イエスがこれほど喜びに満ちている様子を書いている箇所はほかにない。

「ちょうどこのとき、イエスは、聖霊によって喜びにあふれて言われた。『天地の主であられる父よ。あなたをほめたたえます。これらのことを、賢い者や知恵のある者には隠して、幼子たちに現してくださいました。そうです、父よ。これがみこころにかなったことでした。』」（ルカ一〇・二一）

このようなごたまぜの群れから、イエスは一九世紀を経ても成長を止めずにいる教会を作ったのだった。

第二部　イエスはなぜやって来たのか

6　八つの幸い――幸福な者は不幸である

聖人とは、この世が無視するものを、大げさに考える人のことである。
――G・K・チェスタトン

山上の説教は、青年期の私を悩ませた。私はチャールズ・シェルドンの『みあしのあと――主イエスならどうなさるか？』（川越敏司・堀繭子訳、新教出版社、二〇〇八年）のような本を読んでは、「イエスのように行動する」と真面目に誓い、導きを求めてマタイ福音書の五章から七章を開いたものだ。だが、あの助言をどう理解すればいいのだろう！夢精したら身体を切断しなければならないのか。バイクを乗り回す学校の「つっぱり」たちに、どうぞ私を殴ってくださいと身体を差し出せと言うのか。兄弟に向かって暴言を吐いたら、舌を引きちぎれと言うのか。

物質的なものに執着しているとの意識に責められて、大切にしていた千百枚の野球カードのコレクションを友人に譲ったことがあった。コレクションには、一九四七年のジャッキー・ロビンソンのオリジナルや、ミッキー・マントルのルーキーカードも入っていた。これほどの断念をしたのだから、神さまからご褒美がいただけると期待したのだが、友だちがそのコレクション全部をせりにかけてしこたま儲けるのを眺めるという、とてつもない不正に耐える羽目となった。私は「義のために迫害されている者は幸いです」と、自分を慰めた。

成人した今でも、山上の説教はあいかわらず重大な局面を私に突きつけてくる。山上の説教は過度の誇張表現を用いていると思って片づけようとしたこともあったが、イエスを研究すればするほど、そのメッセージの核心にあるのは、山上の説教で述べられた教えであると理解するようになった。この教えを理解することができなければ、イエスを理解することもできないのである。

この有名な説教を施したとき、イエスの人気はうなぎ上りだった。群衆はイエスの行く所どこにでもついて回ったが、彼らの念頭を去らない質問があった。「ついにメシアが来たのでしょうか。」この異例の機会に、イエスはたとえ話を抜かして、聴衆に本格的な「人生哲学」を授けた。新しい政策要綱を宣言する立候補者にも似ていた。しかし、何という政策要綱であろうか。

＊

シカゴのラサール・ストリート教会のクラスで八つの幸いを教えることになったとき、いつもどおり、イエスを描いた映画を前もって見ておくことにした。十五本の映画から授業に使う部分を探し当てて鑑賞するのに、毎週数時間を費やした。作業のほとんどは、ビデオデッキが適当な場面を出すのに早送りや巻き戻しをする間、待っていることだった。機器がキュルキュル回転したり、カチッと音をたてたりしながら目当ての場所に向かって作動している間、退屈しのぎにテレビ画面の前景でCNNを流していた。たとえばセシル・B・デミルの『キング・オブ・キングス』（米、一九二七年）で八分二十秒のマークがついている箇所を目指してビデオが勢いよく動いている間は、世界各地の最新のニュースを見る。そして「再生」ボタンを押すと、一世紀のパレスチナに逆戻りするという具合だった。

私が八つの幸いについて教えた一九九一年のその週、世界では多くの出来事が起きていた。湾岸戦争では、わずか百時間余りの地上戦で、多国籍軍がイラクに対して圧倒的な勝利をおさめた。長い間恐れられていた戦争があれほど迅速に終結し、アメリカ人の戦死者も非常に少なかったのは、大抵のアメリカ人と同様、私も信じがたいことだと思った。イエスの映っている画面をデッキが探している間、画面ではいろいろな解説者がチャートや地図を使って、クウェートで起きたことを正確に説明していた。そして、ノーマン・シュワルツコフ司令官が現れた。

ＣＮＮは予定されていた番組の中断を告げた。戦争から一夜明け、軍指揮官の記者会見が実況中継されるということだった。私はしばらく授業の準備を続けた。パゾリーニ版の八つの幸いを説くイエスを五分間見て、それからシュワルツコフ版のクウェートの町に迫る多国籍軍の様子を数分間見た。だがすぐにビデオにはまったく目を向けなくなっていた。「嵐のノーマン」の異名を取るシュワルツコフ指揮官には、抗しがたい魅力があったのだ。彼はイラクの精鋭共和国護衛隊「回避策」や海からのおとり作戦、多国籍軍は妨害されることなく一路バグダッドに向かうことが可能であること等について語った。またクウェート、イギリス、サウジアラビアその他、多国籍軍に参加している国をすべて信頼していると言った。シュワルツコフ指揮官は自らの使命に自信を持ち、またそれを実行に移した兵士たちをこのうえなく誇りに思う司令官として、華麗なパフォーマンスを繰り広げていた。私は、「これこそ戦争を指揮するにふさわしい、我々の望む人物だ」と思ったのを記憶している。

記者会見が終わるとCNNはコマーシャルに切り替わり、私は再びビデオを見た。金髪で青白い顔のイエスに扮したマックス・フォン・シドーが、『偉大な生涯の物語』（ジョージ・スティーブンス監督、米、一九六五年）の中で、本物とは似ても似つかない演技をしながら山上の説教を、強いスカンディナヴィア訛りでゆっくり唱えていた。「心の……貧しい……者は……幸いです。天の……御国は……その人たちの……ものだから。」シュワルツコフ司令官の会見に比べると気だるい調子のこの映画に、慣れなければならなかった。そして数秒後、さっきまで八つの幸いの逆を見ていたという皮肉《アイロニー》に気がついた。

強き者は幸いである。それが司令官のメッセージだった。勝利する者は幸いである。スマート爆弾やパトリオット・ミサイルを所有するだけの経済力がある軍隊は幸いである。解放者、勝利した兵士は幸いである。

この二つのスピーチを並べるのは奇異だが、こうすると山上の説教が最初の聴衆、つまり一世紀パレスチナのユダヤ人の間に引き起こしたに違いない衝撃波を感じることができた。彼らの前にいたのはシュワルツコフ司令官ではなくイエスだったが、イエスはローマの支配からの解放を切望する虐げられていた人々に対し、ぎょっとするような、喜ばれるはずのない助言を与えたのだった。敵の兵隊に殴られたら、もう一方の頬も差し出しなさい。迫害を喜びなさい。貧しさに感謝しなさい。

戦場で散々な目にあったイラク人は、クウェートの油田に火を放つという卑怯な報復手段に出た。しかしイエスは敵に対する復讐ではなく、愛を命じた。そのような原理を土台にした王国が、ローマに対し、どれほどの間生き残るだろう。

イエスはこうも言ったであろう。「爆撃で焼け出された人々や、家を失った人々は幸いです。敗者や倒れた仲間を悲しむ者は幸いです。イラクの支配下で今なお苦しんでいるクルド人は幸いです。」「幸いです」という言葉は、イエスの意図した衝撃的な力を意味するには穏やかできよらかすぎると、ギリシア語学者ならだれでも言うだろう。このギリシア語の言葉は、「やあ、幸せ者！」というような短い喜びの叫びに似たものを伝えているのである。

「不幸な者は、なんて幸せ者なんだろう！」　実際、イエスはこう言ったのだ。

＊

湾岸戦争のそんな出来事があってから数年後、私はホワイトハウスに招待された。ビル・クリントン大統領は、福音派のクリスチャンの中で自分の評価が低いことに驚き、私たち十二人をプライベートな朝食に呼び出し、その関心事を聞こうとしたのだった。各自五分間で、大統領と副大統領に何を話してもよいことになっていた。私の心には「こんな場合、イエスなら何と言うだろうか」という疑問がよぎった。そして、権勢を誇る政治指導者とイエスが一度だけ出会ったとき、その手は縛られ、背中には血の固まりが点々とついていたことに、驚きをもって気づいた。教会と国家の関係は、そのときから不安定なまま現在に至っている。

私は八つの幸いに戻り、あらためて驚きを覚えていた。そのメッセージを今風の言葉に置き換えてみたらどうなるだろうか。

「大統領、まず私は、経済や仕事のことでそれほど悩まないほうがいいと忠告したく思います。国民総生産の低さも、この国のためには実際良いことなのです。貧しい者こそ幸いな者だということがおわかりにならないのですか。合衆国に貧しい人々が多いほど、私たちは祝福されるのです。天国はそういう人々のものなのです。それに医療のためにそんなに多くの時間を費やさないでください。あの、大統領、嘆き悲しむ者も祝福されるのです。彼らは慰められるからです。

我が国が世俗化の一途をたどっていることについては、『宗教右派』からお聞きになっていると思います。

学校では祈ることがもはや許されず、中絶に反対する人々は逮捕を余儀なくされています。大統領、気を楽に。クリスチャンは政府から弾圧されると迫害の機会が与えられるわけで、そうすると祝福されるのです。打ち解けてお話しする場を与えてくださり、感謝いたします。」

実際は、クリントン大統領に向かってそんな演説はしなかった。代わりに、アメリカのクリスチャンの目下の関心事を説明することにしたが、この今さらのように当惑した経験を忘れることはなかった。でしゃばりで自信満々で裕福なことを誇りとする社会にとって、八つの幸いはどんな意味を持ち得るだろう。私たちが信じているのは、幸福で強い人が幸いだということだ。愉快な時を過ごしたくてたまらない人、自分の利益だけを求める人が幸いなのだ。

心理学者や精神科医の中には、フロイトの指導に従って、八つの幸いはイエスの不安定さを証明するものだと指摘する人もいる。王立医学協会のために用意されたスピーチの中で、ある優秀な英国の心理学者は次のように言った。

「キリスト教を貫き、またクリスチャンの信仰生活において、ことのほか大切なものとされている自己犠牲の精神とは、マゾヒズムに穏やかに耽溺することである。山上の説教のキリストの教えには、マゾヒズムがさらに強く表現されている。その教えは貧しい者、柔和な者、迫害される者を祝福し、悪に抗うのではなく、殴る者にはもう一方の頬を差し出せと熱心に説いている。また自分を憎む者に善を施し、人々の罪を赦せと強く勧めている。これらはすべてマゾヒズムである。」

マゾヒズムなのだろうか、それとも深遠な知恵なのか。ぱっと簡単に答える人がいるなら、山上の説教をそれほど真剣に考えたことがない人だろう。

率直な話、八つの幸いは真実だろうか。もし真実であるなら、なぜ教会は貧しさや悲しみに陥ること、柔和な性質を持つこと、迫害に遭うことなどと闘うのではなく、それらを奨励しないのだろう。イエスの教えのこの不思議な倫理的核心、八つの幸いの真意とは何なのか。

*

イエスが初めて八つの幸いを述べたとき、私が聴衆に交じっていたら、慰めを感じるどころか、戸惑いや怒りを覚えながらその場を後にしたと思う。一九世紀が過ぎてなお、私は八つの幸いの意味を理解しようと懸命に努力している。だが今、とりわけどうしようもないほど律法主義に凝り固まっていた十代の日々を振りかえると、自分の理解が段階を踏んで発展してきたことがわかる。

私は「八つの幸いの意味はこうだ」と宣言することはまだできないし、これからも決してできないのかもしれない。しかし少しずつ、ほとんどひとりでに、八つの幸いが重大な真理であると思うようになってきたのである。私にとって、八つの幸いには少なくとも三つの段階がある。

◆ぶらさげられた約束

私は理解の第一段階で、八つの幸いをイエスが不運な人々に向けて放った気休めの言葉と考えた。「まあ、あなたは金持ちではないし健康状態も良くないうえ、顔も涙で濡れているのだから、気分が良くなるように思いやりのある言葉を少し投げかけてあげよう。」後に皮肉な考え方が薄れ、信仰が強まったとき、私は山上の説教を、イエスのメッセージの中心をなす本物の約束だと思うようになった。

群衆に硬貨を投げた中世の王（そして、選挙の前にだけ貧しい人々に約束をする現代の政治家）とは違い、イエスには長続きするどころか、永久的ともいえる報いを聴衆に提供する力があった。地球上の全人類の中でただひとり、イエスだけが確かに「天国に」生きていた。そして、天国から降りて来た彼だけがよく知っていた。私たちがこの人生で出合うどんな不幸をも天の御国のご褒美は簡単に補うことができる、ということを。嘆き悲しむ人々は「慰められるだろう」。柔和な者は「地を受け継ぐだろう」。飢えた者は「満ち足りるだろう」。心のきよい者は「神を見るだろう」。イエスは権威をもってそう約束することができた。イエスは永遠に支配する神の国を建てるためにやって来たからだ。

ある夏、私はウィクリフ聖書翻訳者のグループを、アリゾナ砂漠の質素な本部に訪ねた。移動住宅に住む人が多く、会合は金属製の屋根がおおうコンクリートの建物の中で持たれた。辺鄙な場所に住み、貧しく苦労の多い生活に耐える覚悟でいるこれらプロの言語学者たちの献身に、私は感銘を受けた。彼らが特に好んで歌う歌があった。「だから私はあなたを遣わす。報われることのない労働に。報酬もなく、愛されることもなく、求められもせず、知られることもなく仕えることに……。」彼らの歌を聞きながら、この歌はちょっと間違っている、ここにいる伝道師たちは報われることのない労働をしようとしているのではない、と思った。彼らはほかの報いを受けられるという展望を心に抱きながら、ある種の困難に耐えていたのだ。この世でなければ、永遠の世において神がそれ相応の見返りを下さる、と心から信じて神に仕えていた。

朝、太陽が丘の上に昇り始めたころ、私は林立する柱サボテンの間にくねくねと続く泥道をジョギングした。ガラガラ蛇やさそりが出てくるのではないかと、足元ばかり見ていた。ところが、新しい道筋を通っていたある朝、私は目を上げ、まるで蜃気楼のように現れた光り輝くリゾート地を見た。走りながら近づいてみると、オリンピック用のスイミングプールが二つ、エアロビクススタジオ、石炭殻を敷きつめたジョギング用トラック、青草の繁る庭、野球場、サッカー場、馬小屋が見えた。この施設は映画スターやスポーツ選手を対象とした、ある有名な摂食障がいクリニックのものだった。このクリニックは、最新式の十二段階プログラムによる技法が呼びもので、博士号や修士号を持ったスタッフを大勢抱え、一日あたり約三百ドルの治療費がかかる。

ゆっくりとジョギングしながら、ごちゃごちゃと建物を寄せ集めたウィクリフ基地に戻ったが、あのきらきら輝いていた摂食障がいクリニックとの甚だしい違いを痛烈に感じていた。一方の施設では、人々がこの世でも永遠の世界でも神に仕えることができるよう、魂を救おうと努めていた。もう一方の施設では、人々がこの人生を楽しむことができるよう、肉体を救おうと努めていた。この世がどちらの施設をありがたがるか、歴然としているように思われた。

八つの幸いの中で、イエスはこの人生の与える恩恵に、あまり浴することができない人々を尊んだ。貧しい者、嘆き悲しむ者、柔和な者、飢えている者、迫害されている者、心の貧しい者に対して、彼らの奉仕は決して認められないままではない、豊かな報いを受けるだろう、と断言した。C・S・ルイスは次のように書いている。

「実際、福音書の中の、臆面もない報いの約束と、その約束された報いが度胆を抜くようなものであるのを思うならば、わたしたちの主は、わたしたちの願望を強すぎるどころか弱すぎると見ておられるように思われます。わたしたちは、気乗りのしない顔で、せっかく限りない歓びがさし出されているのに酒とセックスと野心とをいじくりまわしていますが、無知な子どもが海辺の休日につれて行ってくれようとの意味が分からずに、貧民窟で泥いじりを続けたがっているのに、それは似ています。」

多くのクリスチャンの間でも、未来に受ける報いを強調するのが時代遅れになってしまったことは明らかだ。私の牧師だったビル・レスリーはよくこんなふうに言っていた。「教会がさらに裕福になり成功するようになると、会衆の好む賛美歌は『この世は私の家ではない、私はただの寄留者だ』から『これが私の父の家』へと変化する。」少なくとも合衆国では、クリスチャンは快適な暮らしを営めるようになったので、もはやイエスが八つの幸いで説いた卑しい状態に自らを重ねることができないのである。それで八つの幸いは私たちの耳に、これほど異様に響くのかもしれない。

しかし、Ｃ・Ｓ・ルイスが思い起こさせてくれるように、私たちは未来に受ける報いの価値を割り引くような真似はすまい。アメリカの奴隷たちが作った歌に耳を傾けさえすれば、未来の報いを信じることでどんな慰めを得られるのか、わかるというものだ。「静かに揺れよ、麗しの戦車、私を故郷へ連れ帰る。」「天国に着いたなら、長衣をはおって御国の中で叫ぶでしょう。」「もうすぐ自由、もうすぐ自由、主が私たちを家に呼んでくださる時に。」　奴隷に歌わせようとして主人らが作った歌だったら、これらの歌詞は忌まわしい言葉の羅列であろう。だが、これらの歌は奴隷たち自身、つまりこの世に望みはないけれど、来たるべき世界に望みをつないでいる人々の口から出てきたものなのである。彼らにとって、あらゆる希望の中心にイエスがいた。「私の悩みはだれも知らない。知っているのはイエスだけ。」「私は悩みをすべて、イエスの肩にのせましょう。」

私はもはや、八つの幸いで言われた永遠の報いが「絵に描いたもち」であると非難したりはしない。未来の報いに希望を持つとどんな良いことがあるだろう。中東で人質にとられた経験を持つテリー・ウェイトは、ベイルートの不潔なアパートのドアに鎖でつながれて一生を過ごすのではなく、ただもうしばらく耐えれば、家族や友人、慈悲と愛、音楽に食べ物、良い書物などのそろった世界が待っていると信じた。そこにどんな良いことがあったのか。血の滲むような労働や、鞭やリンチに使うロープを持つ主人のいる世界に神は満足しておられない。こう信じることは、奴隷たちにとってどんな意味があったのか。未来の報いを信じることは、主の長い腕は正義のほうへ向けられていると信じることであり、いつか誇っている者が打ち倒され、卑しい者が引き上げられ、飢える者が良き物で満ち足りると信じることなのだ。

未来の報いを展望することは、決して私たちがこの世で正義のために戦う必要がないと言うことではない。ソビエト捕虜収容所の囚人や、アメリカの奴隷や、野獣の餌食となる順番を待っていたローマのクリスチャンにとって、報酬の約束が恥ではなく希望の源であったことは、動かしがたい歴史的事実である。未来の報いは人を生かす。また最終的に、正義の神を信じさせてくれる。ほかの世界から鳴り響いてくる鐘のように、イエスの報酬の約束は、事態がどのように見えようが、悪に未来はなく、善にだけ未来があると宣言している。

妻のジャネットは、合衆国で最も貧しいコミュニティーであると思われるシカゴ公営住宅団地の界隈で高齢者介助の仕事をしていた。担当した高齢者は、白人と黒人が半々だった。みな、二つの世界大戦、大恐慌、社会の大変動という厳しい時代を生きてきた七十代、八十代の人々であり、死を意識しながら生きていた。しかしジャネットは、死に向かう態度が白人と黒人で大きく違うことに気がついた。もちろん例外はあったが、一般的な傾向はこうだった。白人の多くは、恐れや心配をますます募らせていった。生活や家族、衰えていく健康について不満をもらした。黒人はそれとは対照的に、つらい思いや絶望を味わって当然の理由があっても、ユーモアを失わず、意気軒昂としていた。

この違いはどこから来ているのだろう。ジャネットは、答えは希望だと結論した。黒人の根底にあるのは、天国を信じる気持ちから直接来ている希望である。もしも現代の天国のイメージを知りたかったら、黒人の葬式にいくつか出席してみればよい。雄弁さを特徴とする黒人説教者たちは、安らかで美しい天国の生活を語るので、だれもがそこに行きたくてうずうずしだす。会葬者たちは当然のことながら深い悲しみを感じているのだが、適切な悲しみ方をしている。つまり、終局がすでに決定されている戦いでの一時的敗北、中断としての悲しみを味わっているのである。

地上の人生に困難があったにもかかわらず神に期待し、神を喜ぶようになった、これら軽んじられてきた聖徒たちにとって、天国に行くのは新しい場所を訪れるというより、むしろ長く待ち焦がれていた帰省を果たすことに近いだろう。彼らの人生において、八つの幸いは真実となった。痛みや崩壊した家庭、経済の混沌、憎しみや恐れ、暴力に捕らわれている人々――こうした人々にイエスは健康で欠けたところのない、喜びと平和の約束を差し出している。それはこの地上の時間より遥かに長い、より実質的な約束だ。報いの時である。

◆どんでん返し

時間が経つと、私はイエスの約束した報いを尊び、また憧れるようにさえなった。とはいえ、これらの報いは未来のどこかにあるもので、目の前にぶら下げられた約束は当面の必要を満たしてはくれない。しかし、やがて八つの幸いは未来だけでなく、現在をも描いていると信じるようになった。八つの幸いは、天の御国で成功する仕方とこの世の王国で成功する仕方の違いを鮮やかに対比させている。

J・B・フィリップスは八つの幸いを、この世の王国に当てはめて表現した。

「〝でしゃばり屋〟は幸いです。彼らはこの世で成功するからです。
冷酷な者は幸いです。彼らは人生で傷つくことがないからです。
不平を言う者は幸いです。彼らは結局、自分の思いどおりにするからです。
鈍感な者は幸いです。彼らは自分たちの罪に決して悩むことがないからです。
奴隷監視人は幸いです。彼らは成果を得るからです。

世知にたけた者は幸いです。彼らは世渡りがうまいからです。問題を起こす者は幸いです。彼らは人々から注目されるからです。※」

現代社会は適者生存の法則によって動いている。「いちばんたくさんおもちゃを持って死ぬ人が勝ち」と書かれたバンパーステッカーもあるくらいだ。同様に、最高の武器と最大の国民総生産を持つ国が勝ちなのだ。シカゴ・ブルズのオーナーは、マイケル・ジョーダンが（一時的に）引退する際、この目に見える世界を支配しているルールを要約してこう言った。ジェリー・ラインズドルフの言葉である。「彼はアメリカンドリームを生きている。アメリカンドリームとは、やりたくないことは何もしなくていいが、やりたいことは何でもやれる生活を手に入れることである。」

それはアメリカンドリームなのかもしれないが、八つの幸いに現されているイエスの夢では断じてない。八つの幸いは、神はこの世界を異なったレンズを通して見ておられると明確に表明している。神は、売上規模上位五百社や浜辺ではしゃぐスーパーモデルより、貧しい者や嘆き悲しむ者のほうがお好きなようである。奇妙なことに、神は、マリブビーチより犯罪多発地域であるLAサウスセントラルが、モンテカルロよりルワンダのほうがお好きなのかもしれない。実際、山上の説教には「適者生存」ではなく、「犠牲者の勝利」という副題をつけてもいいくらいである。

福音書のさまざまな場面を見ると、イエスに感銘を与えた人間の図式がよくわかる。あり金の二セントを献金したやもめ。たまらなく気になって、イエスがよく見えるようにと木に登った不正直な取税人。名もなく、これといった特徴もない子ども。次々に五回も不幸な結婚をくり返した女。目の見えない物乞い。姦淫を犯した者。病気の者。強さ、見た目の良さ、コネ、旺盛な競争心があれば、私たちの住む社会では成功するのだろう。しかし、まさにそうした性質が天国への入り口を塞いでしまうかもしれないのだ。依存、悲しみ、悔い改め、変化への切望――これらのものこそ神の国へ続く門なのである。

「心の貧しい者は幸いです」というイエスの言葉を、ある注釈は「絶望している者は幸いです」と翻訳している。絶望している者はほかのどこにも行き場がないので、イエスのほうを向くのかもしれない。イエスは彼らの切望する救いを提供できる唯一の存在である。イエスは、心の貧しい者や嘆き悲しむ者、迫害されている者、義に飢え渇く者には、そうでない者に勝る特別な「強み」があるとほんとうに信じていた。たぶん、と推測するだけなのだが、絶望している人は神に助けを求めるものなのだろう。もしそうなら、その人は真に祝福されている。

カトリックの学者たちは、旧新約両方の聖書に見られる、神が貧しい者や不利な立場にある者をえこひいきする現象を、「神は貧しい者を好んで選ぶ」という言い回しで表現した。「なぜ神は貧しい者を選び出して、ほかの人々以上に特別の注意を向けようとなさるのだろう。」　私は疑問に思ったものだ。貧しい者の何が神の関心を引くに値するのだろう。この件に関して、モニカ・ヘルウィグという作家から助けを得た。彼女は貧しさの持つ「強み」を次のように挙げている。

●貧しい者は、自分たちに緊急な贖いが必要なことを知っている。
●貧しい者は、自分たちが神や権力を持つ人々に依存しているだけでなく、お互い同士も依存し合っていることを知っている。
●貧しい者は、安心を得るために、物ではなく人に頼る。
●貧しい者は、自分たちの重要性を過大評価することもなければ、プライバシーを求め過ぎることもない。
●貧しい者は、競争ではなく協力に期待することが多い。
●貧しい者には、必要品と贅沢品の違いがわかる。
●貧しい者は待つことができる。彼らは人も認める依存状態の中から、一種の粘り強い忍耐力を獲得しているからである。

●貧しい者の持つ恐れはより現実的で、あまり大げさではない。彼らは、人は大きな苦しみや欠乏の中を生き抜くことができるのを、とうに知っているからである。
●貧しい者に福音が説教されると、脅しや叱責ではなく、良い知らせのように聞こえる。
●貧しい者は福音の呼びかけに対し、いくらかの断念と素直さをもって応えることができる。彼らには失うものがほとんどなく、どんな覚悟もできているからだ。

要するに、自分たちに選択の余地はないので——彼らは選択の余地が欲しいと、切に思っているのかもしれないが——貧しい人々は自分たちが、神の恵みを受けるにふさわしい状態にいることに気づくのである。窮乏と依存、生活への不満足な状態の中にいる彼らは、神の無償の愛という贈り物を歓迎するだろう。

試しに私はモニカ・ヘルウィグのリストに戻り、「貧しい」という言葉を「裕福な」に置き換え、それぞれの文を反対の意味に変えてみた。「裕福な者は、自分たちに緊急な贖いが必要なことを知らない……裕福な者は、安心を得るために、人ではなく物に頼る……」（イエスもルカ版の八つの幸いの中で同様なことをしたが、その部分はさほど注意を引いていない。「しかし、あなたがた富む者は哀れです。慰めをすでに受けているから」（ルカ六・二四）。

次にいっそう恐ろしいことをやってみた。「私は」という言葉に置き換えたのである。十の主張をそれぞれあらためて吟味してから、私の態度は貧しい人々と裕福な人々のどちらに似ているだろうかと自問した。私は自分が欠乏した状態にあると、あっさり認めるだろうか。神やほかの人々に頼ろうという気持ちがあるだろうか。何があれば安心だろうか。どちらかと言うと、人と力を競うほうだろうか、それとも人と力を合わせようとするほうだろうか。必要な物と贅沢品の区別をつけることができるだろうか。我慢強いだろうか。八つの幸いは、良い知らせに聞こえるだろうか、それとも叱責されているように聞こえるだろうか。

この作業を行いながら、なぜあれほど多くの聖人たちが自発的に貧困という訓練に従ったのかわかるようになった。依存、謙遜、素朴、協力、そして放棄などは、霊的な生活において非常に重んじられる性質のものである。しかし、快適な生活を送っている人間には極端にわかりにくいものである。神に近づくにはほかの方法があるのかもしれない、おお、しかしそれは難しいものだ――ラクダが針の穴を通るほど難しい。神の国のどんでん返しの中で、富める聖人はごくまれである。

私は貧しい人々のほうがほかのだれよりも徳が高いとは思わないが（しかし、貧しい人々のほうが同情心があつく、一層寛大であることも多い）、彼らは自分たちの徳が高いふりをすることは少ないと思う。貧しい人々には、中産階級に見られるような尊大さがない。中産階級の人々は自分たちの抱えている問題を、見せかけの独善性の下に巧妙にごまかすことができる。貧しい人々には選択の余地がないので、当然依存性が強くなる。ただ生き延びていくために他人に頼らざるを得ないのだ。

今や私は山上の説教を、貧しい人々をひいきするスローガンではなく、人間存在の神秘に対する深い洞察と考えている。神の国は形勢を逆転させる。貧しい者、飢えた者、嘆き悲しむ者、抑圧されている者は、真に祝福を受けている。もちろん、彼らの悲惨な状態のゆえにではない。イエスは生涯の大半を費やして、人々を窮状から救おうとした。貧しい人々には、快適で満ち足りた暮らしを営んでいる人々には持ちにくい強みが与えられている。その強みゆえに、貧しい者は幸いなのである。裕福な人々、成功をおさめた人々、美しい人々は、恵まれた資産や資質に頼って人生を生きていっても不思議ではない。そうした天与の利点を持たない者は、この世の王国で成功する資質に乏しいため、困ったときに神を頼るのだろう。

人間はそう簡単に絶望を認めないものだ。しかし、絶望を認めるとき、天の御国は近づくのである。

◆心理学的現実

ごく最近、私は八つの幸いの第三レベルの真実がわかるようになった。イエスは然るべきご褒美を目に見えるところに置きながら、私たちが目指すべき理想を掲げただけでなく、また成功ばかりを追い求める社会の価値観をひっくり返しただけでなく、私たちが地上にいて知ることのできる深い次元の真理、心理学的真理を簡単なかたちにして述べたのである。

八つの幸いは、天国で成功することは、この人生の今ここで私たちの最高の益にもなることを明らかにしている。この事実を理解するには年月を要し、ようやく今になって、八つの幸いがわかるようになってきた。今でも、山上の説教を読むたびに落ち着かない気持ちになる。この説教の中に語られている豊かさは、私自身の貧しさを暴くからである。

「心の貧しい者は幸いです……柔和な者は幸いです。」ポール・ジョンソンの著した『インテレクチュアルズ――知の巨人の実像に迫る』（別宮貞徳訳、講談社、二〇〇三年）のような本は、だれもが真実だと知っていることを、説得力のある筆致で詳しく説明している。たとえば、私たちが称賛したり見習おうとしたり、人気雑誌の表紙を飾ったりする人々は、想像されるような満足を得ているわけでもなければ、幸福でバランスのとれた人間たちでもない。ジョンソンが対象とした人々（アーネスト・ヘミングウェイ、バートランド・ラッセル、ジャン・ポール・サルトル、エドマンド・ウィルソン、ベルトルト・ブレヒト等）は、現代の基準に照らせば成功した人々とみなされるだろうが、これほど哀れで病的なほど強い自尊心を持った毒舌家の一団を集めるのは困難というものだ。

ジャーナリストという職業柄、私は〝スター〟にインタビューする機会がたびたびあり、NFLフットボールの花形選手、映画俳優、音楽家、ベストセラー作家、政治家やテレビタレント等にも会ったことがある。こうした人々はメディアを支配している人間である。私たちは彼らにおべっかを使い、その生活を事細かに観察する。彼らの洋服、食べ物、エアロビクスの振り付け、愛している人々、使っている歯磨き粉。しかし、私は限られた経験から、ポール・ジョンソンの原則が真実であることを発見したと言わなければならない。私たちの「アイドル〔訳注・原語は「偶像」の意がある〕」は、私が今まで出会った人々の中でも惨めな人々の集まりである。彼らのほとんどが、結婚生活がうまくいっていなかったり、破綻したりしている。ほぼ全員が心理療法に完全に依存している。何とも大きな皮肉《アイロニー》であるが、これら桁外れのヒーローたちは、自己不信に苦しめられているようである。

「奉仕者」と称する人たちと過ごしたこともある。インドの田舎で、見捨てられたハンセン病患者の中で働く医師や看護師たち。シカゴでホームレスの人々のためのホテルを経営しているプリンストン大学の卒業生。高給の取れる仕事を辞め、ミシシッピのさびれた町で働いている医療スタッフ。ソマリア、スーダン、エチオピア、バングラデシュその他、人間の苦しみにあふれた場所で働く救援者たち。アリゾナで会った、聖書を希少言語に翻訳しようと、南米のジャングルのあちこちに散らばっている博士号を持った人々。

私はこうした奉仕者たちを尊び崇め、大いに励ましを与えてくれるお手本にしようと思っていた。彼らを羨むつもりはなかった。しかし、スターと奉仕者二つのグループを並べてよく考えてみると、明らかに奉仕者のほうがひいきされる側、恵みを受ける側に浮かび上がってくる。私はやはり、スターより奉仕者たちと過ごしたい。奉仕者たちには、私がほかのどこにも見つけることのなかった深さや豊かさ、喜びといった性質がある。彼らの賃金は安く、労働時間は長い。褒められることもなく、貧しい人々や無学な人々の中で自分たちの才能や技術を無駄にしている。それなのに、どういうわけか彼らは自らの人生を失いながら、そこに自らの人生を見いだしている。

心の貧しい者や柔和な者はほんとうに幸いだと、私は今思っている。天国は彼らのものであり、地を受け継ぐのも彼らなのだ。

「**心のきよい者は幸いです。**」　性的誘惑と戦っていた人生のある時期、私はフランスのカトリック作家フランソワ・モーリヤックの『私の信じること』という薄い本についての記事を偶然見つけた。老齢のモーリヤックが、かなりのページを割いて自身の欲望を論じていたのには驚いた。モーリヤックは言った。「老年は、何倍もの試練にさらされる時期にいるという危険を冒している。老人の想像力は、恐ろしい仕方で、自然に拒絶されたものの代用を務めているからである。」

モーリヤックは欲情を理解していたのだ。『蝮のからみあい』と(鈴木健郎訳、新潮社、一九五四年)、『癩者への接吻』(辻野久憲訳、角川書店、一九五三年)は、ノーベル文学賞受賞への道筋をつけた小説だが、そこには私がそれまでに読んだどの書物にも劣らないほどの欲情や抑圧、性的怒りが描かれている。モーリヤックにとって性的誘惑は、馴染みの戦場だったのである。

モーリヤックはカトリックの教えを受けて育った。だが、「結婚は欲情を癒すものだ」など、性的なきよらかさを支持するカトリックの議論のほとんどを撥ねつけた。多くの人々の場合と同様、モーリヤックにとっても結婚は欲情を癒しはしなかった。欲情には未知の人物の魅力や冒険の味、偶然の出会いが含まれるからである。「欲情は自制によって抑えることができる。」だがモーリヤックの性の欲望には、高波のように、どんなに良い心づもりをもさらっていってしまう力があった。「真実の充足は一夫一婦婚の中にのみ見いだされる。」これは正しいかもしれないが、一夫一婦婚においてさえも性的衝動が衰えないことを知る者には、とても正しいとは「思え」ない。このように、彼は伝統的な純潔の議論を慎重に考慮したうえで、それらの議論に欠陥があることを突きとめた。

モーリヤックは、自制や抑圧や理性的議論は、純潔を目指す衝動との戦いに使う武器として不適当であると結論した。けれど最終的に、きよらかでいる唯一の理由を見つけることができた。それはイエスが八つの幸いの中で提示したものである。「心のきよい者は幸いです。その人たちは神を見るから」（マタイ五・八）。モーリヤックは言う。「不純は私たちを神から離れさせる。霊的生活は、物質的世界の法則と同様、立証可能な法則に従っている……純潔は、より高次の愛へ至るための条件である――あらゆる所有物に優る所有物、すなわち神のものとなるための条件である。そう、危機に瀕しているものはこれにほかならない。」

フランソワ・モーリヤックの言葉を読んだからといって、私の欲情との戦いが終わったわけではなかった。しかし彼の分析が真実であると知ったことは、明言しておかなければならない。神が私たちに差しのべている愛は、私たちがより高い愛、ほかの仕方では手に入れることのできない愛であり、それを受け取るためには、まず私たちの心身の機能がきよめられ、純化されることを要求している。それが、きよらかであろうとする動機である。欲情を抱くことによって、私は神との親密さに限度を設けているのである。

「心のきよい者は幸いです。その人たちは神を見るから。」かようにそれは単純で難しいことである。

「あわれみ深い者は幸いです。」　私は八つの幸いにあるこの真理を、ハーバード大学で教鞭をとっていた司祭、ヘンリ・ナウエンから学んだ。ナウエンはその仕事の絶頂期に、ハーバードからトロント近郊のデイブレークというコミュニティーに移った。それはアダムという男性との友情から必要とされた、苦労の多い仕事を引き受けるためだった。ナウエンは現在、知識人たちに奉仕しているのではなく、生まれてこないほうがよかった役立たずの人間だと多くの人々から思われている若者に仕えている。

ナウエンはその友人をこう描いている。


「アダムは二十五歳の男性で、しゃべることも、服の脱ぎ着もできないし、一人で歩くことも、人の手を借りずに食べることもできない。泣くことも笑うこともない。ほんのときたま、人と目を合わせることができるだけだ。背中が湾曲している。腕と足はねじれた動き方をする。ひどい癲癇《てんかん》を患っていて、大量の薬物を投与しているにもかかわらず、癲癇の大発作に襲われない日はわずかである。いきなり体を強張らせ、ものすごいうなり声をあげることがある。大粒の涙が彼の頰をつたい落ちるのを、何度か目撃した。

私は大体一時間半かけてアダムを起こし、薬を与え、風呂場へ運び、身体を洗い、髭を剃り、歯を磨き、服を着せ、台所まで歩かせ、朝食を食べさせ、車椅子に乗せ、彼が一日のほとんどを過ごす運動治療室へ連れて行く。」

ナウエンをトロントに訪ねると、いつものようにアダムの世話を焼いていた。一瞬、これが彼にとっていちばん有効な時間の使い方なのだろうかという疑問が頭をかすめたことを正直に認めよう。私はヘンリ・ナウエンの講演を聞いたことがあるし、著書を何冊も読んでいる。彼は与えるものをたくさん持っている。だれかほかの人がアダムの世話という、つまらない仕事を引き受けることはできなかったのだろうか。私が用心深くナウエン自身を話題にして話し始めると、彼はこう言った。「きみは事のなりゆきをすっかり誤解しているよ。私は何もあきらめたりしていない。二人の友情から恵みを受けているのはアダムではなく、私のほうなんだ。」

そしてナウエンは、アダムの世話をすることによって受けてきた恩恵を数え上げた。彼が言うには、アダムと過ごす時間は内なる平和を与えてくれる。この充実感と比べると、ほかの高潔な仕事の大部分は、つまらない表面的なものに見えてしまう。その無力で子どもような男性の傍らに初めて座ったとき、学問やキリスト教伝道で成功したいという自身の熱い思いが、いかに競争意識や張り合いに彩られていたか、またいかに強迫的なものだったか気がついたという。アダムはナウエンに、「私たちは精神ではなく心によって、また考える力ではなく愛する力によって人間となる」ことを教えたのだった。アダムの素朴な性質から、人が神に満たされるには「空の状態」――荒野の修道僧たちが探究と修行をさんざん行った後に、ようやく勝ち取ったような空の状態――が必要であることを、ナウエンはおぼろげに理解したのである。

その後のインタビューの間も、ヘンリ・ナウエンは先の私の質問に何度も答えようとした。まるで私がそんなことを尋ねるのが信じられないとでも言うようだった。彼はアダムとの関係からほかにどのような恩恵を受けたか、考え続けていた。ナウエンは新しい種類の内なる平和を楽しんでいた。それは壮麗なハーバードの建物の中ではなく、失禁するアダムのベッドのそばで得た平安だった。私は自分の霊的な貧しさを自覚しながら、デイブレークを後にした。テーマを絞り込み、効率的な作家人生を送れるよう、周到な計画を立てている。それが私だ。けれども学んだ。あわれみ深い人はほんとうに幸いなのだ。その人はあわれみを受けるのだから。

「**平和をつくる者は幸いです……義のために迫害されている者は幸いです。**」この真理は遠回りして私のところにやって来た。偉大な小説家レフ・トルストイはこの真理に従おうとしたが、彼の短気がいつも平和をつくる邪魔をした。トルストイは山上の説教について感動的な作品を書いた。半世紀後、マハトマ・ガンジーというヒンズー教の修行者が、トルストイの『神の国は汝等の衷にあり』（北御門二郎訳、冬樹社、一九七三年）を読み、山上の説教の原則に文字どおりに生きる決心をした。

映画『ガンジー』（リチャード・アッテンボロー監督、英印合作、一九八二年）に、すばらしい場面がある。ガンジーがチャーリー・アンドリュースという長老派の宣教師に自分の哲学を説明しようとする場面である。二人は南アフリカの町中を歩いているとき、若い暴漢に道を塞がれる。アンドリュース牧師は威嚇的な悪漢を見るや、逃げようとする。しかし、ガンジーは彼を止めて言うのである。「新約聖書には、もしも敵が右の頰を打つなら左の頰をも差し出しなさいと書かれているのではないですか。」アンドリュースは口ごもり、その言葉は比喩的に使われていると思うのですが、と答える。それに対してガンジーは、このように返す。「はっきりとはわかりませんが、あなたは勇気を見せなければならない、とキリストは言ったのではないかと思います。つまり、喜んで一度か数回か殴られて、殴り返すつもりもなければ、逃げるつもりもないことを示すのです。そうすれば、人間の本性の中にある何か、彼の憎しみを減らし、尊敬の念を高める何かに訴えることになるのです。キリストはそれを知っていたと思いますし、私はその働きを見てきました。」

何年も後に、マーティン・ルーサー・キングというアメリカ人牧師がガンジーの使った戦術を研究し、それをアメリカで実践しようとした。黒人の多くは非暴力をめぐる論争でキングを見捨て、「ブラックパワー」という大げさな言葉のほうへなびいていった。警官から警棒で十二回も頭を叩かれ、さらに看守の持つ家畜用の突き棒でぶたれたりした後では、非暴力の効果を人々が疑うのも無理はない。しかしキング自身は、決して動揺することがなかった。

ロサンゼルス、シカゴ、ハーレムといった場所で暴動が起きるたびに、キングは町から町へと旅をして、人々の気持ちを静めようとし、またデモ隊に、非道徳的な手段によって道徳の変化をもたらすことはできないことを強く思い出させようとした。それは、山上の説教とガンジーから学んだ原則であり、キングは演説の中でほぼ例外なく、このメッセージをくり返し語っている。キングは言う。「キリスト教は、冠をかぶる前に十字架を背負うのだとつねに主張してきた。クリスチャンであるためには、いかなる困難や苦痛を伴う緊迫した目に遭うとしても、自分の十字架を背負わなければならない。そうすれば、まさにその十字架が私たちの上にしるしを残して贖い、ただ苦しみを通して現れるもっとすばらしい道に導かれる。その時まで、私たちは十字架を背負わなければならない。」

マーティン・ルーサー・キングには弱さもあったが、一つ正しいところがあった。困難も自己保存の本能ももののともせず、平和をつくるという原則に真実であり続けたのだ。彼は殴り返すことがなかった。ほかの人々が復讐を求めたとき、キングは愛を求めた。公民権運動のデモ隊は、警棒や消火用のホースを持ち、うなり声をあげる警察犬を従えた保安官の前でわが身を危険にさらした。実際それが彼らに、長く待ち望んだ勝利をもたらしたのである。歴史家は、ある出来事をきっかけに、公民権運動の大義は、一定数の国民の支持を獲得することができたと言う。それはアラバマ州セルマ郊外の橋の上で、保安官ジム・クラークが部下の警官たちに、丸腰の黒人のデモ行進者たちに発砲させた事件である。アメリカの大衆は、暴力的な不正の行われる場面に恐怖を覚え、ついに公民権法案通過に賛成したのだった。

私はアトランタの、マーティン・ルーサー・キングのいた町の反対側で育った。恥ずかしながら告白すると、キングがセルマやモントゴメリー、メンフィスのような場所で行進を率いていたとき、警察犬を従え、警棒を手にした白人保安官たちの傍らにいたのである。キングの道徳上の欠点にいち早く飛びつきながら、自分の隠された罪はなかなか認めようとしなかった。だが、自分の身体を標的にすることはあっても、決して武器として使おうとはしない、揺るがぬ信仰を持ったキングを見て、私の道徳の固いマメは砕け散った。

キングは口癖のように言っていた。真のゴールは白人を打ち負かすことではなく、「抑圧する者の中に恥の意識を目覚めさせることであり、また抑圧者の間違った優越意識に挑むことである。……目的は和解である。目的は贖いである。目的は大切なコミュニティーを作り上げることである」と。そしてそれこそ、マーティン・ルーサー・キングが最終的に、私のような人種差別主義者の中においてさえ引き起こした変化なのである。

キングも、その前のガンジーと同様、殉教した。彼の死後、一層多くの人々が、正義を要求する手段として非暴力による抗議の原則を取り入れ始めた。フィリピンでは、ベニグノ・アキノの殉死の後、一般市民が通りに集まって祈り、時の政府を倒した。軍の戦車はひざまずいているフィリピン人の前まで進むと、まるで目に見えない力に遮られたようにして止まった。後に一九八九年という特筆すべき年に、ポーランドやハンガリー、チェコスロバキア、東ドイツ、ブルガリア、ユーゴスラビア、ルーマニア、モンゴル、アルバニア、ソビエト連邦、ネパール、チリにおいて、五億人を超える人々が非暴力によって抑圧の軛を断ち切った。こうした場所の多く、とりわけ東欧諸国では、キリスト教会が先頭に立った。抗議者たちは蠟燭を手に賛美歌を歌い、祈りながら通りを行進して行った。ヨシュアの時代と同じく、壁は音をたてて崩れたのである。

平和をつくる者は神の子どもと呼ばれるだろう。義のために迫害されている者は幸いなのだ。天の御国はその人たちのものだから。

「悲しむ者は幸いです。」　私は『痛むとき、神はどこにいるのか』〔訳注・邦題『痛むキリスト者とともに』〕とか『神に失望したとき』といった題名の本を書いたため、嘆き悲しむ人々と共に過ごしてきた。最初は彼らが怖かった。私には彼らの尋ねる質問に対する答えがなかったし、彼らの深い悲しみを目の当たりにしながらばつの悪い思いをしていた。特に記憶に残っている年がある。私は隣人の招待を受け、近くの病院で、ある治療グループに加わった。「今日を実りあるものに」と呼ばれていたそのグループは、死期の近づいた人々で構成されていた。私は隣人につき合って、その集まりに一年通った。

その集まりが「楽しかった」とは言えない。そんな言葉は不適当だと思う。だが私にとって、この集まりは毎月の最も意義深い行事の一つとなった。参加者が地位や権力をほのめかしながら、互いに印象づけ合おうとするパーティーとは対照的に、このグループではだれも自分を印象づけようとはしなかった。服、流行、アパートの家具、仕事上の肩書き、新車――死期の迫っている人々にとって、そんなものに何の意味があるだろう。それまでに会った人々の中でだれよりも、「今日を実りあるものに」グループの面々は、究極的な問題に注意を集中させていた。私はいつの間にか、浅薄で享楽的な友人たちにも、この集まりに出てほしいと願っていた。

その後、苦しみや悲しみの中にいる人々から学んだことに関して物を書くと、面識のない人たちから便りが届くようになった。私の持っている三つのファイルは、それぞれ数インチの厚さがあり、こうした人々からもらった手紙でいっぱいになっている。私にとって何より大切なものである。その中に、青い罫線の引かれた便箋にしたためられた二十六ページにも及ぶ手紙がある。四歳の娘さんが脳腫瘍の手術を受けているときに、母親が控室で書いたものだ。また、四肢の麻痺した患者が息を管に送り込み、それをコンピューターが翻訳して手紙に印刷するという方法で「書いた」手紙もあった。

手紙をくれた人々の話の結末は、楽しくないものが多い。依然、神に見離されたと感じている人々もいる。「なぜ?」という質問に、答えを見いだした人はほとんどいない。しかしイエスは、悲しむ者は慰められると約束した。私はその約束を信じる信仰を、いくつかの悲しみを通して獲得した。

個人の家で行われている二つのささやかな活動を紹介しよう。どちらも深い悲しみから生まれ出たものである。一つ目は、カリフォルニアに住む女性が、最愛の息子がＨＩＶに感染し、余命いくばくもないと知った時に生まれた。その若者は同性愛者だったため、母親は、教会からも地域からもほとんど同情や支えを受けることがなかった。強い孤独感と無力感に陥った彼女は、ニュースレターの発行を思い立つ。それは今、同性愛の子どもを持つ親たちを結びつけるネットワークとなっている。彼女は専門的な救済策を提供しているわけでも、魔法のような治療法を約束しているわけでもないが、今や何百万という親たちがこの勇気ある女性を命の恩人と思っている。

もう一人、ウィスコンシン州の女性は、海兵隊のヘリコプター墜落事故でひとり息子を失った。何年も、悲しみの暗雲から逃れられなかった。息子の部屋は、息子が出て行った時のままにしておいた。やがて、ヘリコプターの墜落事故がどれほど頻繁にニュースで報道されているかに気づくようになった。同じような悲劇に直面している家族のことを考えては、何か力になれないか思案し続けた。今では軍用ヘリコプターが墜落するたびに、手紙や有用な品物を入れた包みを国防相の担当官に送り、そこから被害者の家族に転送してもらっている。そのうち約半数の家族が、定期的に便りをくれるようになった。このウィスコンシンの女性は自分の隠れ家で、自身の作り上げた「苦しむ人々のコミュニティー」の指揮を執っている。彼女の始めた活動が、息子を失った悲しみを解決することはもちろんなかったが、この活動に彼女は意義を感じるようになった。もはや自分の悲しみに対して無力感を持ってはいない。

最高に効果的な癒し人とは、ヘンリ・ナウエンが「傷ついた癒し人」と呼ぶ人であることを、私は理解した。悲しむ者は幸いである。その人は慰められるからだ。

「義に飢え渇いている者は幸いです。」　ある意味で、この山上の説教に関する長たらしい説明の中で私が言及した人々はみな、イエスのこの最後の約束を証明している。貧しい人々や無力な人々の中に自らの人生を投じている「奉仕者」たち。きよくあろうと奮闘するフランソワ・モーリヤック、アダムに入浴させ服を着せてやっているヘンリ・ナウエン、マーティン・ルーサー・キングと非暴力の遺志を継ぐ弟子たち、自らの悲しみを乗り越え、他者に手を差しのべる同性愛者の子を持つ母親や海兵隊パイロットの母親たち――この人たちはみな、義に飢え渇く心の痛みに応えている。そして、来たるべき世においてだけでなく、この世においても報いを受けている。

一人のアルバニアの修道女は、閉鎖的な修道院で、コルカタの最も富裕なベンガル人やイギリス人の娘たちに地理を十六年間教えていた。ところがある日、ヒマラヤへ向かう鉄道の旅の途中、道を変更して、貧しい人々の中でも最も貧しい人々に伝道しなさいという呼びかけを聞く。マザー・テレサが以前の仕事より、後の仕事のほうにより大きな充足感を見いだしたことを、真剣に疑う人がいるだろうか。私は、聖徒も普通の人々もこの原則を立証しているのを見ることが非常に多いので、福音書がイエスの教えの一つを、なぜほかのものよりも多くくり返して言っているのか、今では理解している。

「いのちを救おうと思う者はそれを失い、わたしのためにいのちを失う者は、それを見いだすのです。」

（マタイ一六・二五）

イエスは命を破壊するためではなく、私たちが命を存分に持つようになるため、「いのちを得、またそれを豊かに持つため」に来たと語った（ヨハネ一〇・一〇）。しかし逆説的に、私たちは豊かな命を、当てにしてこなかった仕方で得るのである。ほかの人々のために自分を投げ出すことによって、正義のために勇気ある立場を取ることによって、弱く無力な人々に伝道することによって、自分ではなく神を追い求めることによって、命を得るのである。今述べてきた人々はみな、困難を背負って生きているが、私はあえて彼らをかわいそうとは思わない。彼らはそのすべての「犠牲」にもかかわらず、十分活き活きしているように見え、生気をなくしたふうにはとても見えないからだ。義に飢え渇く者は、満ち足りるのである。

八つの幸いの不思議な教えは一見馬鹿らしいものに思われるが、イエスは豊かな命を得るための逆説的な鍵を授けているのである。イエスがほかでも語ったことだが、天国は、どんな抜け目のない投資家でも「大喜びで」、持ち物を全部売って買おうとするほど価値のある宝のようなものだ。それは、この世が提供するどんな物より本物で恒久的な価値を表している。なぜなら、この宝はこの地上でも来たるべき世においても実を結ぶ宝であるからだ。イエスが強調しているのは、私たちが放棄するものではなく、受け取るもののことである。私たちの私利私欲の中に、そのような宝を追い求める思いはないだろうか。

初めて八つの幸いを聞いたとき、どこかの夢想的な神秘家が、不可能な理想を口にしているように聞こえた。だが今では、八つの幸いは、ノーマン・シュワルツコフ司令官と同じくらい実用主義的な、徹底じた現実主義者の口から宣言された真理であると思っている。イエスは、この世の王国と同様、天国においても、人生はどのようなものか知っていた。貧困、悲しみ、柔和、義に対する飢え、あわれみ、きよらかさ、平和をつくること、迫害に特徴づけられた人生の中に、イエス自身が八つの幸いを具現して見せた。もしかするとイエスは八つの幸いを、私たちみなに対してと同様、イエス自身に対する説教でさえあると思っていたのかもしれない。イエスには、これらの厳しい真理を実行する機会が多くあったからである。

※　実際、イエスは当時一般的だったことわざの形式を使い、その反対を指摘したようである。ヴァルター・カスパーによれば、ギリシアやユダヤの知恵文学には、従順な子ども、良き妻、誠実な友、繁栄している人等は幸いであると書かれている。イエスは聴衆が期待していたものに、ひとひねり加えて反対意見を述べたのである。

7　メッセージ――不愉快な説教

キリストの教えに従っているか否か。それは、私たちが完全な理想の域に到達することはできないという自覚を持っているかどうかで測られる。この完全の域にどれだけ近づいているかは目に見えない。見えるのは、私たちが完全かられほど逸脱しているかだけである。

――レフ・トルストイ

八つの幸いは、山上の説教を理解するための第一段階にすぎない。八つの祝福に流れている不朽の真理がわかるようになってずいぶん経ってからも、私は依然、その後の部分に見られる、妥協を許さぬ厳しさに頭を悩ませていた。その完璧を求める性質に、息が詰まりそうになった。イエスは言った。「だから、あなたがたは、天の父が完全なように、完全でありなさい」（マタイ五・四八）。その主張は、敵を愛せという命令と、金銭を与えよという命令の間に、さりげなく挟まっている。神のように完全でありなさい、とは。いったいイエスは何を言おうとしていたのか。

この過激さを簡単に見過ごすことはできない。福音書のほかの箇所にも見られるからだ。裕福な男が、永遠の命を手に入れるには何をしたらいいですかと尋ねたとき、イエスは持っている金を施しなさいと言った。一〇パーセントでも一八・五パーセントでも五〇パーセントですらなく、すべて施せと言った。弟子の一人が、兄弟を七回赦すべきですかと尋ねたときは、「七度まで、などとはわたしは言いません。七度を七十倍するまでと言います」と答えた（マタイ一八・二二）。ほかの宗教が教えていたのは「黄金律」のバリエーションだったが、それは「自分にしてほしくないことは、ほかの人にもしてはいけない」というように、より限定された消極的な言い方をしていた。イエスはこのルールを無限に押し広げ、「何事でも、自分にしてもらいたいことは、ほかの人にもそのようにしなさい」と言ったのである（マタイ七・一二）。

かつて神のように完璧な人生を送った者などいただろうか。かつて「黄金律」に従った者がいただろうか。こんな不可能な理想に、どうやって応えることができるというのだろう。私たち人間は、イエスの「黄金律」より、アリストテレスの「中庸」に近い、常識や適度のバランスのほうが好きなのだ。

＊

友人のバージニア・ステム・オーエンズが、テキサスA&M大学の作文の授業で、山上の説教を題材にした短いエッセーを書くという課題を出した。バイブルベルトが横断しているテキサスのこと、学生たちはこの主題には基本的に尊敬の念を持っているものとバージニアは思っていた。しかし、学生たちの反応から、すぐにその考えは誤りであることに気づかされた。ある学生は、「私の意見では、宗教とは一つの大きな悪ふざけです」と書いた。別の学生は、こう書いていた。「『書かれていることをすべて鵜呑みにすべきではない』という古い警句がありますが、それはこの場合にも当てはまります。」

バージニアは、日曜学校で山上の説教を教わった時のことを思い出した。パステルカラーのポスターの絵には、興味津々で興奮した面持ちの子どもたちに囲まれて、イエスが緑の丘に腰を下ろしていた。怒りや嫌悪感を覚えるなど思いもよらぬことだった。しかし学生たちの思いは違っていた。

「教会で説教されている内容は極めて厳格で、楽しみについては、それが罪か、それとも罪でないか、ということしか考慮されない。」

「私は『山上の説教』について書くのが嫌いだった。読むのが難しいし、完全な人などいないのに、自分は完全でなければならないという気にさせられた。」

「この説教の要求は馬鹿げている。女性を見ることが姦淫になるのだ。これほど極端きまわりなく、馬鹿らしく、非人間的な主張は聞いたことがない。」

「このとき、元気が出てきたんです。」バージニアはそのときの経験をこう書いている。

「イエスなんて馬鹿呼ばわりしてやればいいのだ。その思いには、何かこのうえなく無垢なものがあります。……これこそ真実で、二千年の文化の霧にさえぎられていない、福音に対する原初的な反応でした。……聖書が、正直で無垢な者の耳には一世紀と同様、依然不快なものであるということに、不思議にも元気づけられました。私にとって、それはどういうわけか事の重要性を確認させてくれるものなのです。聖書に特徴的な辛辣な風味は、過去一世紀の間にほとんど失われてしまいましたが、聖書に無知な人がこれほど増えてしまった今、私たちは一世紀の最初の聴衆が置かれていたのとよく似た状況に放り出されているはずなのです。」

不快。辛辣。そう、これらは山上の説教に用いるのにぴったりな言葉である。私は山上の説教の場面を扱った映画を十五本見たが、少しでも原本の持つ不快な響きをとらえているように見えたのは、たった一本だけだった。BBCが低予算で製作した『サン・オブ・マン』（デニス・ポッター脚本、一九六九年）という作品は、混沌と暴力を背景にして、山上の説教を描いていた。ローマ兵は帝国への不法侵入を働いた仕返しを強行すべく、ガリラヤ人の村を侵略した。戦うことのできる年齢に達していたユダヤ人男性は絞殺され、半狂乱になった妻たちは地面に叩きつけられ、赤ん坊さえ「このユダヤ人らに教訓を与える」ために槍で刺し殺された。その血と涙、死者を悼む号泣という騒々しい場面の中に、イエスは燃え立つような目をして踏み込んだのである。

「わたしはあなたがたに言う。自分の敵を愛し、迫害する者のために祈りなさい。目には目を、歯には歯を、そうだね。わたしたちの祖先はこう言った。隣人を愛し、敵を憎め。しかしわたしは、自分の兄弟や自分を愛してくれる者を愛するのは易しいことだ、と言う。取税人だってすることだ！　同族を愛したからといってわたしに喜んでほしいと言うのか。いいや、あなたがたの『敵』を愛するのだ。あなたを蹴り、唾を吐きかける者を愛するのだ。あなたの腹に剣で斬りつけようとする兵士を愛するのだ。あなたを襲い、痛めつける強盗を愛するのだ。聞きなさい！　あなたの敵を愛するのだ！　ローマ兵に左の頬を打たれたら、右の頬も差し出しなさい。権威ある人に一ミリオン歩けと命令されたら、二ミリオン歩きなさい。だれかがあなたの上着が欲しいと言ったなら、シャツも脱いでその人にあげなさい。聞きなさい！　わたしに従うのは難しい、と言おう。わたしが今あなたがたに言っていることは、この世が始まって以来、一度も言われたことのなかったものなのです！」

そうした歓迎されざる助言に対し、村人たちがどのような反応を見せたか、想像がつくことと思う。山上の説教は村人たちを当惑させたのではなかった。激怒させたのである。

＊

山上の説教の初めのほうでイエスは、大部分の聴衆が気をもんでいた、彼は革命家なのか、それとも本物のユダヤ人預言者なのかという疑問に真正面から向き合い、説教した。次の言葉はイエス自身が、自分とトーラーとの関係を説明したものである。

「わたしが来たのは律法や預言者を廃棄するためだと思ってはなりません。廃棄するためにではなく、成就するために来たのです。……まことに、あなたがたに告げます。もしあなたがたの義が、律法学者やパリサイ人の義にまさるものでないなら、あなたがたは決して天の御国に、入れません。」

（マタイ五・一七、二〇）

この最後のくだりに群衆はぎくりとし、強い興味を示したに違いない。パリサイ人も律法学者も、互いに厳しさを競っていた。彼らは神の律法を六百十三のルールに細分化し――二百四十八の命令と三百六十五の禁則――千五百二十一の修正箇所をもって支えていた。彼らは、「あなたは主の御名をみだりに唱えてはならない」という第三の戒律を破らないようにするため、神の名をけっして口にしなかった。性の誘惑を避けるためには、頭を低く垂れて女性を見ないようにするのが常だった（これらの中でも最も慎重な人々は、壁やほかの障害物に始終頭をぶつけていたため、「血だらけのパリサイ人」として知られていた）。安息日を汚さないためには、「仕事」と解釈され得る三十九の活動を禁止した。そうしたプロの聖なる人々の義に、普通の人間の義がどうして「まさる」ことができようか！

山上の説教は、イエスの意味したものを正確に詳述しているのだが、その説明は一世紀パレスチナのユダヤ人はもとより、二〇世紀のテキサスA&Mの学生たちにも恐ろしく馬鹿げて見える。イエスはトーラーを出発点としながらも、どんなパリサイ人よりはるかに徹底して律法を推し進めたし、またどんな修行僧以上に律法を実践した。山上の説教は道徳の領域に新月を持ち込み、それ以降、独自の重力を及ぼし続けてきたのである。

イエスは律法を、だれにも守ることができないものにした。そしてなお、その律法を守れと私たちに要求したのである。いくつか例を考えてみよう。

歴史をひもとけば、人間社会にはつねに殺人を禁じる法律があった。もちろん内容はさまざまである。アメリカでは、自己防衛や配偶者による虐待といった例外的な状況では殺人を容認している。しかし、イエスのように殺人を拡大して定義することは、どの社会も考えつかなかった。


「しかし、わたしはあなたがたに言います。兄弟に向かって腹を立てる者は、だれでもさばきを受けなければなりません。……『ばか者』と言うような者は燃えるゲヘナに投げ込まれます。」

(マタイ五・二二)


私は兄と共に育ったので、この節に思い悩んだ。二人の兄弟が「馬鹿」だの「まぬけ」だのと口にすることなく、思春期の嵐を乗り越えることなどできるだろうか。

またどの社会にも、性の乱交を禁じたタブーがある。今日、少なくともある大学では、男子学生に性的接触の各段階で女性の許可を求めるよう命じている。一方、フェミニスト・グループの中には、ポルノと女性に対する犯罪の間に法律上の関連性を認めさせようとしているものもある。しかし、イエスが述べたほど厳格なルールを提示した社会はかつて存在しなかった。イエスは言った。

「しかし、わたしはあなたがたに言います。だれでも情欲をいだいて女を見る者は、すでに心の中で姦淫を犯したのです。もし、右の目が、あなたをつまずかせるなら、えぐり出して、捨ててしまいなさい。からだの一部を失っても、からだ全体ゲヘナに投げ込まれるよりは、よいからです。」（同二八、二九節）

連続して婦女暴行を働いた者は去勢するべきだという要求を聞いたことはあっても、情欲があるから顔面を損傷させてはどうかという提案は聞いたことがない。実際アメリカでは、情欲は社会で認められた国民的娯楽であり、ブルージーンズやビールの広告、『スポーツ・イラストレイテッド』誌の毎年の水着特集号や、毎月販売されている二千万部のポルノ雑誌の中で称賛されている。大統領候補者だったジミー・カーター氏が『プレイボーイ』誌のインタビューで「心の中では姦淫を犯したことがある」と発言したときの記者団の反応は、ジョン・アップダイクの言った「神経質な犬はしゃぎ」であった。アップダイクは言う。「情欲――唾液のようにはからずも我々の内にあふれだす性的願望――それ自体が邪悪であるという考えは、現代人の耳には何と奇妙なものに聞こえることだろう!」

離婚に関して言えば、イエスの時代のパリサイ人たちは、旧約聖書のルールをどのように解釈すべきか、かんかんがくがくの議論を繰り広げていた。高名だったラビ・ヒレルは、食事を焦がしてしまったというような些細なことであっても、夫は少しでも不愉快な思いをしたならば、妻を離婚することができると教えていた。夫が離婚を決定的なものとするには、「おまえを離婚する」と三回言うだけでよかった。しかし、イエスはそれに反対した。

「しかし、わたしはあなたがたに言います。だれであっても、不貞以外の理由で妻を離別する者は、妻に姦淫を犯させるのです。また、だれでも、離別された女と結婚すれば、姦淫を犯すのです。」

(マタイ五・三二)

最後に、イエスは非暴力の原則をはっきり説明した。イエスの規定したルールを守って生き延びていける者などあるだろうか。

「悪い者に手向かってはいけません。あなたの右の頬を打つような者には、左の頬も向けなさい。」　（同三九節）

私は山上の説教にあるこうした命令や、ほかの厳しい命令に目を凝らしては、それにどう答えたものか自問する。イエスはほんとうに、私が道で出会うどの物乞いにも施しを与えるのを望んでいるのだろうか。消費者としての権利を主張することは一切放棄すべきなのだろうか。先のことについては神を信頼し、保険を解約すべきなのだろうか。情欲への誘惑を避けるため、テレビは処分するのがよいのか。こんな理想的な倫理を日常生活に当てはめることなど、どうすればできるのだろう。

＊

以前、山上の説教を理解するための「鍵」を探して、読書に熱中したことがあった。そして、山上の説教の高邁な理想にまごついたのは私が最初ではなかったことを知り、いくらかほっとした。教会の歴史が始まってこのかた、人間はイエスの絶対的要求と、罪を犯す人間の現実との折り合いをつけようと、抜け目ない方法を考え出してきた。

トマス・アクィナスはイエスの教えを戒めと勧めに分けたが、それを現代風にしてみれば、必須事項と提言と言い換えることができるかもしれない。戒めは、十戒のように普遍的な道徳律を内包している。しかし、怒りや情欲についてイエスが述べたような、もっと理想主義的な命令には、アクィナスは異なった基準を適用した。つまり、そうした理想主義的命令を、私たちは良き模範として受け入れ、実現に向けて懸命になるべきだ。しかし、そこには戒めのような道徳的強制力はない、という基準である。後にローマ・カトリック教会は、アクィナスのつけた区別を集大成し、「大」罪と「小」罪のリストを作った。

マルティン・ルターは山上の説教を、「カイザルのものはカイザルに返しなさい。そして神のものは神に返しなさい」（マタイ二二・二一）というイエスの信条に照らして解釈した。ルターによると、クリスチャンには二重の市民権がある。一つはキリストの国の、もう一つはこの世の国のものだ。山上の説教に見られる極端な考えは完全にキリストの国のものであって、この世の国に適用される考えではない。「自分の敵を愛し」たり、「悪い者に手向かってはいけません」という命令を取り上げてみよう。これらの命令は、当然国家には適用されないものだ！　無政府主義に陥ることがないように、政府は悪に抵抗し、敵を撃退しなければならない。したがって、クリスチャンの兵士は仕事と個人を切り離すべきだ。たとえばクリスチャンの兵士は、心の中では敵を愛せよというキリストの戒めに従いながら、敵と戦い、殺せという命令を実行しなければならないのである。

ルターの時代には、さまざまな再洗礼派の運動が、本質的にほかとは異なったアプローチを選択した。彼らはイエスの率直な命令を骨抜きにしようとする企ては、すべて間違っていると言った。初期の教会は最初の四世紀に、「自分の敵を愛しなさい」というキリストの命令を、ほかのどんな命令よりも頻繁に引用したのではなかったか。山上の説教を単純に読むのだ。イエスは戒めと助言の区別も、仕事と個人の区別もつけていない。イエスは悪い者に抵抗するな、誓うな、貧しい者に施しをしろ、敵を愛せと言った。我々は、できるかぎりイエスの命令に文字どおり従うべきだ。こうした理由で、個人的財産を持たないと誓ったグループもいた。クエーカー教徒のように、誓いを立てたり公僕に帽子を取って挨拶したりすることを拒否し、軍隊はおろか警察を持つことにまで反対する人々もいた。後に、何千人もの再洗礼派の人々がヨーロッパやイギリス、ロシアで殺された。生き残った人々の多くは、何とか海を渡ってアメリカに行き着き、そこに山上の説教の原則に基づいたコロニーや共同体を作った。※

一九世紀のアメリカでは、山上の説教に新しいひねりを加えた神学の運動が出現した。ディスペンセーション主義が、再洗礼派の教えは律法時代の最後の名残りであり、イエスの死と復活の後に到来した恵みの時代がすぐに取って代わったのだと解釈したのである。

そうすると、私たちは山上の説教の厳格な命令に従う必要はないのである。世間で人気の高いスコフィールド聖書は、山上の説教を「純粋な律法」だが「クリスチャンにとって美しい道徳上の適用」を備えていると表現した。

さらに、アルベルト・シュヴァイツァーは別の解釈をしている。彼は山上の説教を、異常な時代が生み出した一連の仮の要求であると見た。この世はヨハネの黙示録にあるように、じきに終末を迎えるという確信から、イエスは一種の「戒厳令」を発動させた。しかしこの世は終わらなかったのだから、私たちはイエスの教えを違ったふうに見なければならない、というのである。

私はこうした思想の動向すべてを一つ一つ研究し、山上の説教をそれぞれの立場の観点から理解しようと試みた。そしてまた、山上の説教の辛辣な要求から何とか抜け出す方法がないかと探っていたことも、認めなければならない。どの派の思想も重要な洞察を提供していたが、盲点も持ち合わせていた。大抵の名医の説明と同じく、アクィナスの戒めと助言という区分も、よくできた常識的な説明だ。だがそれは、イエスの作った区別ではなかった。イエスはむしろ、「姦淫してはならない」という戒めと「……だれでも情欲をいだいて女を見る者は、すでに心の中で姦淫を犯したのです」という助言を同列に置いているように見える。ルターのもたらした解決は思慮深いものに思われたが、第二次世界大戦は、神の国の戒めと、この世の国の戒めを区別する解決は悪用されかねないことを立証してみせた。ルター派クリスチャンの多くが、「ただ命令に従っている」のだ、という明確な道義心をもってヒトラーの軍隊に仕えた。彼らは心の中にキリストへの忠誠を保ちながら、国家の任務を遂行した。

再洗礼派やほかの直解主義者（literalist）について言えば、迫害に対する彼らの非暴力的対応は、教会史の中でも一瞬の輝きを放っている。しかし彼ら自身、山上の説教の各命令を文字どおり実現することはできなかったと認めている。たとえばクエーカー教徒は、アメリカ独立革命の大義を立てるため、山上の説教の命令からの抜け道をうまく見つけ出した。ところが、怒りや情欲に対するイエスの断固とした主張はどうだろう。オリゲネスは何世紀も昔に、情欲に対する警告を文字どおり極端なところまで推し進めたが、教会は恐れて、去勢という彼の解決を禁じたのだった。

ディスペンセーション主義者や破滅的な終末を説く者（apolyptist）たちは、イエスの説教の持つ厳しい要求を避ける賢い方法を見つけたが、彼らは単に「避ける方法」を見つけただけのように思われる。イエス自身は、自分の命令は短期間だけ、あるいは特別な状況においてだけ適用されるなどとは言わなかった。イエスは権威をもって（「しかし、わたしはあなたがたに言います」）、また激烈に（「戒めのうち最も小さいものの一つでも、これを破ったり、また破るように人に教えたりする者は、天の御国で、最も小さい者と呼ばれます……」〔マタイ五・一九〕命令を下したのである。

どんなにがんばってみても、山上の説教を簡単に理解する方法を見つけることはできなかった。軽度の鬱に陥った場合のように、イエスの言葉をめぐる認識上の不協和音のせいで、私は精神的に落ち着かない状態に置かれてしまった。山上の説教が神の基準とするきよらかさを説明しているとするならば、私としては最初からご免こうむってもいいだろうと結論した。山上の説教は、私を向上させてはくれなかった。それどころか、単に私が少しも進歩しなかったことを、これでもかと暴きたてたのである。

＊

最終的に私は山上の説教を理解する鍵を見いだしたのだが、それは偉大な神学者たちの著作の中にはなく、およそありそうもない場所にあった。鍵は、一九世紀ロシア文学の中にあった。トルストイとドフトエフスキーを読んだことによって、山上の説教を律法と恵みの作る寄木細工であると考えるようになったのである。※※
トルストイからは、神の確固たる絶対的な理想を深く尊敬することを学んだ。トルストイは、福音書の中で出合った倫理的理想に強烈に惹きつけられる。しかしその理想を目指して失敗し、最後は疲れ切ってしまった。トルストイは再洗礼派のように、山上の説教にそっくりそのまま従おうと懸命に努力した。その激しいきよらかさの追求に、家族はほどなく大きな負担を感じ始めた。たとえば、イエスが裕福な男にすべてを与えよと命令した箇所を読んだ後、トルストイは農奴を解放し、著作権を譲り、広大な所有地を手放した。野良着に身を包み、靴を手作りし、畑仕事を始めた。妻のソニアは一家の財政的安定が失われようとしていることを腹にすえかね、夫に抗議して、いくばくかの譲歩を引き出した。

トルストイの日記を読んだとき、私は完全主義に向かって突進していた自分の過去をフラッシュバックのように思い出した。トルストイの日記には、家族との争いもさることながら、それ以上にトルストイ自身の中にあった戦いが多く記録されている。トルストイは完全を目指そうとする試みの中で、新しい規則のリストを考案し続けた。狩猟、喫煙、飲酒、そして肉食をやめた。「心の強さを発達させるための規則。高尚な感情を発達させ、下劣な感情を排除するための規則」の下書きをした。しかし、その規則を守るのに必要な自己修練は、一度もやり遂げることができなかった。トルストイは何度か純潔を公然と誓い、寝室を夫婦別々にしようと言った。だが、誓いを長く守ることはできなかった。恥ずかしいことに、十六回に及ぶソニアの妊娠は、誓いを守る能力が彼になかったことを世に言いふらしたのだった。

トルストイがどうにか成し遂げた偉大な善もあった。たとえば、長い中断の後で最後の小説『復活』（上・下、木村浩訳、新潮文庫、二〇〇四年）を書いたが、これは彼が七十一歳の時にドゥホボール派――皇帝による迫害を受けた再洗礼派のグループ――を支持して書いたもので、その印税はすべて、ドゥホボール派のカナダ移住のためにささげたのである。そして前述したように、山上の説教から直接取り上げたトルストイの非暴力哲学は、彼の死後も長く衝撃を与え続け、ガンジーやマーティン・ルーサー・キングといった後世の思想の継承者たちがその実を結んだ。

そうした高潔な理想に強く心を動かされたガンジーのような人々もいれば、自分で説いた理想を実現することができずに惨めだったトルストイを毛嫌いする批評家や伝記作家もいる。率直に言って、トルストイは自分の主張を実行に移すことに失敗した。彼の妻は（明らかに偏った説明の中で）それを上手に表現している。

「彼には本物の温かさなど少しもありません。彼の親切は心からのものではなく、単に自分の原則から来ているのです。伝記には、自分がいかに労働者たちを助けて水の入ったバケツを運んだか書かれるでしょうが、妻には決して休息を与えなかったことや、この三十二年で、わが子に一杯の水を飲ませてやったこともなければ、五分で

も子どもの枕元にいてやって、働きづめの私を少しだけ休ませてやろうとしたことも
ありませんでした。そんなこと、だれ一人知るよしもないでしょう。」

完全を目指して進んだトルストイの激烈な歩みは、決して平安や静穏の類を生み出すことがなかった。死の瞬間まで、彼の日記も手紙も、失敗という痛ましい主題にくり返し戻っていいた。己の信仰について書いたり、その信仰を生き切ろうと試みたりしたとき、理想と現実の反目が悪霊のように彼を悩ました。トルストイはあまりにも正直で、自分を欺くことができなかったので、自らを責める良心を黙殺することができなかった。それはトルストイが、自分の良心の正しさを知っていたからである。

レフ・トルストイはとても不幸な男だった。彼は当時の腐敗したロシア正教会を痛烈に批判し、破門された。自分を高めようとする企てはことごとく失敗の憂き目を見た。自殺の誘惑に抵抗するため、所有地にあったロープはすべて隠し、銃も片づけなければならなかった。トルストイは最終的に、名声や家族、地所、自分自身からも解放される。田舎の鉄道の駅でホームレスの人のようになって事切れたのである。

それでは、私はレフ・トルストイの悲劇の生涯から何を学ぶのだろう。彼の宗教的作品をたくさん読んだが、神の理想に対する鋭い洞察にはいつも感銘を受ける。正義の問題、

お金の問題、人種の問題など、福音はいろいろな意味で私たちの問題を解決するものだ。このように考える人々もいるが、福音は実際、それとは逆に、重荷を増やしていることを私は学んだ。トルストイはそれを目撃しながらも、決して福音の理想を低いものにはしなかった。ただキリストの命令に従順であろうとして、喜んで農奴を解放し、所有物を手放すような生き方を簡単に打ち捨てることはできない。トルストイが福音の説く理想を実現することができてさえいたら――私が福音の理想を実現することができてさえいたら。

批判者たちにトルストイは答えた。神の理想に到達する力が私にないからといって、神の聖なる理想を裁かないでほしい。不完全ながらキリストの名を負っている我々のような者を見てキリストを裁かないでほしい。そうした批判者たちに、晩年のトルストイがどのように返答していたのかを、私信の一部が伝えている。それはトルストイの魂の旅のあらましであり、心から信じた真理を決然と主張する一方、決して十分理解することのなかった神の恵みを哀しげに訴えてもいるのである。

「『おまえはどうなのだ、レフ・ニコライビッチ、おまえはずいぶんとうまく説教しているが、説教どおりのことを実行しているのか。』これは当然きまわりない疑問であり、つねに私に問われている疑問である。いつも、こうやって私を黙らせようとするかのように、勝ち誇ったふうに問われるのだ。『おまえは説教している、だがおまえはどんなふうに生きているのだ。』そして私は、説教などしていない、説教したいという熱い思いはあるが、説教することなどできない、と答える。私は自分の行動を通してのみ、説教することができるのだ。そして、私の行動は堕落している……。またこう答える。私は罪深いし卑劣だ。理想を実現することができないのだから、侮蔑に値する。

だが同時に、正当化するためではなく、単に自分の言行の不一致を説明するために、こう言う。『私の現在の生活を見てください。そして以前の生活を見てください。そうすれば、私が確かに理想を実現しようとしていることがあなたにわかるでしょう。まだその（キリストの教えの）千分の一も実現していませんし、それを恥じてもいますが、実現したいと思わなかったからできなかったのではなく、実現する力がなかったのです。私を取り巻く誘惑の罠から逃れる術を教えてください。助けてください、そうすれば私は実現できるでしょう。たとえ助けがなくても、私はキリストの教えを実現したいと願い望むのです。

私を攻撃してください。これは私が自分でしていることですから。でも私の従っている道、どこにあると思うのかと尋ねてくる人に必ず私が指し示す道を攻撃するのではなく、この私を攻撃してください。私がよく知る帰り道を酔っぱらいながら歩いているとしたら、たとえ右へ左へふらつきながら歩いているとしても、道そのものが正しいことに変わりはないでしょう！　これが正しい道でないのなら、別の道を教えてください。でも、私がよろめいて道に迷ったら、助けてくれなければなりませんよ。ちょうど私にあなたを力づける気持ちがあるように、あなたは私にいつも正しい道を歩ませてくれなければなりません。間違った方向へ導かないでください。私が道に迷ったといって喜ばないでください。喜び勇んで「あの男を見たまえ！　家へ帰ると言ったくせに、沼地に入り込んでいるぞ！」などと大声を上げたりしないでください。いいえ、小気味良さそうに眺めていないで、あなたの手を貸して助けてください。』」

トルストイの宗教関連の作品を読むと、悲しくなる。人間の心を射抜くX線のようなまなざしは、彼を文豪たらしめたが、また、苦しみのクリスチャンともしたのである。産卵しようとする鮭のように、彼は生涯流れに逆らう戦いを続け、最後は道徳的に生きることに疲れ果て、倒れてしまった。

しかし、私はトルストイに感謝もしている。彼の、本物の信仰への絶えざる追求は、払拭することのできない印象を残している。最初にトルストイの小説に出合ったのは、私が

「聖書的幼児虐待」の影響に遅まきながら悩まされていた時期のことだった。私の育った教会にはとても多くの欺瞞があった。というより、若くて傲慢だった私にはそんなふうに思われたのだ。福音の理想と、信徒たちの欠点との間にある大きなギャップを見ると、手の届くはずがないそんな理想など捨ててしまおうとする激しい誘惑に駆られた。

そして、トルストイを発見した。彼は私にとって、何よりも困難な仕事をやり遂げた初めての作家だった。彼は善を悪と同じくらい信じるに値するもの、そして魅力のあるものとしたからだ。私は彼の小説や寓話、短編の中に、道徳の力を噴火させるマグマを見た。トルストイのおかげで、確実に目標を高く持つことができるようになった。

＊

トルストイの伝記を書いたA・N・ウィルソンは述べている。トルストイは「受肉を理解する神学の力が根本的に欠如していることに悩んでいた。彼の信仰は恵みによるものというより、むしろ究極的には律法によるものであり、堕落した世界を貫いている神の目というよりも、人間を向上させようとする計画であった」と。トルストイは水晶のような明晰さをもって、己の不完全さを神の理想という光に照らして見ることができた。だがもう一歩進んで、神の恵みが彼の不完全さをすっかり覆ってしまうという確信には至らなかった。

トルストイを読んで間もなく、彼と同郷のフョードル・ドストエフスキーを知った。ロシアの二大文豪である彼らは歴史の同時期に生き、仕事をした。奇妙なことに、二人は一度も出会うことがなかったが、おそらくそれはかえって良かったのだろう。何から何まで正反対だったからだ。トルストイは明るく晴れやかな小説を書いたが、ドストエフスキーは暗く陰鬱な小説を書いた。トルストイは自分を向上させようとする禁欲的な計画を作り上げたが、ドストエフスキーは酒やギャンブルのために幾度も健康を害し、財産を食い潰した。ドストエフスキーには考え違いも多かったが、あることだけは正しくとらえていた。彼の小説は、トルストイに負けない迫力で、恵みと赦しを伝えているのである。

ドストエフスキーは、その生涯の初期に事実上の復活を経験している。属していた秘密結社が国家反逆罪に問われ、皇帝ニコライ一世の命令によって仲間と共に逮捕されたのだ。ニコライ一世は、若い口先だけの急進主義者たちに、そのゆゆしい誤りを思い知らせようと死刑を宣告し、見せかけの処刑を計画した。彼ら思想犯たちは白い死に装束を着せられ、銃殺隊の待ち受ける公共広場へ連れて行かれた。目隠しをされ、白い埋葬布で身体を覆われ、両手を後ろできつく縛られると、口をあけて見つめている群衆の前を行進し、柱にくくりつけられた。「構え、狙え！」という命令でライフルの打ち金が起こされ、銃口が掲げられたその瞬間、騎兵があらかじめ用意していた皇帝からの伝言を携えて走り寄って来た。そして皇帝の慈悲により、おまえたちには強制労働が課せられることになったと伝えたのだった。

ドストエフスキーは生涯、この経験から立ち直ることができなかった。彼は死の淵をのぞき込んだのである。そしてその瞬間から、人生は彼にとって測り知れないほど貴重なものとなった。ドストエフスキーは言った。「今後私の人生は変わる。私は新しいかたちをとって生まれ変わるのだ。」シベリアへ向かう囚人列車の中で、一人の敬虔な女性から新約聖書をもらう。それは収容所で読むことが許されていた唯一の書物だった。ドストエフスキーは、神の召命に応えるチャンスを神がもう一度与えてくださったと信じ、監禁状態の中で新約聖書を熟読した。そして十年後、揺らぐことのないクリスチャンとしての信念をもって流刑生活から抜け出すのである。次の有名な言葉に、その信念が表されている。「キリストは真理の外にあると私に証明する者がいたら……そのときは、私は真理よりもむしろキリストと共にあることを望むだろう。」

収容所はドストエフスキーに、また別の機会も提供した。そこでは盗人、殺人者、酔った農夫らのそばで生活することを余儀なくされた。そうした人々と生活を共にしたことで、その後『罪と罰』の殺人者ラスコーリニコフのように、彼の小説には無類の人物描写が見られることとなった。人間性には本来善が備わっているというドストエフスキーの自由主義的な物の見方は、同房者に見られた堅固な悪と衝突して砕け散った。だが次第に、最低の囚人たちの中にさえ神の似姿を垣間見るようになる。そして、人は愛されることによってのみ、愛することができるようになるのだと、信じるようになった。使徒ヨハネが言うように、「私たちは愛しています。神がまず私たちを愛してくださったからです」（Iヨハネ四・一九）。

私はドストエフスキーの小説の中で、神の恵みに出合った。『罪と罰』（上・下、工藤精一郎訳、新潮文庫、一九八七年）は、軽蔑に値する犯罪を犯す卑劣な人間を描いている。しかしそのラスコーリニコフの人生にも、回心した娼婦ソニアという人物を通して恵みは同じように入ってくる。ソニアはラスコーリニコフの後を追ってシベリアまで行き、彼を悔い改めに導くのである。『カラマーゾフの兄弟』は、世界文学の最高傑作だと思うが、頭脳明晰な不可知論者イワンと、篤い信仰心を持った弟アリョーシャとの著しい違いを描いている。イワンは人類の失敗や、その失敗を扱うために考案されたあらゆる政治機構を批判するが、解決法を提案することはできない。アリョーシャにはイワンの提起する知的な問題への解決法はないが、人間に対する解決法は持っている。愛だ。彼は言う。「ぼくは悪の問題については答えを知りません。でも、愛のことは知っています。」最後に、『白痴』（上・下、木村浩訳、新潮文庫、二〇〇四年）という不思議な小説の中で、ドストエフスキーは癲癇持ちの侯爵というかたちでキリスト像を描いている。主人公のムイシュキン侯爵はロシア上流階級の人々の中で、彼らの偽善を暴きながら、また彼らの生を善と真理に輝かせながら静かに、神秘的に動いている。

煎じ詰めると、この二人のロシア人は、私がキリスト教信仰の旅の困難な時期にあったとき、霊的指導者となってくれた。彼らの助けによって、クリスチャン生活の中心にある矛盾と、折り合いをつけることができるようになったのである。トルストイからは心の中を見る必要があること、私の心の中にある神の国に注意を向ける必要があることを学んだ。福音の高い理想から、自分がどれほど遠いかを知らされた。しかしドストエフスキーからは、神の恵みの絶対的な広がりを学んだ。私の心の中には神の国があるだけではない。キリスト自身がそこに住んでいるのだ。パウロはローマ人への手紙の中で述べている。

「罪の増し加わるところには、恵みも満ちあふれました。」（五・二〇）

福音の高邁な理想と、私たち自身の恐ろしい現実との緊張を解く方法は、だれにとってもたった一つしかない。私たちは決して理想に届くことはないが、理想に到達する必要もない。それを受け入れることだ。私たちは自分たち自身ではなく、自分たちの中に住むキリストの義によって裁かれる。トルストイは半分正しかった。神の道徳的基準を心地よく感じさせるもの、「ついに私はここまで到達した」というように感じさせるものはみな、残酷な欺瞞である。だがドストエフスキーはもう半分を正しくとらえていた。すべてを赦す神の愛を不快に感じさせるものも、またすべて欺瞞なのである。

「今は、キリスト・イエスにある者が罪に定められることは決してありません。」

（ローマ八・一）

レフ・トルストイは、このメッセージを完全には理解できなかった。

＊

絶対的な理想と絶対的な恵み。ロシアの文豪たちからその二重のメッセージを学んだ後、私はイエスに戻った。そして福音書を貫くイエスの教えは、二重のメッセージで覆いつくされていること、また特に山上の説教にそれが顕著であることを発見した。若く裕福な役人への答えの中で、良きサマリア人のたとえ話の中で、離婚や金銭やほかの道徳的な問題に関する見解の中で、イエスが神の理想を低いものにしたことは一度もなかった。イエスは言った。

「だから、あなたがたは、天の父が完全なように、完全でありなさい。」

（マタイ五・四八）

「心を尽くし、思いを尽くし、知力を尽くして、あなたの神である主を愛せよ。」

（同二二・三七）

トルストイも、アッシジの聖フランシスコも、マザー・テレサもだれも、こうした命令を完璧に守ったことはなかった。

しかし、この同じイエスは絶対的な神の恵みを優しく差し出した。イエスは姦淫を犯した女や、十字架上の盗人、イエスを知らないと言った弟子を赦した。イエスはあの裏切り者のペテロを、教会を創設するために指名し、さらに進んでクリスチャンを迫害しているることで有名だったサウロという名の男に目を向けた。恵みは絶対的で揺らぐことがなく、すべてを包括するものである。恵みはイエスを十字架につけた人々にさえ及ぶ。「父よ。彼らをお赦しください。彼らは、何をしているのか自分でわからないのです」は、イエスが地上で最後に語った言葉の中にあるものだ（ルカ二三・三四）。

私は長い間、山上の説教の絶対的な理想の前に自分は価値がないと強く思っていたため、この説教に恵みの概念が入っていることを見落としていた。しかし、この二重のメッセージを理解してから山上の説教に戻ってみると、そこには恵みのメッセージがあふれていた。それは八つの幸い――心の貧しい者、悲しむ者、柔和な者は幸いです。絶望している者は幸いです――で始まり、主の祈りへと向かっている。


「私たちの負い目をお赦しください。……私たちを……悪からお救いください。」

（マタイ六・一二、一三）


イエスはこの偉大な説教を、困難な状態にある人々のためにやさしい言葉で語り出し、やがて断酒会の十二ステップの模範となった祈りに至る。断酒会のアルコール依存症患者は言う。「今日一日を。」クリスチャンは言う。「私たちの日ごとの糧をきょうもお与えください。」神の恵みは、絶望した人、困難にある人、悲嘆に暮れた人、自分自身の力ではやっていけない人たちのためにある。恵みは、私たちすべての者のためなのである。

私は長年、山上の説教をだれも真似することのできない人間の行為の青写真だと思っていた。だがもう一度読んでみると、イエスは私たちを困らせるためではなく、私たちに「神」がどのようなお方であるかを伝えるために、あれらの言葉を語ったことに気がついた。神の性質が、山上の説教の原譜なのである。なぜ敵を愛さなければならないのか。それは私たちの慈悲深い父が、太陽を邪悪な者の上にも善良な者の上にも昇らせてくださるからだ。なぜ完全でなければならないのか。神が完全であるからだ。なぜ宝を天に積むのか。父なる神がそこに住み、私たちに豊かに報いてくださるからだ。なぜ恐れや思い煩いを抱かずに生きるのか。野のユリや草を装ってくださる神が、私たちの面倒をみると約束してくださったからだ。なぜ祈るのか。地上の父が息子にパンや魚を与えるのなら、天の父はそれよりはるかに多く良い贈り物を求める者に与えてくださるはずだからだ。

　どうして私はこのことに気がつかなかったのだろう。イエスは、私たちがトルストイのように眉根をよせて、完全になれない自分に絶望するために山上の説教を語ったのではない。イエスは、それに向かってつねに努力すべき神の理想を私たちに告げるため、しかしまた、私たちのだれもその理想に到達することなど望めないことを示すためにも、山上の説教を語ったのだ。山上の説教は神と私たちとの大きな隔たりを否応なく認識させるものであり、その説教の要求を弱めることでこの距離を縮めようとする試みは何であれ、まったく的を外している。

最悪の悲劇は、山上の説教を別のかたちの律法主義に変えてしまうことだろう。山上の説教は、あらゆる律法主義に終わりを告げさせるものだ。パリサイ派のような律法主義はいつでも失敗するものだが、それは律法主義が厳しすぎるためではなく、厳しさが徹底していないためである。殺人者も癇癪持ちも、姦淫を犯した者も好色漢も、盗人も貪欲な者も、私たちはみな、神の前には同等の場所に立っていることを、山上の説教はとどろくように、また議論の余地もなく証明しているのである。私たちはみな絶望的であり、実際それが、神を知りたいと思う人間に唯一ふさわしい状態なのである。絶対的な理想からは落ちてしまっている私たちには、絶対的な恵みという安全ネットの中以外に着地すべき場所がないのである。

※　再洗礼派への応答の中で、ルターはあるクリスチャンのことを次のように冷笑した。自分は害虫を殺さないからといって、虱《しらみ》に食われるままになっている人がいたが、彼は「悪に抵抗しなさい」という命令を無視する危険を冒していたことになるのだ、と。

※※　一九七〇代初期、マルコム・マゲリッジはソ連の知的エリートたちが霊のリバイバルを経験していると聞いて驚いた。イギリスに亡命していたアナトーリ・クズネツォフはマゲリッジに、ソ連には霊的な問題を探究していない作家、芸術家、音楽家など一人も

いないのだと語った。マゲリッジは言った。「私は彼（クズネツォフ）に、これほど大規模な反宗教の洗脳を市民に施し、福音書を含むあらゆるキリスト教文学が不在とされている状況下で、どうしてこんなことが起こり得たのかと尋ねた。彼の返事は記憶に残るものだった。現代のキリスト教信仰を最高に完璧なかたちで提示した、トルストイとドストエフスキーの作品を権力者たちが発行禁止にし忘れたからだ、と言ったのである。」

8　使命——恵みという革命

慈悲の性質は、無理がないことである。それは、天から静かに落ちてくる雨のようだ……そして正義が慈悲に味を添えるとき、この世の力は神の力にいちばんよく似たものとなる。

——シェークスピア『ベニスの商人』

シカゴのクラスで福音書を読み、イエスの生涯を描いた映画を見るうちに、私たちは驚くべきパターンに気がついた。どうかと思うような人物ほど、イエスのそばにいて安心できるようなのだ。彼らはイエスを魅力的だと思った。社会からのけ者にされていたサマリア人、暴君ヘロデの軍将校、裏切り者の取税人、七つの悪霊にとりつかれていた女。

それとは対照的に、イエスは社会的に尊敬されるタイプの人間からは、冷たいあしらいを受けていた。敬虔なパリサイ人はイエスを粗野で世俗的だと思い、若い裕福な役人は頭をかかえて去って行った。そして新しい考えを柔軟に受け入れるニコデモでさえ、イエスとは人目につかない暗い所で会おうとした。

このパターンがどれほどおかしなものに見えるかを、私は授業の中で指摘した。現在のキリスト教会は、だれよりもイエスを疑わしく思っていた人々とよく似た、社会的に尊敬されるタイプの人間を惹きつけているからだ。何がイエスの時代のパターンを逆転させてしまったのか。なぜ、罪人たちは私たちのそばにいるのが「好き」ではないのか。

社会からはじき出された人たちを支援している、シカゴの友人から聞いた話を思い出した。悲惨な状態に陥った娼婦がやって来た。ホームレスで健康状態も悪く、二歳になる娘に食べ物を買うことさえできずにいた。麻薬を買う金欲しさに、たった二歳の娘を、変態セックスを趣味とする男たちに貸し与えてきたと涙ながらに告白した。友人は耐えがたい思いをしながら、卑劣な話を詳しく聞いた。かける言葉も見つからず、黙ったまま座っていたという。やっとのことで、教会に助けを求めようと考えたことはありますか、と尋ねた。「彼女の顔をよぎった、あの純粋な驚愕の表情を忘れることはないだろう」と、後に彼は語った。「教会ですって！」　女性は叫んだ。「あんな場所、行くもんですか。今よりもっとひどい気持ちにさせられるだけよ！」

どういうわけか、私たちは教会の中に立派な人々のコミュニティーを作ってしまったようだ、と私はクラスのみんなに言った。人生や社会からはじき出された人たちは、イエスが地上にいたとき、その周りに集まっていたのに、今ではもはや歓迎されていると感じていない。歴史上、唯一の完全な方イエスは、どうやって不完全との悪評高い人々を魅了することができたのだろう。そして今日、イエスに倣おうとする私たちを妨害しているものは何なのか。

クラスのだれかが、教会の律法主義が厳しい規則という障壁を作って、未信者を不愉快にさせているのではないかと言った。キリスト教系の大学や原理主義の教会を経てきた人々が、その苦労話を口々に語り始めると、議論はにわかに新しい方向へ傾いた。私は七〇年代初めに味わった困惑を語った。あの伝統と格調あるムーディー聖書学院は、この教会の通りからわずか四ブロックの所にあったが、当時、男子学生は顎鬚、口髭、耳の下まで髪を伸ばすこと一切が禁止されていた。学生たちは毎日列をなして、ムーディーの大きな肖像画の前を通り過ぎた。しかし、ドワイト・L・ムーディーは毛むくじゃらで、先の三つの規則をすべて破っていたんだがね。私はそんなふうに語った。

みな笑った。グレッグ以外は。グレッグは座ったままもじもじし、わだかまりをつのらせていた。その顔がぱっと赤くなったかと思うと、怒りのために青ざめた。やがてグレッグは手を上げ、憤怒の念を吐き出した。言葉が途切れ途切れになっていた。「こんなところにはいたくない。」グレッグの言葉に、部屋は静まりかえった。「きみたちは、ほかの人々をパリサイ人だといって非難している。ぼくに言わせれば、ほんとうのパリサイ人はきみたちだ。あなた（私を指さした）だし、このクラスにいる残りの全員だ。みな自分は高尚で偉大で成熟していると思っている。ぼくはムーディーの教会のおかげでクリスチャンになった。きみたちは、軽蔑することのできるグループ、霊的に劣ったグループを見つけ、その悪口を言っている。それこそパリサイ人のすることだ。きみたち全員がパリサイ人だ。」

クラス全員の目が返答を求めて私のほうを向いたが、私は何も言えなかった。グレッグは私たちを現行犯で捕まえたのだ。思いがけず霊的傲慢に陥っていた私たちは、今、ほかの人々をパリサイ人だといって馬鹿にしていた。一時逃れができないものかと時計にちらっと目をやったが、そんなうまい具合にはいかなかった。授業時間は十五分も残っていた。良い考えが浮かぶのを待ってみたが、駄目だった。沈黙は重苦しさを増していった。私は戸惑い、にっちもさっちも行かない思いでいた。

そのとき、ボブが手を挙げた。ボブはまだこのクラスに入ったばかりだった。しかし私は自分を救ってくれた彼に、死ぬまで感謝を忘れないだろう。ボブは敵意を取り除くような物柔らかな口調で話し始めた。「グレッグ、きみが出て行かなかったこと、嬉しく思うよ。ぼくたちにはきみが必要なんだ。きみがここにいてくれてよかった。それでぼくがこの教会に来るようになった理由をきみに話したいと思う。

ずばり言って、ぼくはフィリップが言っていたシカゴの娼婦と同じだ。薬物依存症だったんだ。それで教会に助けを求めに行こうなんて、これっぽっちも思わなかった。でもこの教会では毎週火曜日に、ぼくたちが今座っているこの地下の部屋で、アルコホリック・アノニマス（ＡＡ）の支部会が開かれていた。ぼくはそのグループに参加するようになり、そのうち、煙草の吸殻、こぼれたコーヒーや何やかやを歓迎しているＡＡグループがあるんだから、この教会はそんなに悪いはずもないと判断して、礼拝に定期的に出るようになった。断っておくけれど、階上の人々が最初は怖かった。ぼくはやっとのことで生きているっていうのに、あの人たちは平穏無事に過ごしているように見えたんだ。この教会の人たちはかなりラフな恰好をしているとは思うけど、ぼくにとってはブルージーンズとＴシャツが、一番良い服だった。でも、どうにかプライドを呑み込んで、火曜日の夜だけでなく日曜日の朝も来るようにした。だれもぼくを避けたりしなかった。みな手を差しのべてくれた。ぼくはここでイエスに出会ったんだ。」

ボブが気取らない言葉で話しているうちに、まるでだれかが気密室の扉を開けたかのように、緊張は部屋からすっかり抜け出ていた。グレッグは落ち着きを取り戻し、私は自分もまたパリサイ人だったことを口ごもりながら詫び、授業はまとまった雰囲気のうちに終わった。ボブは私たちを、同じようにどうしようもなく神を必要としている罪人である、という共通の地盤に引き戻していた。

授業の最後に私は質問した。教会が、娼婦や取税人、それに罪の意識を持っているパリサイ人も喜んで集まって来るような場所となるには、何が必要だろうか、と。

＊

イエスは罪人の友だちだった。彼らはイエスのそばにいることが好きで、イエスがいっしょにいてくれることを望んだ。一方、律法主義者たちはイエスのことを不愉快きまわりなく、吐き気をもよおすとまで思った。私たちが見失ってしまったイエスの秘密とは何だろう。

「どんな人物かは、その交わる友によってわかる」と、ことわざは言う。その原則を、ナザレのイエスに当てはめようとした一世紀パレスチナの人々の仰天ぶりを想像してみるがいい。福音書は、イエスが夕食の招待に応じた八つの場面を記している。そのうち三つ（カナの結婚式、マリアとマルタのもてなし、復活後のイエスが中断させたエマオの食事）は、通常の友だち同士が交流する場面だが、あとの五つは、社交上妥当とされるルールのすべてを無視している。

イエスは「ツァラアトに冒されたシモン」と食事をしたことがあった。パレスチナでは、情け容赦のない戒律が、ツァラアトを不名誉なものと決めつけていた。この病に苦しむ者は、町の壁の外で暮らし、だれかに近づくときは「汚れている！」と叫ばなければならなかった。しかしイエスはそうしたルールを無視し、この不名誉な病を名前の一部としている男のテーブルに寄りかかった。なお悪いことに、その食事の間、評判の芳しくない女がイエスの頭に高価な香水をふりかけた。マルコによると、イスカリオテのユダは嫌悪を覚えて食事の席を立ち、真っ直ぐ大祭司のところへ向かって、イエスを裏切ったという。

違う場面の中に、びっくりするほどこれに似た出来事がある。イエスはまた別のシモンという男と食事を共にしたのだが、ここでも一人の女がイエスに香油を塗り、髪の毛と涙でその足を拭ったのである。このシモンはしかし、根っからのパリサイ人で、女の無分別な行為にたじろいだ。そのとき、イエスの返した辛辣な答えを見れば、シモンのような優れた市民より、「罪人や取税人」と共にいるほうを好んだ理由がわかる。


「この女を見ましたか。わたしがこの家に入って来たとき、あなたは足を洗う水をくれなかったが、この女は、涙でわたしの足をぬらし、髪の毛でぬぐってくれました。

あなたは、口づけしてくれなかったが、この女は、わたしが入って来たときから足に口づけしてやめませんでした。あなたは、わたしの頭に油を塗ってくれなかったが、この女は、わたしの足に香油を塗ってくれました。だから、わたしは『この女の多くの罪は赦されている』と言います。それは彼女がよけい愛したからです。しかし少ししか赦されない者は、少ししか愛しません。」

（ルカ七・四四〜四七）

少なくともあと一回、イエスは著名なパリサイ人のもてなしを受けている。ユダヤ教の指導者たちは二重スパイのように、イエスの後をつけたり食事に招いたりしながら、その挙動に逐一目を光らせていた。安息日であるにもかかわらず、イエスはまるで挑発するように、水腫を患う男を癒した。そして、立身出世をはかろうとするパリサイ人の宴会と、「貧しい人や、体の不自由な人や、目の見えない人や、足の不自由な人」にまで対象を広げて催される神の宴会との痛烈な違いを浮き彫りにした。福音書は、ほかの優れた市民との食事は記録していないが、それがなぜなのか私には容易にわかる。イエスは、ご機嫌とりをする晩餐の客にとっては、用なし同然だったのである。※

私たちの知る最後の二回の食事は、「税取立人」あるいは取税人の家でもたれた。いつの時代でもそうだが、イエスの時代には特に不人気な部類の人間であり、歩合制で税を集め、土地の人からむしり取れるだけの利益をふところに入れていた。大抵のユダヤ人は取税人をローマ帝国に仕える裏切り者と見ていた。「税取立人」という言葉は、強盗、山賊、殺人者、放埒な人間と同義語だった。ユダヤの裁判所は取税人の出す証拠は不当だと考えた。そして取税人の金は、見下げた手段で得た金だからという理由で、貧者への施しとして受け入れられることもなければ、両替に使われることもなかった。

イエスはどちらの取税人の家にも意図的に押しかけた。村八分にされていたザアカイは背が低かったので、イエスを見るには木に登らなければならなかった。イエスは彼に目を留めると、木から下りておいでと声をかけ、おまえの家に泊まらせてくれと頼んだ。群衆はぶつぶつと不満の意を洩らしたが、イエスは彼らの文句を「人の子は、失われた人を捜して救うために来たのです」（ルカ一九・一〇）と言って受け流した。もう一人の嫌われ者レビにイエスが出会ったのは、レビが民衆の憎む税を取税所で徴収していた最中であった。そこでイエスは群衆に向かって言った。「医者を必要とするのは丈夫な者ではなく、病人です」（マタイ九・一二）。

イエスと夕食を共にした多彩な顔ぶれについて書かれたくだりを読みながら、私はイエスがなぜあるグループ（罪人）を快く思い、もう一方のグループ（敬虔な人々）をあれほど不快に思ったのか、それを説明する手掛かりを探し求めた。手掛かりは、パリサイ人と明らかに罪人である男を併記している、福音書のもう一つの場面の中にあった。パリサイ人は姦淫を犯した女を、その現場で捕まえた（ヨハネ八・一〜一一参照）。姦淫は死刑に相当する犯罪だった。私たちにどうしろと言うのですか、とパリサイ人はイエスに尋ねた。道徳とあわれみのせめぎあいの中に、イエスを陥らせようと思ったのである。

イエスは少しの間、無言で地面に何か書いていた。それから非難する者たちに向かってこう言った。「あなたがたのうちで罪のない者が、最初に彼女に石を投げなさい。」だれも彼もがぞろぞろと行ってしまうと、イエスは萎縮している女のほうを向き、「あの人たちは今どこにいますか。あなたを罪に定める者はなかったのですか」と尋ねた。

「わたしもあなたを罪に定めない。行きなさい。今からは決して罪を犯してはなりません。」
（同一一節）

この緊迫した場面は、イエスの生涯における明確な原則をさらけ出している。イエスは、人が抑え込んでいた罪を表に出すが、率直に認めた罪はすべて赦すのだ。姦淫を犯した女は赦され、命拾いをして去って行った。パリサイ人たちは胸にぐさりとイエスの言葉を受け、こそこそと立ち去った。

娼婦や取税人をはじめ名うての罪人たちがイエスにたちどころに反応したのは、おそらく彼らがある程度、自分たちが間違っていることを知っていて、神の赦しに強く惹きつけられたためだろう。C・S・ルイスが言ったように、「娼婦の場合には、自分たちの生活に満足しきっているために神の方に向き直ることができないといった危険が存在しないのです。一方、誇り高い者、貪欲な者、自己の正しさに頼むところがある者こそ、そうした危険に瀕しているのです」。

＊

イエスのメッセージは、一世紀ユダヤ人の中で種々雑多な反応に出合った。ユダヤ人の多くは、イエスの説いた恵みや万人を招く宴会のメッセージより、いなごを食べ、裁きと怒りのメッセージを語るバプテスマのヨハネの流儀を好んだ。私は律法主義の環境で育ったので、このように奇妙にも人が律法のほうを好むわけを理解することができる。神の恵みは捕まえにくく微妙で、理解しがたいものだった。しかし、罪は具体的で、目に見え、容易に非難の対象となった。律法の下では、つねに自分がどの位置に置かれているかを知ることができた。

ウェンディ・カマイナーは、キリスト教を理解しようと試みている現代ユダヤ人だが、

「信仰箇条の一つとしては、この恵みによる、それもただ恵みだけによる救いという教義に、私はまったく魅力を感じない。思うに、行動よりも信じることに価値を認める神を理想とするなど、正義を著しく軽んじるものだ。（非常に古いジョークで）私たちを高いところから見おろし軽蔑し、『人間には、わたしが存在するかどうかでもう思い悩まず、わたしの命令に従ってほしいものだ』と言う神のほうが私は好きだ」。

実際は、私たちクリスチャンにとっても、単に「わたしの命令に従いなさい」と言う神に従うほうが易しく思われるのかもしれない。

イエスの時代のユダヤ人は、神のほうへ向かって高く高く伸びている梯子を思い描いていた。それは神殿建築そのものが表しているヒエラルキーだった。異邦人やサマリア人のような「混血」は、外側の異邦人の庭にだけ入ることが許されていた。次の区分はユダヤ人女性が入る場所で、異邦人の区分とは壁で仕切られていた。ユダヤ人男性はさらにもう一段階先へ進むことができたが、聖所に入ることができるのは祭司だけだった。最後は、たった一人の祭司、大祭司だけが至聖所に入ることができたのだが、それは一年に一度、贖罪の日（ヨム・キップール）に限られていた。

その社会は実質的に、きよらかさに至るさまざまな段階を基礎に置いた宗教的カースト制度であり、パリサイ人の几帳面さは、この制度を日々の生活にも強要した。手を洗ったり不潔を避けたりするルールはすべて、神に受け入れてもらおうとする企てだった。神は、犠牲に使うのに望ましい（欠点のない）動物と、望ましくない（欠点のある、不潔な）動物をリストに明記しなかっただろうか。神は罪人や生理中の女、障がい者やほかの「望ましくない者」が神殿に入るのを禁じなかっただろうか。エッセネ派のクムラン教団は、確固たる規則を作っていた。「精神障がい者、心神喪失者、ぼんくら、愚か者、視覚障がい者、足の不自由な者、聴覚障がい者、未成年者はこの教団に入ることはできない。」

この宗教的カースト制度の真っ只中に、イエスは現れた。パリサイ人が狼狽したことに、イエスは何のためらいもなく、子どもや罪人、サマリア人らとつき合った。障がい者、長血を患う女、悪霊にとりつかれた者など「汚れた」人々に触れたり、触れられたりした。レビ記の律法は、病人に触れた後は一日きよめの日を持つようにと教えているが、イエスはたくさんの癒しを行って多くの病人に触れた。病人や死人と接触したときも、汚れたものに触れた場合の規則にはお構いなしだった。

イエスの起こした革命的変化から一例だけ取って、イエスの女性に対する態度を考えてみよう。当時、どのシナゴーグで行われた礼拝でもユダヤ人男性はこう祈った。「主よ、あなたをほめたたえます、あなたは私を女に造りませんでした。」女性は別の場所に座り、定足数に数えられることはなく、トーラーの教えを受けることもあまりなかった。社会生活では、家族以外の男性と話をする女性はほとんどおらず、夫以外の男性に触れてはいけなかった。しかしイエスは自由に女性とつき合い、弟子として教えを授けた女性も幾人かいた。五人の夫を次々に持ったサマリア人女性の肩をイエスはぽんと叩き、霊的覚醒へと導いた（注目すべきことに、イエスは「彼女に」助けを請うところから会話を始めた）。娼婦が香油を塗るのを、イエスは感謝して受け入れた。女たちはイエスの弟子たちと共に旅をしたのだから、大きく取り沙汰されたに違いない。女たちはイエスのたとえ話や説明の中に登場し、彼女たちのためにイエスはよく奇跡を起こした。聖書学者ウォルター・ウィンクによると、イエスは四福音書の中で女性と出会うたびに、当時の道徳観に背くようなことをした。実際パウロが後に言ったように、キリストにあっては「ユダヤ人もギリシヤ人もなく、奴隷も自由人もなく、男子も女子もありません」※※（ガラテヤ三・二八）。

実に女性やほかの抑圧された人々のため、イエスは当時一般に認められていた知恵をひっくり返したのだった。パリサイ人は、汚れた者に触った者は汚れてしまうと信じていた。だがイエスはツァラアトの人に触っても、汚れなかった。ツァラアトはきよくなったのだ。不品行の女がイエスの足を洗うと、「彼女は」赦されて立ち去り、すっかり変わってしまった。イエスが異教徒の家に入る時のならわしを無視したとき、その異教徒の召使いは癒された。言葉においても行動においても、イエスは革新的な、神の恵みという福音を宣言していた。きよくなるために、人はエルサレムまで旅をする必要もなければ、犠牲をささげたり、きよめの儀式を執り行ったりする必要もない。しなければならないことはただ一つ、イエスに従うことだった。ウォルター・ウィンクが言うように、「きよさに感染すると、汚れの感染を克服してしまう」。

要するに、イエスは強調点を神のきよさ（排他的）から神のあわれみ（包括的）へと移したのである。「望ましくない者は入ってはいけない」というメッセージに代わって、「神の国には、望ましくない者などいない」と宣言したのである。あえて異邦人と会い、罪人と食事をし、病人に触れることによって、イエスは神のあわれむものの範囲を拡張した。ユダヤ人指導者にとって、イエスの行動は彼らの宗教的カースト制度の存在そのものを危うくするものだった。彼らが、イエスに二十回以上も陰謀を企てようとしたことが福音書に記録されているのも不思議はないことだ。

偽善的なパリサイ人と嘆き悲しむ取税人を対照的に描いたイエスの話は、恵みによるスケールの大きな福音をごく簡潔にとらえている（ルカ一八・一〇～一四参照）。週に二回断食し、十分の一献金を期日に収めているパリサイ人は、自分が強盗や悪事を働く者、姦淫を犯す者にまさっていること、そして横に立っている取税人よりもはるかに優れていることを、偽善的に神に感謝した。取税人のほうは、自分を恥じるあまり目を天に向けることさえできなかった。彼は簡単きまわりない祈りをささげた。「神さま。こんな罪人の私をあわれんでください。」イエスはこう断言した。「あなたがたに言うが、この人が、義と認められて家に帰りました。」

イエスの話から、行動は問題でないし、戒律を守る律法主義者と強盗や悪事を働く者、姦淫を犯す者の間に道徳上の違いはないのだろう、と推し量ることはできるだろうか。もちろん、できない。行動はいろいろな点で重要である。これは単に、どうやったら神に受け入れられるかという問題ではない。懐疑的なA・N・ウィルソンは、イエスのパリサイ人と取税人のたとえ話に次のように意見している。「これは衝撃的な、道徳的に無秩序な話である。この話で重要なことと言えば、赦しに対する神の度量の広さだけのように見える。」まさしくそのとおりなのだ。

＊

イエスはこの世との関わり合いの中で、八つの幸いに告知されている「どんでん返し」を実践した。この世では通常、金持ちや美男美女、成功者が尊敬される。しかし神の恵みは、この世に新しい論理で動く世界を導入する。神は貧しい者、苦しむ者、迫害されている者を愛するのだから、私たちもそうすべきなのだ。神の目には望ましくない者など見えないのだから、私たちの目もそうあるべきなのだ。イエスは自身を例に、エイレナイオスが「恵みによって癒された目」と呼んだものによってこの世界を見よと、私たちに挑んだのである。

その使命は、イエスのたとえ話に強調されている。イエスは貧しい者や抑圧された者を話の英雄にすることが多々あったからである。そうした話の一つに、ラザロという貧しい男――イエスのたとえ話で唯一名前を持った人物である――を主人公に描いたものがある。ラザロは金持ちの男に搾取されていた。最初、金持ちの男は贅沢な着物や食べ物を楽しんでいたが、物乞いのラザロのほうは傷だらけになって金持ちの男の門の外で犬と共に横たわっていた。しかし死は彼らの運命を茫然とするほど逆転させた。金持ちの男はアブラハムの声を聞いた。「子よ。思い出してみなさい。おまえは生きている間、良い物を受け、ラザロは生きている間、悪い物を受けていました。しかし、今ここで彼は慰められ、おまえは苦しみもだえているのです」（ルカ一六・二五）。

この辛辣な話は、経済的に低い階層に属す者の多かった初期クリスチャンの意識に深く浸透した。富裕なクリスチャンと貧しいクリスチャンは取り引きを結んだ。貧しい者が富裕な者の魂のために祈るのと引き換えに、富裕な者は貧しい者のために慈善基金を提供することに同意した。神は貧しい者の祈りを、より心にかけるに違いないと考えたのである

〈今日でも葬儀の際、清貧をモットーとするベネディクト派の修道士は、ペテロではなくラザロが天国の入り口を護っているという伝統にしたがって、死んだ仲間のことを「ラザロは知っているでしょう」と祈る〉。

教会はしばらくの間、この新しい論理に従おうと懸命に働いた。その結果、初期クリスチャンは貧しい者や苦しむ者を助けると、ローマ帝国で有名になった。クリスチャンは異教を信じる隣人たちと違い、友人を野蛮な捕獲者たちから快く買い戻した。疫病が襲うと、異教徒は症状の出始めた病人を見捨てたが、クリスチャンは介抱した。少なくとも初めの二、三世紀、教会は余所者を受け入れ、裸の者には衣服を着せ、飢えた者には食べさせ、捕らわれている者を訪問しなさいというキリストの命令を文字どおりに受けとめていた。※※※

イエスの話を読み、初代教会史を研究しながら、私は感動を与えられたとともに、困ったなとも思った。シカゴの授業で最初に持ち出した疑問がとって返し、私の罪を責めたてたのだ。今日の教会は社会的に尊敬される人々の集まりとなっていて、不届き者はもはや歓迎されていないと感じている。イエスがはっきりと示した手本を考えると、これはどうしたことだろう。

私は現在コロラドに住んでいて、人種（白人）も社会階級（中流）もほぼ同じ人々が集う教会に通っている。新約聖書を開き、初代教会がどれほどバラエティーに富んだ土壌に根を下ろしていたかを知ると驚かされる。私たちに馴染み深い中産階級の教会は、福音書や使徒の働きに描かれている、社会から拒絶された人々が構成する多様なグループから、かけ離れているのである。

イエスの時代にいるつもりになって、その情景を思い描いてみる。貧しい人々、病んでいる人々、取税人、罪人、娼婦たちがイエスの周りに群れている。みなイエスの癒しや赦しのメッセージに感動している。裕福で力を持つ者たちは傍観者として立ち、イエスを試し、こっそり見張り、罠に陥れようとしていた。イエスの時代のこうした事実を知っていながら、アメリカのように富んだ国の中産階級が集う教会の中では、イエスのメッセージの革新的な核をあっけなく見失ってしまうのである。

自分の見方を正す一助として、第三世界のキリスト教を基盤とする共同体で生まれた説教を読んだ。第三世界の目を通して見た福音は、アメリカの多くの教会で説かれている福音とはずいぶん違って見える。貧しい人々や無学な人々は、イエスが自らの使命について述べた箇所（「……主はわたしに油をそそぎ、貧しい者に良い知らせを伝え、心の傷ついた者をいやすために、わたしを遣わされた。捕らわれ人には解放を、囚人には釈放を告げ……」）が、イザヤ書からの引用であることをかならずしも知っているわけではないが、それがほんとうに良い知らせであると思って聞くのである。どんでん返しを抽象的概念としてではなく、神の約束した大胆な希望であり、イエスの弟子たちに対する挑戦であると理解するのだ。世界からどのような扱われ方をしようと、貧しい人々や病んでいる人々は、イエスのゆえに、神には好ましくない者などいないという確信を持っている。

＊

遠藤周作という日本の作家の作品を読んだとき、逆転現象がイエスの使命のまさに中心にあるという強い印象を受けた。

クリスチャンが人口の一パーセントに満たない国で、遠藤は、敬虔なクリスチャンであった母親に育てられ、十一歳で受洗した。戦前の日本でクリスチャンとして少年時代を送った彼は、つねに疎外感を感じ、「西洋の」宗教に関わっているからといっていじめられることもあった。第二次世界大戦の終結後、遠藤は霊的に気の合う仲間を見つけられるのではという望みを胸にフランスへ旅立った。ところが、宗教ではなく人種が違うために、そこでも迫害に遭う。連合国との最初の日本人交換留学生の一人であった遠藤は、人種差別の標的になり、「つり目の東洋人」と呼ばれることもあった。

故国でも、霊の故郷でも拒絶された遠藤は、信仰の重大な危機を経験する。しかし、イエスの生涯を研究する目的でパレスチナに足を運ぶようになったとき、それまでの考えが覆るような事実を発見する。イエスもまた拒絶を知っていたのであった。それどころか、イエスの生涯は拒絶どころか、拒絶によって「定義」されていた。隣人たちから嘲笑され、家族からは正気を疑われ、近しい友人からは裏切られ、同郷の人々からはテロリストの命と引き換えにされた。イエスはその伝道を通じて、貧しい人々や拒絶された人々、取るに足りない人々に強く引き寄せられていった。

このイエスに対する新しい洞察が遠藤に強い啓示を与えた。日本という遠く離れた地点から見ていたキリスト教は、意気揚々としたローマ皇帝コンスタンティヌスの信仰だった。遠藤は神聖ローマ帝国と華麗な十字軍を研究し、ヨーロッパの大聖堂の写真に感服していた。またクリスチャンであることが不名誉にならない国で暮らすことを夢見ていた。だが聖書を研究して、キリスト自身が「不名誉」を避けてはいなかったことを知った。イエスはイザヤが描いたように、「苦しみのしもべ」だった。

「彼はさげすまれ、人々からのけ者にされ、悲しみの人で病を知っていた。人が顔をそむけるほどさげすまれ、……。」

（イザヤ五三・三）

自分の経験した拒絶を理解することができる人がいるとしたら、それはイエスにほかならない、遠藤はそう確信した。

遠藤周作が理解しているように、イエスは母の愛というメッセージを持ち込み、旧約聖書の父の愛とバランスを取ろうとした。

※※※

もちろん旧約聖書の中にもあわれみはあるのだが、圧倒的に裁きと律法が強調されているため、あわれみは容易に見失われてしまうのである。トーラーの厳格な要求の上に育てられた文化に説教するとき、宗教専門家の嘆願よりも、普通の罪人の嘆願のほうを神は好まれるとイエスは語った。九十九匹の羊を柵の中に入れておいて、一匹の迷い出た羊を必死に捜す羊飼いや、真面目で従順な息子がいるのに、反抗的で恩知らずな息子のほうを考えずにはいられない父親や、ホームレスの女性やのらくら者といった変わり者の集団に宴会場のドアを開けている金持ちの主人。イエスは神をそのような人々にたとえた。

イエスはしばしば「かわいそうに思われた」（マタイ九・三六ほか）。この言葉は新約聖書の時代、母親が胎内の子どもに対する感情を表現するのに使われた、いかにも母親らしい言葉だった。イエスはわざわざ、愛されることのない無価値な人々、社会のほかの場所ではまったく問題にならない人々を抱きしめ――私たちは彼らがいると困惑し、どこかに行ってくれればと思うのだ――たとえ「取るに足りない者」でも、神にとっては限りなく大事であると証明した。ある汚れた女は内気で恥ずかしい気持ちでいっぱいだったため、イエスに面と向かって近づくことができず、気づいてほしいと思いながらその衣をつかんだ。イエスは気づいた。他の多くの「取るに足りない者」と同じように、彼女も知ったのであった。イエスのまなざしから容易に免れることはできないことを。

イエスは、神は人間を民族や人種としてではなく、個人として愛することを自ら証明した。アウグスティヌスは言った。「愛しようのない者を愛することによって、あなたは私を愛すべき者とした。」

*

時々、神の愛を信じることは易しくないと思う。私は第三世界のクリスチャンたちのように貧困の中に暮らしているわけではない。それに遠藤周作のような拒絶された人生も知らずに生きてきた。しかし私もそれなりに苦しみを味わってきた。人種や経済がどこに属していようが関係なく及ぶ、避けようのない人生の現実に直面してきた。苦しみを受ける人々には、恵みによって癒された目も必要である。

つらい週を経験した。私の著書について話したいと、続けざまに二人の男性から電話をもらった。一人目はコロラドの青少年担当牧師で、妻とまだ赤ん坊の娘がエイズにかかっていて余命いくばくもないと告げられたのである。彼は問う。「こんなことに見舞われた後で、青年グループにどうやって慈愛に満ちた神を語ることができるでしょう。」翌日は目の不自由な男性からの電話だった。数か月前、薬物依存から立ち直ろうとしている男性に同情して家に招いた。ところが最近になって、自宅で妻がこの回復途上の依存症患者と浮気をしている現場を見てしまったのである。「神はなぜ、ご自分に仕えようとしている私を罰するのでしょう。」彼が尋ねたちょうどそのとき、二十五セント硬貨がなくなり電話は切れた。それきり、この男性から連絡はない。

私は、「なぜ」という質問に答えようとさえしなくなった。青少年担当牧師の妻はなぜ、エイズウイルスに感染した血液の瓶をあてがわれてしまったのか。邪悪な人々が健康で長生きしている一方、善良な人々がその行いのせいで迫害されることがあるのはなぜなのか。肉体の癒しを祈る何百万もの祈りのうち、答えられるものがほんのわずかなのは、なぜなのか。私にはわからない。

しかし、以前ほど私を苛むことがなくなった疑問がある。「神は心配しておられるのだろうか」である。神について私たちが持っている問題の大半は、背後にこの疑問が潜んでいると思われる。この疑問に答える方法を一つだけ知っているが、それはイエスの生涯を研究する中から出てきたものだ。神はイエスの中に、御顔を見せた。そしてその顔を見れば、あの若い牧師や、名前を告げなかった目の不自由な男性のような人々のことを神がどのように思っているのか、直接読み取ることができる。イエスはすべての苦しみを取り除いたわけではなかった。イエスは地球の小さな一部分の中のほんの少しの人々を癒しただけにすぎない。しかし、神が心配しているかどうかという疑問に対する答えは、確かに示したのである。

私たちが知るかぎりでは、イエスは苦しみの涙を三回流している。友だちのラザロが死んだとき、イエスは泣いた。相次いで三人の友人を亡くした恐ろしい年のことを思い出す。深い悲しみに慣れることなどできないものだと思い知らされた。最初に二人の死を経験したからといって、三人目の死が平気だったなどということはなかった。悲しみは貨物列車のように私を打ち倒した。息を切らしてあえぎ、ただ泣くだけだった。どういうわけか、イエスも友だちのラザロが死んだとき、同じように感じたというのが慰めになった。それは神が、神ご自身も愛していた私の三人の友人たちのことを、どのように思われていたはずなのか、そのことについて驚くべき手掛かりを与えてくれた。

また別の時に、イエスはエルサレムのほうを見やり、その名高い町に待ち受けている運命を思い、涙を流した。イエスは、遠藤周作が母の愛と呼んだ叫び声を上げた。

「ああ、エルサレム、エルサレム。預言者たちを殺し、自分に遣わされた人たちを石で打つ者。わたしは、めんどりがひなを翼の下に集めるように、あなたの子らを幾たび集めようとしたことか。それなのに、あなたがたはそれを好まなかった。」

（マタイ二三・三七）

その込みあげてくる心の痛みの中に、娘や息子が道を踏み外し、ことさらに自由を主張したり、それまで授けられてきた価値観すべてを否定したりするとき、親の味わう気持ちに似たものを感じるのである。あるいは配偶者が自分のもとを去ったことを知った男や女の痛み——捨てられた恋人の痛みである。それはどうしようもない、虚しく打ち砕かれるような痛みである。そして、神の子自身が人間の自由に直面したとき、無力を感じて泣き声を出したことを知って、私は動揺した。神でさえ、その力のすべてをもってしても、人間に愛を強制することはできないのだ。

最後に、ヘブル人への手紙は私たちにこう語っている。イエスは「自分を死から救うことのできる方に向かって、大きな叫び声と涙とをもって祈りと願いをささげ……」（ヘブル五・七）。しかし、もちろんイエスは死から救われはしなかった。イエス自身が私を悩ませている疑問、私たち大半の者をどこかの時点で悩ませている、「神は心配しておられるのだろうか？」という疑問を持ったと言ったら言い過ぎだろうか。あの「わが神、わが神。

どうしてわたしをお見捨てになったのですか」という暗い詩篇からの引用は、ほかにどんな意味があるというのか。

あらためて、イエスが痛みを覚えたとき、私と同じように反応したことを、不思議に慰めに感じるのだ。イエスは園で「おお、主よ、あなたが私を選んであなたのために苦しみを受けるようにされたことを、私はとても感謝します。私はこの特権が与えられたことを喜びます」とは祈らなかった。そうではなく、イエスは悲しみ、恐怖、見捨てられること、そして絶望に近づくことさえ経験した。それでもなお、イエスは耐えた。なぜなら、宇宙の中心に父なる神、そのとき、事態がどのように見えようとも信頼することのできる愛の神がおられることを知っていたからである。

苦しみを受けている人々や「取るに足りない者」に対するイエスの答えは、神の心の中を垣間見せてくれる。神は感情のない絶対者ではなく、むしろ近くに来られる愛の方である。神は、ありったけの弱さを抱えたこの私を、イエスが息子の棺台のそばに立っている未亡人や、ツァラアトのシモン、そしてもう一人のシモン・ペテロを見たのと同じように見ておられると、私は信じている。ペテロはイエスをのろったにもかかわらず、拒絶されている人々の居場所をつねに見つける必要のある教会という共同体を建て、導くようにという使命を与えられたのだった。

※　パリサイ人は自分たちの食卓を、一種の「小神殿」と考えていた。彼らが異邦人や罪人と食事を共にすることを拒否した理由はそこにあった。おそらくイエスは自分の食卓も、同様に小神殿だと理解していたことだろう。あれほど種々雑多な人々と食事を共にしたのはそうした理由からである。大宴会は、正当なきよめを受けた人々ばかりでなく、今やすべての人のために開かれているのだとイエスは宣言した。

※※　ドロシー・セイヤーズはこの点をさらに広げてこう言っている。

「最初の揺りかごのところにも最後の十字架のところにも女性がいたということは、不思議でないかもしれない。女性たちはそれまでこのような男を知らなかったのだ——そのような人がほかにいたためしがなかったのだ。女性に向かって小言を言わない、へつらったりあおったり恩着せがましい態度をとったりしない、女性をだしにふざけた冗談を言ったり、『女たちときたら……！』か『女性たちに神が祝福を与えられんことを！』のどちらの態度も取ることがない、不平を言わずに叱責する、恩着せがましくせずに称賛したり、女性の質問や議論を真剣に取り上げる、女性の活動する範囲をあらかじめ綿密に計画したりしない、女らしくしろと強制したり、女であるからといって冷やかしたりしない、胸に一物がない、守らなければならない不安な男の沽券などない、見たままの女性をそのまま受け取り、まったく気取らない、そういう預言者であり教師だった。痛烈さを女性のつむじまがりから借りている行為も説教もたとえ話も、福音書全体の中に一つもない。イエスの言葉から、女性の性質には何か『おかしな』ものがあると推察できる者はいない。

しかしイエスの同時代人たちからは、女性はおかしなものだという考えを引き出すことができる。そしてイエス以前の預言者たちからも、また今日あるイエスの教会からもそうした考えを引き出すことができるのだ。」

※※※　教会史家たちによれば、この良き仕事はコンスタンティヌスの勝利に至るまで続行された。コンスタンティヌス帝はキリスト教信仰を公認し、正式な帝国の教会を設立した。その時点から、教会は貧困を精神的なものとし、「福祉」を皇帝に預ける傾向になった。そのうち教会自体が裕福な体制の一部となった。

※※※※　セラピストのエーリヒ・フロムはバランスのよく取れた家庭に育つ子どもは、二種類の愛を受けると言っている。母の愛は、子どもの行動がどうであれ、何があろうと子どもをそのまま受け入れる無条件的なものとなる傾向にある。父の愛は、子どもがある行動の基準を満たした時に是認を与えるような、より条件付きのものとなる傾向にある。フロムが言うには、理想的には子どもは両方の種類の愛を受けて自分のものとするべきである。権威主義的な父親のいる国である日本は、遠藤によれば、父なる神の愛を理解したが、母なる神の愛は理解しなかった。

9　奇跡、超自然的存在のスナップ写真

本物の現実主義者なら、そしてまた無神論者であるなら、その人はつねに奇跡的なものを信じないだけの強さや能力があることだろう。そして反駁することのできない事実としての奇跡と向かい合ったら、その事実を認めるよりも、むしろ自分自身の感覚を疑うだろう。信仰は……奇跡から生まれるのではない。奇跡が信仰から生まれるのだ。

――フョードル・ドストエフスキー

私は奇跡でむせかえるような雰囲気の中で育った。通っていた教会の人々は、日曜日にはたいがい、前の週に受け取った素晴らしい祈りの答えのことを証ししていた。子どもたちを医者に連れて行った母親のために、神は駐車場を見つけてくださった。失くした万年筆が不思議な仕方で見つかった。手術予定日の前日に、腫瘍が小さくなっていた。

そのころは、イエスを大魔術師のような人だと思っていた。イエスが水の上を歩いたというのはそれにぴったりの話で、特に印象深かった。学校で、たった一度でもそんな離れ業をやってのけることができたら！　教室を天使のように飛んでみたいと、どれほど思ったことだろう。空中に浮かんで見せれば、私やほかの信心深い子どもたちを嘲笑する連中を黙らせることができるはずだった。イエスが故郷で、怒った群衆の中を通り抜けて行ったように、自分もいじめっ子たちのいるバス停を傷を負わずに通り過ごしたいと、どれほど思ったことか。

しかし、私は教室で飛ぶことなどできなかったし、どんなに祈ってみても、いじめっ子連中には依然、悩まされた。「祈りの答え」にも混乱した。結局、駐車場が空いていないこともあれば、万年筆が見つからないこともあった。教会員が職を失うこともあったし、亡くなることもあった。大きな影は私自身の人生も暗くしていた。何百人もの献身的なクリスチャンが不眠不休で祈ったにもかかわらず、父は私の最初の誕生日の直後に、ポリオで他界した。神はそのとき、どこにいたのか。

大人になると、若いころに初めて抱いた疑問とは折り合いをつけて過ごすことが多くなった。祈りは自動販売機のように、願い事を入れて答えを受け取る、といった具合にはいかないとわかった。奇跡は所詮「奇跡」であって、日々の経験につきものの「普通のこと」ではないのだ。イエスに対する見方も変化した。今、イエスの生涯を顧みると、奇跡は私が子どものころに想像していたような重要な役目は果たしていない。イエスはスーパーマンではなかったのだ。

そう、イエスは奇跡を行った。数え方にもよるが、三ダースほどになる。だが、実際のところ福音書は奇跡を軽視している。イエスはしばしば奇跡を目撃した人々に、このことをだれにも言わないようにと口止めした。山上の変貌や、十二歳の少女を生き返らせる等の奇跡を、イエスは最も近い弟子たちだけに見ることを許したが、口外するなという厳しい命令をつけた。身体の癒しを求める人の願いを断ることはなかったが、群衆を驚かせたり重要な人物たちに印象づけたりするために奇跡を起こしてほしいという要求は、いつも退けた。奇跡によって生じた興奮が、人生を変えるほどの信仰に容易に転換することはない。イエスは早くから、それをわかっていた。

もちろん懐疑論者の中には、奇跡など論外とする者もあった。彼らにとって、超自然的出来事が起きたという話は、どれも当然廃棄されなければならなかった。ワシントンのスミソニアン博物館に、一冊の革装の本が展示されている。それはトーマス・ジェファーソンが、福音書から奇跡的要素を含まない部分だけを抜き出して貼り付けたものである。これは奇跡を行う者としてのイエスではない、教師としてのイエスが説いた、より口当たりのよい福音書であり、ジェファーソンは生涯を通して毎日この聖書を読んだ。

トーマス・ジェファーソンの取った方法は、イエスの生きていた時代に起きたことを、歴史的に反映している。当時も合理主義者たちはイエスの教えを熟考し、イエスの起こした奇跡を事細かに吟味した。目の前の明白な証拠を否定したり、ほかの説明（魔術や悪魔の力）を探したりした。人々があっさり奇跡を信じることは少なかった。今日と同様、奇跡は一世紀においても特異なものと思われた。そして現在と同様、奇跡は疑いや侮蔑を引き起こし、ほんの時たま信仰を生んだにすぎなかった。

私は、イエスが神の子であり、「栄光を帯びて雲に乗って」（マルコ一三・二六）地球にやって来たと信じているので、イエスの行った奇跡は彼の働きを自然に補足するものと信じている。だとしても、奇跡は大きな疑問を投げかける。なぜ、奇跡はこんなに少ないのか。なぜ奇跡を行ったのか。なぜこうした特別の奇跡が起きて、ほかの奇跡は起きなかったのか。私はジャーナリストであって神学者ではないので、手掛かりを探す際に奇跡を系統だった範疇の中に見るのではなく、奇跡を個々の場面として、つまりイエスの生涯のあちこちから受けた断片的な印象として見ることにする。

＊

イエスの起こした奇跡の中でも、最初の奇跡がおそらく最も不思議なものだった。イエスはこの最初の奇跡と同じようなことは、二度とくり返さなかった。また、この奇跡はほかならぬイエス自身を驚愕させたように見える。

イエスは三十歳かそこらで、新しく結成した弟子の群れとともに結婚式に姿を現した（ヨハネ二・一〜一二参照）。イエスの母親も来ていたが、家族のだれかといっしょだったようである。普段はぱっとしないガリラヤの田舎の生活に、結婚式という祝い事がもたらされた。花婿と花婿側の人々はお祭り騒ぎの行進をしながら通りを抜けて行き、花嫁の一族に松明で呼びかける。すると人々は、王族顔負けの宴会を期待して花婿の家に押し寄せた。『屋根の上のバイオリン弾き』（ショラム・アレイヘム著、南川貞治訳、早川書房、一九七三年）の楽しげな場面を考えてみるといい。ユダヤ人農民の家族がいくつか集まり、刺繍を施した最高のよそゆきに身を包んで中庭で踊っている。音楽に笑い声、食べ物を盛った陶製の大皿やワインの入ったかめが所狭しと並んだ宴会のテーブル。食べ物とワインと上機嫌が尽きぬかぎり、宴会は一週間でも続きそうだ。結婚式は、まさに大いなる喜びの時だった。

イエスの弟子たち、とりわけ、無味乾燥な食事をし、獣の皮で作った衣を着たバプテスマのヨハネのもとから来ていた弟子たちは、その騒々しい場面が信じられず目をしばたたいたに違いない。この苦行者たちは、ユダヤ人の少女らと踊ったり、料理をたらふく食べて楽しんだりしただろうか。町の人々は彼らに、バプテスマのヨハネという、イスラエルが四百年の間に見た中で最も預言者に近い男のことをしつこく質問しただろうか。ヨハネの福音書は何も語っていない。そこにはただ、社交上の大事な場面で、宴全体がきしみ、音をあげて止まってしまいそうになったと告げているだけである。ワインが足りなくなったのだ。

非常事態にしては、これは至極程度の軽いものである。確かに困った事態ではあったが、病人を癒し、捕らわれ人を解放するためにやって来たメシアが、社交上の落ち度を気遣う必要などあるだろうか。イエスは自分の母親が、ワインがなくなってしまったと口にすると、こう返答した。「あなたは私と何の関係があるのでしょう。女の方。わたしの時はまだ来ていません」（ヨハネ二・四）。

イエスがマリアの要望を検討していた何秒かの間、その心に何が去来したのか、私たちは推測するだけだ。行動を起こせば、彼の時は「来ていた」ことになり、その時点から人生が変わることを意味しただろう。彼の持つ力について噂が漏れれば、イエスはすぐさまツロからエルサレムまで、困窮した人々の嘆願を聞くことになるだろう。一杯のワインをただで飲みたがっている町の物乞いは言うまでもなく、体の悪い者、悪霊にとりつかれた人などが群れをなして集まって来るだろう。首都から調査官が派遣されるだろう。カルバりに至るまで止まることのない時計がカチカチと音を立て始めるのだ。

そして、荒野でわずかの時間断食し、石をパンに変えてみろというサタンの挑戦をはねつけた、そのイエスが決断を下した。イエスは公生涯の最後ではなく最初に、ほかの人をもてなすために計画を変更したのである。彼は手伝いの人たちに「水がめに水を満たしなさい」と言った（ヨハネ二・七）。水が注がれると、奇跡的にもワイン――通常は、味覚が敏感で、客人たちの印象に残りやすい、宴会が始まったばかりのころにふるまわれる、えりぬきの極上のワイン――があふれ出した。宴会は再び活気を取り戻し、主人は胸をなでおろし、婚礼パーティーは真面目な祝宴に戻った。

客人はおろか主人でさえも、場面の背後の小さなドラマを知っていたかどうか、ヨハネは何の示唆も与えていない。もちろん手伝いの人たちと、マリアは知っていた。そしてイエスの弟子たちも知っていた。「イエスは……ご自分の栄光を現された。それで、弟子たちはイエスを信じた」（同一一節）。

この奇妙な事件から何を学ぶことができるのだろう。作家のジョージ・マクドナルドとC・S・ルイスはこの出来事の中に、神にお決まりの恵みを彷彿させるものを見ている。拡大鏡を通って焦点が合った太陽光線の細い光の中に、この瞬間、はっきり像を結んでいる恵みである。二人の指摘によると、イエスの奇跡はだいたいが自然の法則に矛盾していない。被造物が普通に行う活動を、違った速度でより小さな規模で再現しているのだ。ルイスは書いている。

「奇跡の中には、神がすでに普遍的になさったこと、狭い地域でなしているものもあれば、神がまだなさっていないけれどもこれからなさるだろうことを、一部の地域でなしているものもあるのです。……神は葡萄の木を創り、根を使って水を汲み上げ、太陽の助けでその水を果汁に変え、果汁が発酵して、或る質を帯びるように、その樹に教えました。」

こうして毎年、ノアの時代から私たちの時代に至るまで、神は水をワインに変えている。同様に、抗体と抗原は毎日私たちの肉体の中で癒しの奇跡を行っているが、イエスが行った種類の癒しに比べると、もっと遅いし、それほど目覚ましい仕方でもない。

とはいうものの、根底にはどんな意味が潜んでいるのか。この最初の不思議な奇跡にはどんな意味があったのか。ヨハネはいつもの彼とは違って、この不思議な「しるし」の解き明かしをしていない。彼にとって奇跡はつねに象徴であり、実行されたたとえ話のようなものである。注解者の中には、そこに最後の晩餐の予告篇を見る人もいる。最後の晩餐で、イエスは水をワインに変えたのではなく、ワインを全人類のために流されるご自身の血に変えた、というのである。そうかもしれない。

しかし、私はもっと風変わりな解釈のほうが気に入っている。ヨハネは、ワインで満たされたのが家の前に置かれていた、水をいっぱいに溜めた大きなかめ（約八〇～一二〇リットル）であること、しかもそのかめは、律法を厳守するユダヤ人が、しきたりどおり儀式の際に洗いきよめを行うために使っていたことを明かしている。婚礼の宴でさえ、洗いきよめという重苦しい儀式を尊ばなければならなかったのだ。イエスは、たぶんその目をきらりと輝かせながら、古い流儀の重々しい象徴であったかめを、新しい流儀の前兆であるワインを入れる革袋へと変えたのである。パリサイ人のきよめられた水から、まったく新しい時代という極上の新しいワインが出てきたのだ。洗いきよめの儀式をする時代は終わった。祝福の時代が始まったのだ。

バプテスマのヨハネのような預言者たちは裁きを説いた。実際、旧約聖書中のたくさんの奇跡は、その峻厳な裁きの感覚を表していた。しかしイエスの最初の奇跡は、優しいあわれみによる奇跡だった。この教訓を、その晩イエスとともにカナの結婚式に出席していた弟子たちも忘れることはなかった――バプテスマのヨハネのもとから仲間入りしたばかりの者たちには特に忘れがたかった。

水をワインに変えるという奇跡は、たった一度の出来事だったが、どこだかよくわからない町の、世間の注視から外れた場所で起こった。その所在地については、考古学者の意見も分かれている。しかし、ほどなくして、イエスは熱狂的な群衆の前で公然と奇跡を行う力を発揮していた。今日でもそうであるように、肉体を癒す奇跡がいちばん注目を集めた。ヨハネの福音書九章は、首都であり、イエスに敵対する者の中心でもあったエルサレムで起きた、そうした奇跡の一つを語っている。ヨハネはその話を書くのにまるまる一章を費やし、世間の道理にイエスが背いた時に何が起きたか、事のあらましを古典的手法で描いている。

＊

この話は、病んだ人々の多くが問う、原因を尋ねる質問で始まっている。「なぜ、私が？」「神は私に何を言おうとしておられるのだろう？」イエスの時代、悲劇は受けるに値する人々を襲うのだと思われていた。※「罪のない死はなく、不正のない苦しみはない」と、パリサイ人は教えていた。彼らは自然災害や先天性欠陥、目が見えないこと、体の麻痺といった長期にわたる苦しみに、懲罰の手を見ていた。「生まれつき目の見えなかった人」は、そこに登場した。良きユダヤの伝統に浸りきっていたイエスの弟子たちは、そうした生まれつきの欠陥は何のせいかと議論していた。この男はどういうわけか「子宮の中で」罪を犯したのだろうか。それとも両親が罪を犯したために、苦しみを受けているのだろうか。簡単に思いつく予想ではあるが、明らかに不公平だ。

神が病気の人や身体障がい者をどのように見ておられるかについて、イエスは一般的な考え方をひっくりかえすような答えをした。イエスは、ある人が目が見えないのは何らかの罪によるものであるという考えを否定した。悲劇はそれを受けるに値する人々の身に降りかかるという、人々が共通に持っていた意見を退けた時と同じように（ルカ一三・一～五参照）。イエスは病人たちに、あなたがたは特別に神から愛されていて、のろわれているのではない、と知らせた。イエスの行った癒しの奇跡は実際どれもこれも、「おまえには、これがふさわしかったのだ」とする律法学者の伝統的な解釈を無効にした。

弟子たちは後ろを見ることで、「原因」を突きとめようとした。イエスは、「何のために？」という別の質問に答えることで、弟子たちの注意を前方へ向け直した。イエスはこう答えた。「この人が罪を犯したのでもなく、両親でもありません。神のわざがこの人に現れるためです」（ヨハネ九・三）。

一人の目の見えない男の悲劇的な話で始まったものが、ほかのだれもが目が見えていないという超現実的な話で終わっている。近所の者たちがこの男の身元を明らかにし、パリサイ人は男に正式な尋問を受けさせようとし、男の両親（とどのつまり、息子が物乞いの生活を送るままにさせていたほど薄情だった）は気圧《けお》されてあいまいな受け答えをした。かつて目の見えなかった男のほうは、そうした理論的な問題に思いをめぐらしはしなかった。彼はイエスについて証言した。「あの方が罪人かどうか、私は知りません。ただ一つのことだけ知っています。私は盲目であったのに、今は見えるということです」（同二五節）。

イエスを異端者として痛烈に非難していたエルサレムでは、明快な奇跡、特に安息日に行われた奇跡が公式な教義にとってゆゆしい脅威となっていた。パリサイ人は、その奇跡が間違いだと証明することはできなかったが——物乞いが今では彼らの目を見つめ、公開法廷で彼らを愚弄していた——最終的に、ひなびた懲罰の理論にしがみついた。「おまえは全く罪の中に生まれていながら、私たちを教えるのか」（同三四節）。パリサイ人は叩きつけるように男に言い放った。神学という目隠しは、簡単に外れないものである。

福音書に報告されているほかのほとんどの奇跡と同様、この奇跡に対する応答も、注目すべき信仰の原理を証明している。信仰が奇跡を生むことはあっても、奇跡は必ずしも信仰を生まないのである。

＊

病気は、体細胞の機能が破壊されることと見ることもできるし、あるいはもっと広い意味で、肉体と精神と魂を含めて安らぎを喪失した状態と見ることもできるだろう。私はこのことを、ポール・ブランド博士の患者たちから学んだ。博士はハンセン病の専門家で、私との共著も何冊かある。ごく初期の段階を除くと、ハンセン病患者は肉体の痛みを感じることがない。実際、それが問題なのである。ハンセン病の菌が神経細胞を死滅させてしまうと、患者たちはもはや自分の身体に害を及ぼす危険に注意しなくなる。患者は一日中、鋭い金属ねじの上を歩いたり、柄がささくれ立っているハンマーを使ったり、眼球の感染した部分を引っ掻いたりすることもあり得る。こうした行動はどれも組織を破壊し、最後には手足や視力を失うかもしれないのだが、ハンセン病患者はどこにも「痛み」を感じないのである。

ハンセン病患者たちは痛みを感じないが、私の知るほかのどんな人にも劣らず、確かに「苦しんでいる」。彼らの感じる痛みのほとんどは外部から来ている。それは、彼らを取り巻くコミュニティーによって負わされた「拒絶」という痛みなのだ。ブランド博士は、インドで治療した、ある聡明な若い男性のことを話してくれた。博士は診察の途中で患者の肩に手を置くと、通訳を介して、今後の治療について説明した。博士が驚いたことに、男性は身体を震わせながら、押し殺した声で泣き出した。「何か気に障ることを言ったでしょうか。」博士が尋ねると、通訳の女性は懸命にタミル語で患者に聞き、それからこう言った。「いいえ、先生。この人は、あなたが肩に手を回してくれたので泣いているのだと言っています。ここに来るまでの長い年月で、だれひとりこの人に触れなかったのです。」

ハンセン病がめずらしい現代の西欧諸国で、その道徳上・社会上の不名誉を引き継いでいる新しい病気がある。元米国公衆衛生局長官エベレット・クープが言うには、「エイズは現代のハンセン病だ」。百年前に多くの人がハンセン病患者たちにしたのと同じ扱いを、エイズ患者たちにする人々がいる。私の知るあるエイズ患者は、感謝祭の晩餐を共にしようと千七百キロ以上の旅をしてミシガン州の家族のもとに帰って来た。家族に会うのは久しぶりだった。両親は用心深く彼を迎えた。集まった人々の食事は、ウェッジウッドの上質な陶器の皿に取り分けられ、付け合わせもたっぷりと盛られた。ところが、エイズ患者の息子にあてがわれたのは、使い捨ての紙皿とプラスチックのナイフやフォークだった。

イエスは、エイズやハンセン病のような病に付随する社会的不名誉を知り尽くしていた。レビ記の律法は、ツァラアトという病に冒された者は町の外に住み、だれからも二メートル離れ、埋葬に行く会葬者の衣を着るよう定めていた。群衆の間をそうした社会から見捨てられた者が歩くとき、人々の間に憤慨が広がっていったであろうことが、容易に察せられる。人々は男から大きく離れたに違いない。男はイエスの足元に身を投げ出してこう言った。「主よ。お心一つで、私をきよくしていただけます」（ルカ五・一二）。

この場面について、マタイ、マルコ、ルカは異なった説明をしているが、三者とも同一の度肝を抜くような文を入れている。「イエスは手を伸ばして、彼にさわり……」（マタイ八・三、マルコ一・四一、ルカ五・一三）。群衆は息をのんだに違いない――モーセの律法は、そうした行為を禁じていなかっただろうか。病に冒された男は身を離したかもしれない。温かい人間の肌と触れ合う感覚が奪い去られて、何か月、いや何年が経っていたことだろう。イエスが触れたとき、彼の、病気という、安らぎをなくした状態に終止符が打たれた。平安が取り戻されたのである。

病気に対するイエスの反応は、彼を中心に作られた教会に、ある型を与えた。そしてクリスチャンは、イエスを手本にして、病人、貧しい人々、そして社会から見捨てられた人々の世話をしていた。ハンセン病患者の場合、教会は時に「神ののろい」のメッセージやみじめさを加えることもあったが、同時に個々人が立ち上がって治療の道を切り拓きもした。修道院は献身的にハンセン病患者の世話をした。この病が科学的に突破口を見いだすのは、宣教師たちによるところが大きかった。率先してハンセン病患者たちに尽くしたのは、宣教師たちだけだったからである。※※同様に、クリスチャンもいま、エイズ患者への伝道やホスピスの仕事をしている。肉体の癒しがほとんど望めなくても、愛とケアを大きく必要とする人々のための現代の活動である。

マザー・テレサのもとで働く修道女たちは、コルカタでハンセン病患者のためのホスピスも診療所も運営している。マザーはこう言ったことがある。「ハンセン病のような病気にかかった人々のための薬を、私たちは持っています。しかしこうした薬は、『必要とされない』という、患者のいちばん大きな問題を治療しません。それを治療するものを、私のシスターたちが提供したいと願っているのです。」彼女が言うには、病人や貧しい人は、物質的な欠乏よりも拒絶される苦しみを抱えていることのほうがずっと多い。「オーストラリアのアルコール依存症患者は言いました。通りを歩いていると、向かって来る人の足音も、通り過ぎて行く人の足音も、どんどん速くなる。孤独、そして必要とされていないと感じることは、何よりも悪質な貧困だ。」その必要に応えるには医者でなくてもいいし、奇跡を起こす人でなくてもいいのである。

＊

福音書は、ツァラアトの癒しのすぐ後に、友人たちが苦しんでいる人の力になり得るという喜ばしい話を載せている（マタイ九・一〜八、マルコ二・一〜一二、ルカ五・一七〜二六参照）。身体の麻痺した男がいた。食べ物や入浴、あるいは排泄の世話もほかの人々に頼らざるを得ない。この人が、信仰を行動に移すために助けを必要としていた。

この話を日曜学校で初めて聞いた時に沸き上がってきた、破壊的な衝動を私は覚えている。この身体の麻痺した人は、イエスに会いたくて仕方がなかったので、四人の友だちに屋根に穴をあけて、そこから自分を下ろしてくれと頼んだのである！　人生を水平に過ごしてきたこの男に、垂直の光栄に浴する一瞬が訪れようとしていた。聖書の注解者たちは、パレスチナの屋根は今の時代のそれと異なり、取り外すのも修理するのもずっと簡単だったことにも言及している。しかし、その指摘は的外れである。家に入るために屋根に穴をあける行為は、非常識だ。そのうえ、屋根がどれほどもろいものだったにせよ、穴をあければ、その下で行われていることを間違いなく混乱させる。ほこりが舞い、わらや粘土くずが客人の上に落ち、騒音と混乱が集まりを妨害する。

※※※

その四人がイエスに近づくことを妨げていた群衆は、二つの衝撃を受けた。麻痺した男の友だちが解決に用いためちゃくちゃなやり方と、イエスの示したまったく予想外の反応だ。イエスは「彼らの」信仰を見て――この癒しに四人の友だちが果たした役割を強調して、複数形になっている――言った。「子よ。あなたの罪は赦されました」（マルコ二・五）。「子よ。しっかりしなさい」（マタイ九・二）。英欽定訳聖書は初めのフレーズをこう訳している。文字どおり「元気を出しなさい」である。

イエスは邪魔されることを喜んだようである。ずば抜けた信仰は、かならずイエスを感動させた。そして確かに、男四人がかりの取り壊し工作班はそれを証明していた。しかし、イエスの反応に見物人たちは戸惑った。だれが罪のことなど言っただろうか。それに彼らを赦すイエスとは何者だったのか。いつものように、宗教の専門家たちは、瓦礫の中に横たわっている不自由な男のことを無視したまま、イエスの、罪を赦す権利について議論をし始めた。

イエスは、謎めいた言葉でその議論を静まらせたが、そこには肉体の癒しに対するイエスの見方が垣間見える。

「『あなたの罪は赦された』と言うのと、『起きて歩け』と言うのと、どちらがやさしいか。」（ルカ五・二三）

イエスは質問を投げかけただけだったが、イエスの伝道全体がその答えになっている。肉体の癒しのほうが、はるかに易しいことは論を俟たない。肝心な点を証明するかのように、イエスがほんのひとこと言葉をかけると、身体の麻痺した男は立ち上がって床を巻き上げ、歩いて――もしかしたらスキップして――家に帰った。

イエスには癒すことのできない病気もなければ、変えることのできない先天性欠損も、追い出すことのできない悪霊もなかった。しかし、説得することのできない懐疑論者がおり、回心させることのできない罪人がいた。罪の赦しには受け手の意志による行為が必要であり、神の恵みと赦しを力強く説くイエスの言葉を聞いた者の中にも、悔い改めないまま去って行く者がいた。

「人の子が地上で罪を赦す権威を持っていることを、あなたがたに悟らせるために」（同二四節）。イエスは男を癒すとき、懐疑論者たちにこう宣言した。それは「より高い」方に「より低い」者が仕えていることを明確に表していた。イエスは、霊の平安を欠く病気のほうが、単なる肉体の病よりも深刻であると知っていた。癒された者もみな、最後は死ぬ——それで、どうなるのか。イエスは何よりも、この世の細胞ではなく、この世の魂を癒すために来たのだ。

物質的な身体の中に生きている私たちは、なんと簡単に霊の世界を軽んじることだろう。イエスは、偽善、律法主義、思い上がりといった問題に時間を多く費やしたが、テレビ伝道師でそうした「霊的」な問題の癒しに献身している人を見たことがない。逆に肉体の病気に重点を置いている伝道師はたくさん知っている。しかし、こうして自己満足を感じ始めるや、肉体にほんのわずかの期間でも苦しみがあると、自分がいとも簡単に音を上げること、また罪のことではほとんど悩まないのを思い出した。

奇跡について、イエスの持つ優先事項は、多くの弟子の持つそれとは異なっている。

＊

たった一つ、四つの福音書のどれもが記録している奇跡がある。イエスの人気――そしてイエスの攻撃の受けやすさ――が頂点に達したとき、その奇跡はガリラヤ湖畔の草深い丘の上で起こった。群衆はイエスの行く所どこにでもついて行った。その中には精神障がい者や苦しむ者も多くいた。

この大きな奇跡の前日、イエスは群衆を避け、湖を渡って行った。ヘロデが、イエスの親戚であり、先駆者であり、友人でもあったバプテスマのヨハネを処刑したところだった。イエスにはひとりになって悲しむ時間が必要だった。ヨハネの死は、イエスを待ち受けている陰鬱な運命を考えさせたに違いない。

悲しいことに、ひっそりと社会から隔絶された場所などありはしなかった。昨日から集まっている巨大な群衆が二十キロもの旅をして湖の周りを取り囲み、すぐに何百人、いや何千人もの人々がイエスの周りで騒ぎ立てていた。マルコは書いている。

「イエスは……彼らが羊飼いのいない羊のようであるのを深くあわれみ……。」
（マルコ六・三四）

イエスはその日、元気を取り戻すどころか、病人を癒してエネルギーを消耗し、現代のバスケットボール競技場でも満杯にするほどの群衆に語りかけて時を過ごした。食べ物の問題が持ち上がった。「どうしよう。少なくとも五千人の男、それに女や子どもたちまでいるんだ！」解散させては、と一人の弟子が提案したが、イエスは食事を買い与えなさいと言った。「何だって。冗談を言っておられるのか。八か月分の給料に相当する食べ物の話をしているのに！」

するとイエスは、だれの目にも斬新な仕方で指揮を執った。人々を五十人ずつのグループにして座らせるように命じたのだが、お祭り気分、秩序正しさ、階層制と、政治集会さながらであり、まさにメシアたる人物はかくありなんと思えるものだった。

私たち現代人はイエスの生涯の結末を知っているので、どうしても後ろから読んでしまう。しかし、その日がどうなるかわかっていたのはイエスだけだったのである。ぎっしりと人で埋まった丘では、グループの間を人声がざわざわと通り抜けていった。「彼がそうなのか。ほんとうに。」サタンは荒野で、群衆が喜びそうな奇跡をイエスの目の前にぶらさげた。今、イエスは群衆を喜ばせるためではなく、単に彼らの胃を落ち着かせるために二匹の塩漬けの魚と五個の小さなパンを取り、だれもが待ち望んでいた奇跡を行った。

福音書のうち三つが、話をそれくらいにとどめている。「人々はみな、食べて満腹した。そして、パン切れを十二のかごにいっぱい取り集め、魚の残りも取り集めた」（マルコ六・四二、四三）。マルコは洒脱な筆致で控えめに報告している。その後の出来事は、ヨハネだけが語っている。イエスはついに、ひとりになる時間を得たのだった。弟子たちが嵐と戦いながら、舟を漕いで湖を戻って行ったとき、イエスは山で一夜を過ごし、ひとり祈っていた。その夜遅く、イエスは湖の上を歩いて渡り、弟子たちに合流したのである。

翌朝、アニメの追いかけっこの場面よろしく、群衆は乗り込んだ舟を漕ぎ、湖上でめずらしいものを追い回している魚の群れのように、激しく後を追って来た。一度奇跡を味わうと、次の日からさらなる奇跡を求めた。イエスは群衆の本意を察知していた。イエスを力ずくで捕まえ、王位につかせようとしていたのである。「この、国々のいっさいの権力と栄光とをあなたに差し上げましょう」（ルカ四・六）。サタンはそう約束していた。

異なる言語を使ったほうがいいような二者間で対話が続いていた。イエスはいつになく無愛想で、腹を満たす食べ物ばかりを求めている群衆の貪欲な動機を批判した。イエスは「わたしはいのちのパンです」とか「わたしは、天から下って来た生けるパンです」という挑発的なものの言い方をした（ヨハネ六・四八、五一）。「人の子の肉を食べ、またその血を飲まなければ、あなたがたのうちに、いのちはありません」という理解しがたいことも言った（同五三節）。

ギリシアの合唱団のように、聴衆はこうした信じがたい言葉に劇的な反応を示した。ぶつぶつ文句を言った。議論した。しかし、自分たちの夢を簡単にはあきらめようとはしなかった。古いユダヤの伝統は、メシアはマナをふるまったモーセの行為を再び行うと教えていた。イエスはまさにそれを前の日にしたのではなかったか。昨日の奇跡をなお噛みしめながら、彼らはさらにもう一つの奇跡のしるしを求めた。人々は奇跡に病みつきになっていた。

最終的にイエスは議論に「勝った」。彼は結局、群衆の求めていた種類のメシアではなかった。イエスは求めに応じてパンやサーカスを提供しはしない。大勢の落ち着かない群衆は散って行き、イエスの弟子たちは互いに不平を言い始めた。「これはひどいことばだ。そんなことをだれが聞いておられようか」（同六〇節）。多くの者がイエスを見捨てた。ヨハネだけが、弟子たちの間に分裂があったことに触れている。「まさか、あなたがたも離れたいと思うのではないでしょう」と、イエスは悲しげに十二弟子に尋ねた（同六七節）。

五千人の給食は、命令一つで超自然的力を使うことができたイエスが、奇跡に対してそのように相反する態度を示した理由を明らかにしている。奇跡は確かに群衆を魅了し、喝采させる。だが、悔い改めや長きにわたる信仰を促すことはまれなのだ。イエスは従順と犠牲という難しいメッセージを持ってきたのであり、やじ馬たちのための余興を持ってきたのではなかった。

その日を境に、イエスの教えには違った流れが見られるようになった。歓呼の声の後に拒絶が続く場面展開が、彼の未来を物語っていたかのように、イエスは自らの死について以前よりあからさまに語り始めた。群衆に語っていた奇妙なたとえ話が、より意味をなし始めた。命のパンは、たとえばマナのような不思議な出来事ではなかった。それは壊され、血にまみれるために天から下りて来たものだった。イエスは自身の身体のことを語っていた。ロバート・ファラー・キャポンの言葉で言えば、「メシアは、ここでは嵐が静められ、あそこでは群衆に食べ物が与えられ、道の端っこでは姑の背中が癒され、といった絆創膏のように介入する奇跡によってこの世を救おうとしたのではない。むしろ、この世はもっと深くて暗い不器用な神秘によって救われようとしていた。この神秘の中心に、イエス自身の死があった」。

イエスは湖のほとりの草繁る小高い山の上で、その日ある種のテストに合格したのである。サタンは荒野でイエスにその予告編を見せていたが、そのときの誘惑はもっと理論的なものだった。今度は本物で、イエスにあらゆる権利を持つ王としての身分を差し出したテストだった。イエスはその申し出を拒み、より困難で謙虚な方法を良しとしたのである。「悪い、姦淫の時代はしるしを求めています」（マタイ一二・三九）。イエスはほかのだれかにあなたの力を見せてくれと頼まれた時にこう言った。そしてエルサレムでは、多くの人々がイエスの起こした奇跡を見て彼を信じたのに、「イエスは、ご自身を彼らにお任せにならなかった」（ヨハネ二・二四）。イエスは彼らの心にあったものを知っていたからである。

しるしは証拠と同じものではない。しるしは、正しい方向を見ている人のための目印にすぎないのである。

＊

ヨハネの福音書における最後の大きな「しるし」は、この書のちょうど真ん中の一一章に現れていて、その前後の話をつなぐ基点となっている。ヨハネはラザロの奇跡を指して、宗教指導者たちを決定的にイエスに敵対させることとなった事件としている。ヨハネの説明にはイエスが地上にいたとき、奇跡は何をなし、何を成し遂げなかったのか、そのこともきれいにまとめられている。

ラザロの話には、独特の「段階的」性質がある。普通、イエスは病の人がいると聞けば直ちにそれに応え、時にはその要望に応えるために、もともとの計画を変更した。しかし、このときは親しい友だちの一人が病気であると知らされながら、別の町に二日もとどまっていた。イエスは、遅れて行けばラザロが死んでしまうことを十分知ったうえで、意図的にそうしたのだった。ヨハネはイエスが弟子たちに与えた不可解な説明を記している。

「ラザロは死んだのです。わたしは、あなたがたのため、すなわちあなたがたが信じるためには、わたしがその場に居合わせなかったことを喜んでいます。」

（ヨハネ一一・一四、一五）

イエスはわざとラザロを死なせ、その家族が悲しむままにさせたのである。

別の所では、ルカがラザロの姉妹たちの性格のタイプを対照させている。台所で忙しく動き回っている一つの思いにとりつかれたマルタと、イエスの足元に満たされて座っている静観的なマリアである。悲劇が起きたときも、この二つの性格は変わらなかった。マルタは急いで道を走って、村の外にいたイエスたちに会いに行った。そして、イエスをなじった。

「主よ。もしここにいてくださったなら、私の兄弟は死ななかったでしょうに。」

（同二一節）


その後、少ししてやって来てマリアも深く悲しみながら、まったく同じ言葉を言った。「主よ。もしここにいてくださったなら、私の兄弟は死ななかったでしょうに」（同三二節）。

姉妹の言葉には、祈りに答えなかった神を告発する非難めいた調子がある。私たちは悲しみに暮れるとき、どんなにがんばっても、「もし……だったら」という言葉を避けることができない。「もし彼があの飛行機に乗らなかったら。」「もし彼女が煙草をやめていたら。」「もし私が『さようなら』と言う時間を取っていたら。」この場合、マリアとマルタの「もし……だったら」には、明確な標的があった。それは兄弟の死を免れさせることができたはずの神の子自身であり、友だちでもあった人物である。

信仰の欠けているのが悪いというわけではなかった。マルタはイエスに死後の生を信じていると言いきり、また注目すべきことに、イエスはメシアであり、神の子であると公言さえした。その子どものような信仰が、この問題の核心部にはあった。なぜイエスはそれを尊重しなかったのか。友人や親類たちはそっけなく尋ねた。「盲人の目をあけたこの方が、あの人を死なせないでおくことはできなかったのか」(同三七節)。

マルタは泣いていた。マリアも泣いていた。悼む者全員が泣いていた。やがてイエス自身が「霊の憤りを覚え、心の動揺を感じて」涙を流した(同三三節)。ヨハネは、イエスが泣いた理由に触れていない。イエスはすでにラザロを死人の中からよみがえらせる計画を明らかにしていたのだから、打ちひしがれた哀悼者たちと同じ悲しみを感じてはいなかったはずである。それでも何かがイエスの心に響いたのだった。墓に近づいて行ったイエスは、再び激情を感じた。「心のうちに憤りを覚えながら」と翻訳しているものもある。

死がイエスを悩ませたことは、それまで一度もなかった。ナインのやもめの息子の時は葬列をその場で止め、難なく生き返らせた。イエスはふざけて命令してでもいるように、「少女よ。あなたに言う。起きなさい」(マルコ五・四一~四二)――昼寝の時間はおしまいですよ、と告げる親のようだ――と言って、ヤイロの娘に息を吹き返させた。しかしラザロの家族と共にいるイエスは困惑し、悲しみに打たれ、苦悩しているように見えた。

イエスが墓場でささげた祈りに手掛かりがある。


「父よ。わたしの願いを聞いてくださったことを感謝いたします。わたしは、あなたがいつもわたしの願いを聞いてくださることを知っておりました。しかしわたしは、回りにいる群衆のために、この人々が、あなたがわたしをお遣わしになったことを信じるようになるために、こう申したのです。」

（ヨハネ一一・四一、四二）

群衆のほうを振り向き、ひとり言を言うシェークスピア劇の俳優のように、イエスが聴衆を意識しながら祈った場所はほかのどこにもない。この瞬間、イエスは、天から下りて来た神の子であると同時に、地上に生まれた人の子でもあるという、自身の持つ二重の身分を自意識過剰気味に感じていたようである。

公の場での祈り、大きな声、しぐさ――これらはすべて、そこに霊の戦いがあったことを物語っている。イエスは公衆の面前で「しるし」を出して見せ、自分の正しさを立証した。そしてほかの場所と同様、ここでもイエスは、神の創造物が死と復活の間にあることを認めたのだ。イエスはもちろん、ラザロが今や御国で完全で満たされており、この罪の世で生きるよりもあらゆる点で死んだほうが良かったことを知っていた。マルタとマリアも頭では同じようにわかっていた。しかしイエスともラザロとも違い、この姉妹は天国から笑い声を聞いたことがなかった。しばらくの間は深い悲しみに圧倒されて、神の力と愛を信じることができなかった。彼女たちが知ったのは喪失だけであり、感じたのは痛みだけだった。

その喪失と痛みという、いまだ復活に至らない状態が、おそらくイエスの涙の原因を説明するだろう。ギリシア語学者たちは、「心の動揺を感じて」と翻訳された言葉には、苦悩以上の意味が含まれていると言う。この言葉は怒り、あるいは憤怒さえ意味している、と。まさにその瞬間、イエス自身が二つの世界の間にぶら下がっていた。死臭を放つ墓は、こののろわれた——文字どおり、のろわれた——世でイエスを待ち受けているものを予告していた。自分自身の死が、復活において終結するといっても、その恐怖や痛みが軽くなるわけではなかった。イエスは人間だった。天国に行くためには、ゴルゴタを通らなければならなかったのだ。

ラザロの話を全部ひっくるめて見れば、イエスの未来の前兆ばかりでなく、この星全体の眺めも簡潔なかたちで見ることができる。私たちはみな、ラザロの死とよみがえりの間にある、混沌と混乱の合間、よみがえりまで間のある時間の中で日々を過ごしている。その時間は一時的なものであり、私たちを待つ栄光の未来の重要性に比べれば見劣りがするかもしれないが、現時点で私たちが知っているのはそれがすべてであり、私たちの目には——そしてイエスの目にも——涙が流れるのである。

ラザロという男がよみがえったからといって、この地球という星のジレンマが解決されるわけではないだろう。そのためには、一人の男の死が必要だろう。ヨハネは、ラザロの奇跡がイエスの運命を決定したという、驚くべき皮肉《アイロニー》な部分を付け足している。

「そこで彼らは、その日から、イエスを殺すための計画を立てた。」　（同五三節）

そして重要なことだが、その日から、イエスのしるしと不思議はなくなったのである。

＊

イエスの時代に起きた奇跡の抜粋記事を今読むと、そこに非常に異なるメッセージが見て取れる。

子どものころ、奇跡はイエスの主張の正しさを絶対的に証明するものだと思っていた。しかし福音書の中では、直接自分の目で不思議を見た人々にも、奇跡はそのような確信を与えなかった。イエスは、疑う者たちに言った。

「もしモーセと預言者との教えに耳を傾けないのなら、たといだれかが死人の中から生き返っても、彼らは聞き入れはしない。」　（ルカ一六・三一）

おそらくイエスの頭には、自身の復活があったのだろうが、ラザロの話に続く状況が同じ点を証明している。祭司長たちは、かわいそうなラザロをもう一度殺してしまうというとっぴな策をもって、その奇跡を覆い隠そうとしたのである！　ラザロという人間が自由に歩き回っているという、目覚ましい奇跡の行われた証拠が厳としてあったため、悪意をもってその証拠隠滅を共謀した。どんな場合でも、奇跡が人々をひどく驚かせ、信仰へ「ごり押しする」ことはなかった。そうでなければ、信仰の余地などないだろう。

子どものころ、奇跡は人の安全を保証するものだと思っていた。イエスは「……そんな雀の一羽でも、あなたがたの父のお許しなしには地に落ちることはありません」と約束したではなかったか（マタイ一〇・二九）。後に私はこの約束が、十二弟子に対する一連の悲惨な警告の中で出されたものであると知った。イエスは警告の中で弟子たちの逮捕、迫害、死を予言していた。伝承によると、ユダよりも長く生きた十一人の弟子は、一人残らず殉教した。イエスは苦しみを受けたが、使徒パウロや初代のキリスト教指導者たちの大半もそうだった。信仰は保険ではない。いや、あるいはエディー・アスキューが示唆しているように保険なのかもしれない。保険は事故を防ぎはしないが、事故の結果に向き合う際の心強い基盤を提供するから、というわけである。

子どものころ、より強い信仰を持とうと懸命に努力していた。大人は信仰を成長させせなさいとしきりに説いた。それなのに、どうやって進めばよいのか手掛かりもなかった。癒しの話を全部読んでみて今気づくのは、福音書にはいわば「信仰の梯子」がある、ということだ。梯子のてっぺんには、大胆な揺るがぬ信仰を持ってイエスを感銘させた人々が立っている。百人隊長、厚かましい目の見えない物乞い、執拗なカナンの女たちだ。これらの筋金入りの信仰の話は私には脅威である。私にはそういう信仰がほとんどないからだ。私は神の沈黙に遭うとあっさり挫けてしまう。祈りが答えられないとき、もうあきらめて願い事をするのはやめようという誘惑に駆られる。だから梯子の下のほうを見て、それほど信仰の強くない人々を探す。イエスはどんなにちっぽけであろうと、信仰を見つけると喜んでそれを助け、働くらしいことがわかり、励まされる。自分を見捨てたり、疑ったりした弟子たちを、イエスがどのように扱ったか、愛情こめて書かれた記事にしがみつく。梯子の上のほうにいる大胆な信仰を持った人々を称賛したのと同じイエスが、弟子たちのしおれた信仰を優しく活気づけてやってもいた。そして悪霊にとりつかれた少年の父親の告白に、私は特別な慰めを見いだしている。その父親はイエスにこう言った。「信じます。不信仰な私をお助けください」（マルコ九・二四）。その揺れ動く男の願いでさえ、聞き入れられたのである。

子どものころ、私は奇跡をどこにでも見ていた。しかし今ではめったに見ないし、奇跡はあいまいなもので、違った解釈の余地のあるものに見える。幼子のような私の見方は、まぎれもなく年齢とともに曇ってしまった。そして、これを喪失だと感じている。しかし、確かに奇跡の持つ、いつどこで起こるかわからない性質は、今日と何ら変わることなく、イエスの時代でも理解しがたいものだったのである。水の上を歩くことのできた男は、それをたった一度だけ行った。なんという自制！　そう、イエスはラザロを死からよみがえらせ、彼の姉妹たちの涙を乾かせた。しかし、その日、愛する者たちを失って嘆き悲しんでいた、ほかの大勢の姉妹、妻、娘、母たちはどうなのだろう。イエス自身は奇跡を論じたとき、奇跡が「まれであること」を強調していた。

子どものころ、奇跡は魔法だと思っていた。今は、しるしだと思っている。バプテスマのヨハネが獄中でつらい日々を過ごしていたとき、イエスは自分が「その人」であると証明する、癒しやよみがえりに関する報告をヨハネに送った。しかしそれから少しして、ヨハネ自身が死刑執行人の手にかかって死んでしまった。イエスがヨハネに送ったメッセージは、ヨハネの置かれていた状況を楽にするものではなかったし、そのメッセージがヨハネの信仰にどのような影響を及ぼしたのか、私たちにはわからない。にもかかわらず、そのメッセージは、イエスが動き出させようとした王国の性質を確かに表していた。それは目の見えぬ人の目が見えるようになり、身体の不自由な人が跳びはね、貧しい者が自由にされる解放の王国だった。（私たちの知る三十六の奇跡の中に登場した）何人かにとって、解放はイエスがガリラヤやユダヤの道を歩いていた時に起きた。イエスの弟子たちによる熱心な礼拝を通して解放を理解した人々もいた。しかし、バプテスマのヨハネのように、地上でそのような解放をまったく経験しなかった人々もいた。

それでは、いったい奇跡はなぜ起こされたのか。奇跡には何らかの意味があっただろうか。イエスは二十いくつかの癒しを行い、少しばかりの人を死からよみがえらせたが、この星の上にある苦痛という問題には何の解決も与えなかったことを、私は迷わず認める。イエスはそのために来たのではない。そうであっても地上にいる間、この堕落した世界のもたらす影響に対抗するものがイエスの性質にはあったのだ。イエスはその人生において、超自然的な力を使い、間違っていたものを正しく直していた。肉体の癒しはどれも、目が見えなくなることも、体が不自由になることも、十二年間も出血が続くこともない肉体が存在したエデンの時代を指し示していた。さらに再創造の到来する時をも指していた。イエスの行った奇跡はそのとき、病や死の鎖を断ち切ったのだが、世界の本来あるべき姿を垣間見せてくれるし、いつか神が間違ったものを正してくださるという希望を吹き込んでくれる。控えめに言うと、神も私たちと同じように、この地球に満足していないのだ。イエスの奇跡は、神がそれをどうしようとするつもりなのか、ヒントを提供している。

奇跡は物理的宇宙の法則を、信じがたくも一時停止させたものだと見る人々もいる。しかし奇跡はしるしとして、一時停止とは正反対の機能を果たしている。死、衰亡、無秩序、崩壊こそが、神の律法の一時停止状態である。奇跡は、回復を早い時期に少しだけ見るようなものである。ユルゲン・モルトマンの言葉で言えば、「イエスの癒しは、自然界における超自然的な奇跡なのではない。それは、不自然で悪魔のようにされた、傷ついた世界における唯一真に『自然な』ものなのである」。

※ 災難についての人々の考え方は、イエスの時代から著しく変わっている。今日、私たちは非常に大きなものから（保険会社は「神の仕業」と呼んでいる）ごく小さなものまで、どちらも神が悪いと非難しがちである。一九九四年の冬季オリンピックで、スピードスケート選手ダン・ジャンセンが五百メートルレースで転倒して再び敗北を喫したとき、ロビン夫人は思わず叫んだ。「神さま、なぜまた負けたのですか。神さまがそんなに残酷なはずはないでしょう！」 数か月後、ある若い女性はジェームズ・ドブソン博士に手紙を書いた。「四年前、ある男性とつき合い、妊娠しました。そして捨てられました。私は神に尋ねました。『あなたはなぜ、私がこんな目に遭うことを許されたのです。』」 まったく神はスケート選手がカーブでバランスを失ったり、若い二人が交際を続けられなくなったりしていたとき、どんな役割を果たしていたのかと、私は不思議で仕方がない。

※※　奇妙な信仰がハンセン病患者のケアを推し進めた。ヒエロニムスの注釈によって、教会指導者たちはイザヤの困難のしもべという描写を、「苦しみを知っている」しもべは実際にハンセン病患者であると考えた。こうして一二、一三世紀の人々は、イエスはハンセン病を患っていたに違いないという性急な結論に飛びついた。この信仰によって、ハンセン病への見方が完全に逆転する。もはや神ののろいではなく、「聖なる病」であった。ハンセン病を得て帰還した十字軍の戦士たちは手厚い治療を受け、この病を治療する「ラザロの家」が至る所に作られた。フランスだけでも二千近くあったという。この歴史的運動は、イエスの「わたしの兄弟の中でもっとも小さいものたち」をキリスト自身のように扱えという命令に、文字どおり従う教会の模範となっている。

※※※　ドナルド・セニョールという牧師が、身障者にとっての近づきやすさという、私が一度も気がつかなかった問題に関わるこの話について見解を述べた。セニョールは書いている。「このような話はどんな身障者からも、多く聞くものだ。教会には聖具室を通って入るとか、もっとひどい場合は子どものように正面の階段を抱え上げられて行くとか、貨物用のエレベーターを使って講堂に入る、そして台所とか家事作業室を通らないと、正面のドアのところに来ている『普通の』人々に合流することができないといった具合である。」

10 死——最後の週

なぜ、神は「最も重大な瞬間に」御顔を隠されるのだろう……まるで、目が見えず、耳が聞こえず、口もきけない自然の非情なおきてに進んで従おうとしているかのように。

——フョードル・ドストエフスキー

私の育った教会は、受難週を駆け足でやり過ごし、イースターのシンバルに耳を澄ませていた。受難日に礼拝がもたれたことはなかった。三か月に一度だけ聖餐式が行われたが、それは指貫のようなカップと砕いた塩味のクラッカーを載せたお盆が進んで行くのを、もったいぶった案内係が監督するという、わけのわからない儀式だった。

ローマ・カトリック教徒は復活を信じていない。だから、カトリックの少女たちは「小さな男がついていている」十字架を身につけているのだと、聞かされた。彼らは火をともしたろうそくを立ててミサを行っているが、それは一種カルト的な儀式であり、死に執着しているしるしであると教えられた。私たちプロテスタントは違っていた。イースターには、とっておきの良い服を着て、生き生きとした賛美をささげ、教会の中を飾りたてたりしないのだった。

神学や教会史を研究するようになって、自分の教会がカトリック教徒を誤解していたことに気がついた。カトリック教徒も私たちと同じようにイースターをしっかりと信じていたし、実際その信仰を最もよく表す信条をたくさん書いていた。私の教会と違って、聖書の記録は、受難週に入ると足を早めるどころかスピードを落としていることも福音書から学んだ。初期のキリスト教注解者の一人はこう言った。福音書は、導入部分の長い、イエスの最後の週の物語である。

これまで読んだ伝記の中で、主人公の死に一割以上のページを当てているものは、ほとんどない。マーティン・ルーサー・キングやマハトマ・ガンジーのように、暴力に倒れ、政治的意義のある死を遂げた人物の伝記の場合も同様だった。しかし、福音書のおよそ三分の一は、イエスの生涯のクライマックスである最後の週についての記録である。マタイ、マルコ、ルカ、ヨハネは、死がイエスの神秘の中心であると見ていたのである。

福音書のうち二つだけが、イエスの誕生にまつわる出来事に言及しているが、四つの福音書はどれもイエスの復活に数ページしか割いていない。けれども各記者は、イエスの死に至るまでの出来事を詳しく記録している。それまでついぞ見られなかったことである。受肉以前にも、天使たちは私たちの属する次元に出入りしていたし（ヤコブの取っ組み合った相手やアブラハムのもとを訪れた人々を思い出してみてほしい）、死から目覚めた人々もいた。しかし、神の子が地球という星の上で死んだとき――メシアが敗北する、神が十字架にはりつけにされるなどあり得ようか――自然そのものがこの行為に震撼した。地は揺れ動き、岩は裂け、空は暗くなった。

ここ数年、私は受難週が近づいて来るたびに、福音書の記事をくまなく読んでいる。続けて読む時もあれば、「福音書の調和」に従うかたちであちらこちらの箇所を織りまぜて読む時もある。この純然たるドラマには、いつも圧倒される。この単純で飾り気のない叙述には激しい力があり、背後に悲しみに沈んだバスドラムの音が聞こえるようである。奇跡が割り込むこともなければ、超自然的救援が来ることもない。ソフォクレスやシェークスピアを超える悲劇である。

この世の力が、つまり当時最強の政治権力を持っていた帝国と手を結んだ最高に洗練された宗教体制が、たった一人の人物、かつて生きた人間の中で、唯一完全な男にこぞって敵対する。彼は権力者たちから馬鹿にされ、友人たちからも見捨てられる。しかし、福音書から受けるのは、彼自身がこの一部始終を見下ろしているという、強烈で皮肉《アイロニー》な印象だ。彼は自分を待ち受ける運命を知りながら、決然とその顔をエルサレムに向けた。ひたすら十字架を目指してきた。今や死が近づき、彼が支配の座に着くのである。

ある年のこと、私は旧約聖書全巻を読み終えるとすぐに、福音書のページをめくった。四苦八苦して歴史と詩と預言の書を読みながら出会ったのは、力強い神だった。支配者は次々に変わり、帝国は崩壊し、すべての国家が地上から消滅した。ユダヤ人は毎年、国家として立ち止まり、エジプトから救い出してくださった神の偉大なみわざを思い出した。それは、奇跡に満ちあふれた事件だった。詩篇や預言書のすべてに、出エジプトの余震の響きを感じた。厄介事に煩わされた民族にその響きは合図となって、彼らの祈りにかつて答えてくださった神が、再びそうしてくださることを思い起こさせた。

そうした記事がなお耳の中にこだましている状態で、マタイがイエスの最後の週を一場面ずつ描いているところにきた。ユダヤ人はその年も出エジプトを思い出して過越の祭りを祝うため、エルサレムに集っていた。希望は枯れることなく、再び湧き上がった。「メシアが来た！」という噂が流れた。そしてその後、希望の中心に突き刺さった矢のように、イエスは裏切りに遭い、裁判にかけられ、死が訪れる。

結末を前もって知っている私たちに、イエスの弟子たちの上にのしかかった、この世の終わりを感じる陰鬱な気持ちを把握することなどどうしてできるだろう。何世紀も経って、この話はよく知られたものとなった。その最後の週に当事者たちの受けた衝撃を、私は理解することができないし、まして再現するなど無理である。あらためて、キリスト受難物語を顧みて、ひときわ目を引くものだけを書き留めることにする。

◆エルサレム入城

四福音書はどれもこの出来事に触れている。一見すると、イエスが拍手喝采を嫌悪しなくなった出来事のように見える。群衆は衣服や木の枝を道に広げて置き、崇拝の気持ちを表し、叫んだ。「祝福あれ。主の御名によって来られる王に」（ルカ一九・三八ほか）。イエスはそのように熱狂的な歓迎を受けるとその場を離れるのが常だったが、このときは群衆が叫ぶままにさせた。憤慨したパリサイ人にイエスは言った。「わたしは、あなたがたに言います。もしこの人たちが黙れば、石が叫びます」（同四〇節）。

ガリラヤ出身の預言者の名誉は、今やエルサレムで回復されようとしていたのだろうか。パリサイ人は驚き叫んだ。「見なさい。世はあげてあの人のあとについて行ってしまった」（ヨハネ一二・一九）。そのとき、エルサレムには数十万人の巡礼者が集まっていたが、それはまるで、王なる神が、その当然の王位を主張し、大軍を擁して到着したかに見えた。

子どものころ、しゅろの日曜日の礼拝から車で家に戻る時のことだ。ぼんやりとしゅろの葉を引き裂き、日曜学校の季刊誌を開いて翌週の話題に目を通していた。意味がわからなかった。それほどの群衆がひれ伏した次の週に、どうしてイエスは逮捕され、殺されたのだろう。

今福音書を読むと、群衆の変化を説明するような、表面下にあった流れが見て取れる。しゅろの日曜日、ベタニアからの一団がイエスを囲んでいた。彼らは依然、ラザロの奇跡に狂喜していた。ガリラヤから来たイエスをよく知る人々も、大きな集団を作っていたはずだ。目の見えない人や身体の麻痺した人、子どもたちといった支持者もあったことを、マタイは指摘している。しかし、その支持者たちの向こうに危険が潜んでいた。イエスを快く思わない宗教権力者たちと、祭りに集まった群衆の取り締まりのために派遣されて来たローマの軍隊は、サンヘドリンが秩序を脅かす可能性があると目をつけた人物を警戒していた。

イエス自身は騒がしいパレードの間、複雑な感情を抱いていた。イエスはエルサレムの町に近づくと泣きだしたと、ルカは報告している。大衆がいかに簡単に身を翻すものか、イエスは知っていた。ある週、「ホサナ！」と叫んだ声が、次の週には「十字架につけろ！」と金切り声を上げるかもしれないのだ。

エルサレム入城には、相反する感情が併存する雰囲気があり、記事のすべてを読んだ今、私の目を引くのは、この事件が持つどたばた喜劇の性質である。ローマの将校が治安を乱す者がないか確かめようと馬を駆るさまを思い描いてみる。ローマでは、行列の群衆が騒ぐことはなかった。征服者である将軍は黄金の戦車に乗っている。駿馬が激しく手綱を引っ張り、戦車の釘は太陽の光に輝いている。将軍の後ろでは、ぴかぴかの鎧に身を包んだ将校たちが、征服した軍隊から奪取した旗を誇らしげに見せびらかしている。最後部は、鎖につながれた奴隷や囚人を寄せ集めた列で、ローマに歯向かう者の行く末を身をもって示していた。

イエスの勝利の入城では、イエスを崇める群衆がなしている行列は、雑多な人々の寄せ集めだ。そこにはガリラヤやベタニアからやって来た、身体の不自由な人々、子どもたち、農夫らが入り交じっている。ローマの将校たちが注意の的を捜した挙げ句見つけたのは、「泣いて」いる惨めな人物だった。駿馬や戦車ではなく、子ロバに乗っていた。子ロバの背には、鞍の代わりに借り物の上着が掛けられていた。

そう、しゅろの日曜日には勝利の気配があった。しかし、ローマをうならせる類の勝利もなければ、エルサレムの群衆を長く感動させる類の勝利もなかった。どういう王だったのか。

◆最後の晩餐

ヨハネの記事を読むたびに、私はその「現代的」な調子に驚嘆する。ほかの福音書と違い、この福音書の書き手はスローモーションを使った写実主義的な描写をしている。ヨハネは長い対話を引用し、イエスとその弟子たちとの感情的なやりとりを書き留めている。ヨハネの福音書一三～一七章には、イエスが地上で過ごした中で最も激しく苦しんだ夜を詳しく回想した記録がある。

その夜、象徴的表現に満ちた過越の祭りの儀式を守っていくとき、弟子たちには多くの驚くべきことが待ち受けていた。イエスが出エジプトの話を声に出して読んだとき、弟子たちが心の中で「エジプト」を「ローマ」に置き換えていたとしても無理からぬことだ。神にとって、すべての巡礼者がエルサレムに集結しているこのときに、あの偉業をくり返す以上の良い計画があるだろうか。イエスの大々的な宣言が巡礼者たちの究極の野望を刺激した。「わたしもあなたがたに王権を与えます」（ルカ二二・二九）。イエスは威厳をもってこう言い、また「わたしはすでに世に勝ったのです」とも言った（ヨハネ一六・三三）。

ヨハネの記事を読むたびに、最後の晩餐の進行をさえぎった特別の出来事に立ち返る。「イエスは、父が万物を自分の手に渡されたこと……を知られ」とヨハネは仰々しく書き始め（同一三・三）、それからこのつじつまの合わない締めくくりを加えている。

「夕食の席から立ち上がって、上着を脱ぎ、手ぬぐいを取って腰にまとわれた。」

（同一三・四）

イエスは奴隷の恰好をして身体をかがめると、弟子たちの足からエルサレムの汚れを洗い落とした。

主賓が友人たちと最後の食事をするときに取る行動としては、なんと奇妙なことか。すぐさま「わたしもあなたがたに王権を与えます」と宣言する支配者の、なんと理解しがたい行為であることか。当時、足を洗うのは非情に不名誉な行為と考えられていたため、主人であってもユダヤ人奴隷に足を洗わせることはできなかった。ペテロはその不愉快であるはずの行為をイエスがしたことに、色を失った。

作家スコット・ペックにとって、このイエスが弟子の足を洗う場面は、イエスの生涯の中で最も重要な、際立った出来事の一つである。

「その瞬間まで、事全体の重要な点は、だれにとってもいちばん上に行くことであり、またいちばん上に行けたら、そこにとどまり続けるか、さらに上へ行こうとすることだった。しかしここで、すでにいちばん上にいた男、ラビで、教師で、主人であった男がいきなりいちばん下に降りて来て、弟子たちの足を洗い始めたのである。その行為によって、イエスは象徴的に、社会秩序全体を引っくり返したのである。何が起きているのかほとんど理解することもできず、イエスの弟子たちでさえ、彼の行為に恐怖に近いものを感じていた。」

イエスは弟子である私たちに、自分を思い出すために三つのことをしなさいと言った。自分がヨハネから洗礼を受けたように、あなたがたもほかの人々に洗礼を授けなさい。また、まさにあの晩、イエスが弟子たちと共にした食事を思い出しなさい。そして最後に、互いの足を洗いなさい、と言った。教会はつねにそれらの命令のうち二つを尊重してきたが、それが何を意味するのか、またどうしたら最もよくその命令に従うことになるのか、多くの議論が繰り広げられてきた。しかし今日の私たちはこの三つ目〝互いに足を洗いなさい〟という命令を、アパラチアの丘に隠れている少教派と結びつけがちだ。足洗いを実行しているのはごく少数の教派だけで、ほかの教派にとってはその考え全体は原始的、田舎くさくあり、無粋なものと映っている。イエスはその命令を十二弟子だけに言ったのか、あるいはその後に続く私たち全員にも向かって言ったのか、議論の余地がある。しかし、十二弟子がイエスの教えに従ったという証拠もないのである。

その晩遅く、弟子たちの間でだれがいちばん偉いと考えられるか論争が持ち上がった。イエスは、競争や野望という人間の本能をあえて否定しなかった。ただ、それを別の方向に向けてこう言った。

「あなたがたの間で一番偉い人は一番年若い者のようになりなさい。また、治める人は仕える人のようでありなさい。」（ルカ二二・二六）

そのとき、イエスは「わたしもあなたがたに王権を与えます」と宣言したのである。別の言葉で言えば、奉仕と謙遜に基づく王国であった。弟子たちは、自分たちの足を洗うイエスの中に、イエスの言わんとしたことを物語る、生きた情景を見たのであった。その模範に従うことは、二千年経った今も少しも易しいものになっていない。

◆裏切り

最も親しい友人たちとのこの打ち解けた夜のど真ん中に、イエスは爆弾を落とした。イエスの周りに集まっている十二人の男の一人がこの夜裏切りを働き、イエスを権力者らの手に渡すだろうと言ったのである。弟子たちは「だれのことを言われたのか、わからずに当惑して、互いに顔を見合わせていた」(ヨハネ一三・二二)。そして、互いに問いを口にし始めた。

イエスの言葉は聞き捨てならなかった。「まさか私ではないでしょう。」弟子たちはかわるがわるそう言いながら、心中の疑念を暴露していた。裏切りはめずらしくもなかった。策謀渦巻くエルサレムでは、イエスに接近しようとしていたイエスの敵から話を持ちかけられた弟子がどれほどいたか、わからない。最後の晩餐自体、危険に包まれていた。晩餐は、水がめを運ぶ得体の知れない男が入って行く二階の部屋でもたれると、ひそかに決められていた。

イエスの爆弾発言から少し後で、だれから疑われることもなく、ユダが静かに部屋を出た。このグループの会計係は当然のことながら、何か必要な物を購入したり施しをしたりするために出かけるのに、いちいち断らなくてもよかった。

「ユダ」という名前は、かつてありふれたものだったが、今ではほとんど消え失せてしまった。子どもに歴史上最も評判の悪い、裏切り者にちなんだ名前をつけたいと思う親などいない。しかし自分でも驚いたのだが、今でも福音書を読むと、目を引くのはユダの凶悪さではなく「普通さ」だ。ほかの弟子と同じようにユダも、イエスが夜を徹して祈った挙げ句に選んだ弟子だった。会計係だったので、明らかにほかの弟子の信頼を得ていた。最後の晩餐の時でさえ、イエスに近い栄えある席に座っていた。福音書は、ユダが弟子の実力者グループにこの背信行為の計画を浸透させようとする「潜入スパイ」だったとほのめかしてはいない。

それでは、ユダはどうして神の子を裏切ることができたのだろう。こう問いかけるときも、十一人の弟子のことを考える。ゲツセマネでイエスから逃げた残りの弟子たちや、「そんな人は知らない」と中庭で詰め寄られたときに誓ったペテロ、イエスが復活したという報告を頑なに信じまいとした弟子たちのことを。ユダの裏切り行為は、ほかの多くの背信行為と、種類ではなく程度が違っていたのである。

ハリウッドがこの裏切り行為をどう表現しているのか興味を持った私は、十五本の映画を見て、ユダの扱い方を確認した。おびただしい数の推論があった。そのいくつかによれば、ユダは金の亡者だった。ほかの理論では、ユダはイエスの敵が迫って来たとき、怖くなって密約を結ぶ決心をしたと描かれていた。イエスに幻滅した男としてユダを描いた作品もあった。イエスがなぜ、反ローマの軍隊を編成するのでなく、神の宮を鞭できよめたのかわからなかったのだ。ユダはイエスの「優しさ」が癇に触るようになっていたのかもしれない。現代のパレスチナや北アイルランドの兵士のように、ユダも、遅々とした非暴力の革命に我慢がならなかったのだ。あるいは反対に、ユダは無理にでもイエスの支配を実現させたかったのか。ユダが逮捕の手はずを整えれば、それは確かにイエスが自分を宣言し、その王国を打ち建てる時期を速めることだろう。

ハリウッドは好んで、ユダを複雑な英雄的反抗分子という役回りにしている。裏切り行為を働くためにテーブルを離れたとき、「サタンが彼に入った」(ヨハネ一三・二七)。いずれの事件にせよ、ユダの抱いた幻滅と、ほかの弟子たちの思いとは、単に程度が違うだけだった。イエスの主張している王国が、王座ではなく、十字架に通じていることが明らかになったとき、弟子たちはひとり残らずこそこそと闇に消えて行ったのである。

ユダはイエスを裏切った最初の人物でもなければ、最後の人物でもない。ただいちばん有名なだけである。遠藤周作は、裏切りをテーマに多くの小説を書いている。代表作『沈黙』は、将軍による迫害の下で信仰を撤回した日本人クリスチャンを描いている。遠藤はクリスチャンの殉教者を描いた感動的な本を数多く読んでいたが、クリスチャンの裏切り者に焦点を当てた本は一冊も読んだことがなかった。どうしてか。書かれていなかったのだ。しかし、遠藤にとってイエスの最高に力強いメッセージとは、イエスを裏切った人々にさえ、いや、そうした人々にこそ向けられる、あふれんばかりの愛だった。ユダが暴徒を庭へ導いたとき、イエスは彼を「友よ」と呼んだ。もう一人の弟子はイエスを見捨てたが、それでもイエスは彼らをなお愛していた。イエスと同じユダヤ人が、イエスを処刑した。しかし、裸の身体を伸ばした究極の不名誉と言える恰好で、イエスは自らを奮い立たせて叫んだ。

「父よ。彼らをお赦しください。……」（ルカ二三・三四）

ペテロとユダ。この二人の運命ほど痛烈な違いを見せているものがあるだろうか。二人ともイエスの弟子グループの中では指導的な立場にあった。二人とも驚くべき出来事を見たり聞いたりした。二人とも同じように、うろたえながら希望、恐れ、幻滅を順繰りに経験した。危険が増したとき、二人とも自分たちの主人を否定した。二人の類似性は、そこで途切れる。自責の念に駆られてはいるが悔い改めていなかったらしいユダは、自らの犯した行為のもたらした結末を受け入れ、自らの命を絶ち、最大の裏切り者として歴史上名を残したのである。ユダは、イエスが与えようとしたものを受け取ろうとせずに死んだ。面目を失ったものの、なお恵みと赦しというイエスのメッセージに心を開いていたペテロは、エルサレムにリバイバルを起こすほどになり、ローマで殉教するまで伝道し続けた。

◆ゲツセマネ

エルサレムの二階の部屋には、子羊や苦い香草、汗くさい身体のすえた臭いがたちこめていた。イエスと十一人の群れは立ち上がり、ゲツセマネの園の広く涼しいオリーブ林を目指して出て行った。春もたけなわ、花の香りが夜気に満ちていた。町の喧騒から離れた心安まる場所で、月や星々の下に身体を横たえると、弟子たちはすぐにまどろみ始めた。しかし、イエスの心中は穏やかではなかった。マタイによると、「イエスは悲しみもだえ始められた」（二六・三七）。マルコはイエスが「深く恐れ」たと付け加えている。両記者とも、イエスが弟子たちに言った悲しげな言葉を記録している。

「わたしは悲しみのあまり死ぬほどです。ここを離れないで、わたしといっしょに目をさましていなさい。」

（マタイ二六・三八）

イエスは祈りをささげるために、しばしばひとりで出て行った。父なる神と二人だけで夜を過ごすことができるように、弟子たちを舟で追い払ったこともあった。しかしこの夜、イエスには弟子たちが共にいてくれることが必要だった。

私たち人間は、大きな危機に直面したときはだれかにそばにいてほしいと本能的に思うものだ。手術を受ける前の晩は病院でだれかに付き添ってもらいたいし、老人ホームにいて死が間近に迫ったときもだれかにそばにいてもらいたい。私たちには、人間がそこにいてくれるという、安心感の持てる触れ合いが必要だ。独房に監禁するというのは、人類の考え出した最悪の罰である。福音書のゲツセマネの記事の中に、私は、イエスがそれまで出合ったことのなかった非常に深い孤独を感じ取るのである。

もしも最後の晩餐に女性たちが入っていたら、イエスはあの時間をひとりで過ごさなかったかもしれない。イエスの母は察するものがあって、エルサレムに来ていた。彼女が福音書に登場するのはこのときと、息子が伝道生活を開始したときである。十字架のそばに立ち、イエスの亡骸を布にくるみ、夜明けに急いで墓へ行った女性たちであれば、ゲツセマネの園でもイエスと共に座し、その頭を抱き、彼の涙を拭ったことだろう。しかし、イエスに付き添っていたのは男の友だけだった。彼らは夕食とワインのせいで睡魔に襲われ、イエスがひとりで厳しい試練に耐えている間に眠ってしまった。

弟子が期待を裏切ったとき、イエスは受けた痛みを隠そうとはしなかった。「一時間でも、わたしといっしょに目をさましていることができなかったのか」（マタイ二六・四〇）。この言葉は、孤独以上の何か不吉なものを暗示している。イエスは初めて、父なる神と二人きりではいたくなかったと言えるだろうか。

大変な戦いが進行していた。そして福音書は、ユダヤ人やキリスト教の殉教の話とはかけ離れた仕方でイエスの苦しみを描いている。「この杯をわたしから取りのけてください」とイエスは懇願した。これは敬虔な正式の祈りではない。

「イエスは、苦しみもだえて、いよいよ切に祈られた。汗が血のしずくのように地に落ちた。」（ルカ二二・四四）

この戦いは、何との戦いだったのか。痛みと死の恐怖だろうか。もちろん、そうだ。イエスは、あなたや私と同じように、これから起こることを喜ぶ気にはなれなかった。だが、それ以上のことが起きていた。イエスは、神の黙殺としか呼べないような、それまで経験したことのない事態に直面していたのである。とどのつまり、ゲツセマネの核心として描かれているのは、答えられない祈りである。苦しみの杯は取りのけられなかった。

この世はイエスを拒絶した。その証拠は、ゲツセマネの園への曲がりくねった道をやって来た、松明の明かりの中にあった。まもなく弟子たちはイエスを見捨てるだろう。石の壁にぶちあたったように、何の返答ももらえない苦悩に満ちた祈りをささげている間、神もまた去って行ってしまわれたかとイエスは感じたに違いない。

もしも神が「この杯をわたしから取りのけてください」という願いに応じるために介入していたら、何が起きていただろうかと、ジョン・ハワード・ヨーダーは推測している。イエスは決して無力ではなかった。イエスが父なる神の御旨ではなく、自分の意志を主張していたら、自分のために十二の天使軍団（七万二千人）を呼び寄せ、聖なる戦いを戦わせたことだろう。ゲツセマネで、イエスは荒野でのサタンの誘惑を再び体験していた。どちらの場合も、荒野の告発者をさっと一突きしたり、ゲツセマネの園で激しい戦いをすることによって、イエスは悪の問題を力で解決することができた。しかし、そうしたら教会史など——実際、教会そのものが——存在しないことになる。人間の歴史が停止し、この時代が終わってしまう。イエスが一言命ずるかどうか、イエス個人の犠牲を抜かすかどうか、そして贖いによる七面倒な未来を売り払うかどうかという、このすべてがイエスの裁量にかかっていた。悪を力で解決すれば、御国はからし種のように成長するのではなく、雹の吹き荒れる嵐のように激しく襲いかかることだろう。

しかし、ヨーダーが指摘するように、そのとき甚だ恐ろしいものに見えた「杯」こそ、イエスが地球にやって来た理由にほかならなかった。「この十字架の上に、敵を愛した人、ファリサイ人よりも義に満ちた人、富んでいたのに貧しくなった人、下着を取る者に上着を与えた人、悪意を抱く者のために祈った人が架けられている。この十字架は、神の国に到る回り道でも障害でもなく、御国への道ですらない。それは到来した神の国そのものなのである。」

数時間の紆余曲折を経た祈りをささげた後で、イエスは決心した。イエスの思いと父の思いは一つになった。後にイエスは「杯」についてこう述べる。

「キリストは、必ず、そのような苦しみを受けて、それから、彼の栄光に入るはずではなかったのですか。」（ルカ二四・二六）

イエスは眠たげな友人たちを起こすと、暗闇を臆することなく抜けて、自分を殺そうとしている者たちのほうへ向かって行った。

◆**裁判**

かつて一般人には難解だった訴訟手続きの世界が、今ではテレビ番組やベストセラー小説のおかげで身近なものになっている。現実味を帯びているほど望ましいという人々のために、テレビはおぞましい殺人事件や、きわどいセクハラ事件の裁判を生で放送している。有名人の被告が有罪であることを、見ているだれもが知っていながら、弁護士たちが巧妙な弁護によって窮地から救い出すさまを、アメリカ市民はくり返し見てきた。

二十四時間足らずのうちに、イエスは六回も尋問を受けた。ユダヤ人によって行われたものもあれば、ローマ人によるものもあった。最終的に、業を煮やした総督がローマの法律が容認した、最も過酷な判決を下した。この裁判の正確な記録の写しを読んだときに、特に目立つのは、イエスの「無防備さ」である。イエスの弁護に立った証人は一人もいなかった。不正に、あえて声を上げようとする指導者もいなかった。イエス自身でさえ、自己弁護をしなかった。終始一貫、父なる神は一言もしゃべらなかった。

この裁判の結末には、「責任転嫁」の性質が見られる。イエスの処刑に対し、だれも完全な責任を認めようとしないように見えるが、それでいて、みなイエスをなきものにしたいのだ。ローマとユダヤ人のそれぞれに、イエスの死の責任がどれほどあるか、学者たちは百万言を述べて決着をつけようとしてきた。※実際、両者ともイエス処刑の決定に加わっていた。この裁判の普通と違う点にばかり焦点を当てていると、重要な点を見落とす危険性がある。イエスはエルサレムの権力者たちにとって、真の脅威となっていたのである。

多くの人間がつき従うカリスマ的指導者として、イエスはガリラヤではヘロデ、エルサレムではサンヘドリンに長く不審の念を抱かせていた。確かに彼らはイエスの王国の性質を誤解していた。実際、イエスは逮捕される少し前、神殿から両替屋たちを力ずくで追い払っていた。ローマという主人のために「何が何でも平和」を、と心掛けていた傀儡のサンヘドリン政府は、そうした事件を警戒した。そのうえ、イエスは神殿を壊して三日のうちに建て直すことができると主張しているとの噂が広まっていた。ユダヤ人指導者たちは、イエスが正確にはどういう言葉遣いをしたのか、一致して証言する者たちを集めるのに苦労したが、彼らの抱いた警戒心は理解できる。今日、「世界貿易センタービルは爆破されるだろうが、私は三日で建て直すことができる」と叫びながらニューヨーク市街地を走っているアラブ人がいたら、どんな反応を呼び起こすか想像してみるといい。

祭司たちや敬虔な人々にはこうした政治的脅威よりも、イエスの宗教上の主張が与える脅威のほうがはるかに大きかった。パリサイ人は一方的に罪を赦したり、神を父と呼んだりするイエスの大胆さに、しばしば青ざめた。一見、安息日を軽視するようなイエスの行為に憤慨した。モーセの律法は、安息日を破るのは大変な罪としていた。律法や犠牲のさげ方や、神殿、律法に則った物を食べるという規制、またきよさと汚れの間の多くの区別に、イエスは脅威を与える存在だった。

最終的に、祭司長は裁判で厳粛な宣誓証言を呼びかけ、被告イエスに問う。「私は、生ける神によって、あなたに命じます。あなたは神の子キリストなのか、どうか。その答えを言いなさい。」律法がイエスに返答を要求した。ついにイエスは沈黙を破った。「あなたの言うとおりです。」　被告人はさらに続けて、人の子が天の雲に乗って来ると格調高い言葉で語った。もうたくさんだった。信仰深いユダヤ人に、イエスの言葉は正義をどんなに押し広げたとしても冒瀆に聞こえた。「これでもまだ、証人が必要でしょうか。」　大祭司は衣を引き裂いて言った（マタイ二六・六三〜六五）。

冒瀆と、それに伴う死刑宣告をくつがえすものはたった一つだった。それは、イエスの言葉が真実であり、彼がほんとうにメシアであるということだ。しかし、そんなことがあり得ようか。縛られ、武装した衛兵たちに包囲され、無力そのものの姿をさらしたイエスは、イスラエル中でも、最もメシアらしくない人物に見えた。

ところで、ローマ人にとっては冒瀆など何の意味もなかった。彼らは地方の宗教論争に関わるつもりなどなかったのだ。ローマの裁判官のところへ行く間に、「メシア」であるという主張が暗示するものは、冒瀆から反政府的扇動行為へと変質した。このメシアという言葉が、王を意味することは確かだった。そしてローマは、そういう称号を標榜する煽動家を容赦しなかった。

ヘロデはバプテスマのヨハネの首を切り落とし、イエスを自ら尋問したいと思い続けた支配者だが、そのヘロデの前でイエスは沈黙を守っていた。ピラトだけが、イエスから告白らしきものを引き出すことができた。ピラトは訪ねた。「あなたは、ユダヤ人の王ですか。」イエスは後ろ手に縛られ、睡眠不足のためはればったい顔をし、頬には兵士らの手のひらの跡がつけられていたが、もう一度短く答えた。「そのとおりです」（ルカ二二・三）。

イエスはその前に何回も、自分がだれであるか宣言する機会を退けていた。癒された人々や弟子たち、また悪霊までがイエスをメシアだと認めたときも、彼らの口を封じた。人気絶頂期、有名人を追いかける熱狂的なファンのように群衆が湖畔に押し寄せると、逃げ去った。こうしたファンがイエスを捕まえ、即座に王冠をかぶせようとしたとき、イエスがあまりにも問題をはらむ説教をしたために、ほとんどの人が離れて行った。

この日にかぎって、初めてユダヤ教指導者たちの前で、そして政治指導者たちの前で、イエスの主張が愚かさの極みにあるようなこの日にかぎって、イエスは自分がだれであるのか認めたのだった。イエスを掌中におさめたユダヤ教指導者たちには「神の子」であると言い、大笑いするに違いなかったローマ総督には、「王」であると言った。哀れなやつだ。イエスを見て、おそらくピラトは、カエサルを自称した頭のおかしくなったローマ人を思い出したことだろう。

弱々しく、拒絶され、罪を宣告され、たったひとりになった――そのとき初めてイエスは自分の正体を明らかにし、「キリスト」という称号を受け入れても差し支えないと思ったのだ。カール・バルトが言うように、「イエスは、一宗教を作る危険性が尽きて初めて、メシアであると告白している」。

イエスの考えは不快なものであったと、後にパウロは言った。つまずきの石——役に立たないもの、建築現場で邪魔になるものとして、わきに放り投げられる類の石であったのだ。しかし、その石は神の持つ力によって、新しい王国の礎石となることができるのである。

◆カルバリ

第二次大戦前の時代の回想録の中で、ピエール・ヴァン・パッセンはナチ突撃隊員によって行われた屈辱的な行為について語っている。隊員らは、ある初老のユダヤ人ラビを捕らえ、突撃隊本部へと引っ張って行った。その部屋の片隅では、二人の隊員が別のユダヤ人を死ぬほど殴っていた。しかし、ラビを捕らえた者たちは、ラビをちょっとからかってやることにした。そして、ラビの服をはぎとって裸にすると、次の安息日にシナゴーグで行うつもりだった説教をやれと命じたのである。ラビが、礼拝の時に頭にのせるヤムルカ帽を着用してもよいか尋ねると、ナチ党員はにやりと笑って承諾した。おふざけも増すというわけだった。ラビは震えながら、かすれ声で、神の前にへりくだって歩むとはどういうことか、説教をし始めた。その間ずっと、ナチ党員たちからつつかれたり、はやしたてられたりし、また部屋の隅からは同胞の断末魔が聞こえていたのだった。

イエスの投獄、責め苦、処刑という福音書の記事を読むとき、警察署で裸のまま屈辱に耐えていたラビのことを考える。このテーマを扱った映画を相当数見て、福音書を何度も読み返した後でも、この侮辱、神の子が地上で耐えた「恥」の深さは測り難い。神の子は裸にされ、鞭打たれ、唾を吐きかけられ、顔を殴られ、茨の冠をかぶせられた。

ローマ人ばかりでなくユダヤ人指導者にも、犠牲者に有罪判決の出されているこの犯罪をこっけいにまねて嘲笑してやろうという思いがあった。

「メシアだって。そいつはすごい。預言を聞こうじゃないか。」ガツン。「だれが殴ったんだ、おい。」ドスッ。「ほら、言ってみろ。吐いてみな、預言者さんよ。メシアと言うわりに、ろくにわかっちゃいないんだな。」

「おまえさんが王だと言うのか。隊長、見てください。ここに正式な王がいらっしゃるんですよね。それではひとつ、みんなでお偉いさんの前にひざまずこうじゃありませんか。これはどうしたことか。冠のない王さまですかね。そんなこと許されませんよ。ほら、王さま。冠をご用意しましょう。」ガサガサッ。「どうですか。ちょっと曲がってますかね。直しましょう。おっと、動かないで！　まあ、私たちはなんとつつましやかであることか。さて、それでは外衣はいかがですか。背中の汚い血の跡を隠すものですよ。どうしたんですか、陛下、転ばれたんですか。」

　そんなことが一日中続いた。祭司長の屋敷の庭で、目隠しの鬼遊びをしていじめたり、ピラトやヘロデの衛兵たちが玄人はだしの暴力行為を働いたりした。カルバリへ、そして最終的に十字架に続く長い道のりをつまずきながら上って行く犯罪者たちに、見物人たちは口笛を吹いたり、野次ったりした。十字架にかけられたイエスは、次々と浴びせかけられる愚弄する声を聞いたし、横に並んでいる十字架からも嘲りを聞いた。「おまえがメシアだと言うのか。それなら十字架から下りてみろ。自分を救うことができないのに、どうして俺たちを救えるのだ。」

　神が歴史を通してずっと自制を守っているのを私は不思議に思い、時には公然とそれを問題視してきた。神の自制は、チンギス・ハーンやヒトラーやスターリンのような人間が、思うままに振る舞うのを許されたのである。しかし、あのエルサレムの暗い金曜日に現された自制にたとえられるものはない。ほんとうに何もない。イエスは鞭で打たれるたびに、拳固で身体に強烈な一撃をくらうたびに、心の中で荒野やゲツセマネでの誘惑を再現していたに違いない。天使の軍勢はイエスの命令を待っていた。イエスの一言で、この厳しい試練は終わるのだった。

　キケロは言った。「十字架の刑などというものは、ローマ市民の身体ばかりか、かれらの考え、目や耳とも無関係なものである。」ローマ人にとって、十字架刑は、殺人や奴隷の反乱や、植民地におけるほかの凶悪な犯罪に適用される刑罰としては、最も残酷なかたちのものだった。ローマ市民は十字架にかけられるのでなく、首をはねられた。「木につるされた者は、神にのろわれた者だからである」と申命記二一章二三節にあるように、ユダヤ人も彼らと同じく十字架刑に反感を持っていて、処刑する権限があるときは、石打ちのほうを好んだ。

伝道者、考古学者、医療の専門家たちが、十字架刑のおぞましい詳細を徹底的に述べているので、それをここでくり返す必要はないと思う。それに、「キリストの最後の言葉」が指摘するものがあるとすると、イエス自身には苦痛とは違うものが心の中にあったのである。肉体上の苦しみを訴えるものにいちばん近いのは、最後の叫び「わたしは渇く」であるが、そのときでさえ、イエスは麻酔薬として差し出された酸っぱいワインを退けている（何十リットルものワインを結婚式のパーティーのためにつくり出した方、あらゆる渇きを永遠に鎮める、生ける水について語った方が、舌をはらし、髭にこぼれた酢のすっぱい臭いを漂わせながら息を引き取るという皮肉《アイロニー》である）。

いつものように、イエスはほかの人たちのことを考えていた。彼はこうした仕打ちを行った人々を赦した。自分の母親の今後の世話について手はずを整えた。罪を告白した強盗に、パラダイスに歓迎すると言った。

福音書はカルバリで交わされたさまざまな会話の断片を記録しているが、イエスが口にした最後の言葉が一致している福音書は、二つだけである。ルカはイエスが「父よ。わが霊を御手にゆだねます」と言って、亡くなる前に最後の信頼の行為を現したものとした(二三・四六)。ヨハネは、イエスが地上での使命全体を「完了した」と神秘的に総括している(一九・三〇)。しかし、マタイとマルコはこの上なく不可思議な言い方を記録している。悲しみに満ちた「わが神、わが神。どうしてわたしをお見捨てになったのですか」という引用である※※(マタイ二七・四六、マルコ一五・三四)。

福音書中、イエスのすべての祈りの中で、このときだけイエスは「アバ」や「父」ではなく、「神」という形式的でよそよそしい言葉を用いた。もちろん、イエスは詩篇から引用していたのだが、重大な疎外感も表したのである。想像を絶するような裂け目が、三位一体の神の中にできていた。子なる神は、父なる神から捨てられたように感じたのである。

「神が『隠れていること』は、おそらくある意味では神に最も近い人々に、非常に痛ましい思いをさせていることだろう。そして、だからこそ、すべての人々の中で、人となられた神ご自身が、だれよりも徹底的に神から見捨てられようとしたのだろう」とC・S・ルイスは書いている。明らかに彼は正しい。私がスーパーマーケットのレジの女性や、二ブロック先に住んでいる人から拒絶されたとしても、大したことではない。しかし、大人になってから人生を共に歩んできた妻から、突然コミュニケーションを絶たれたら――一大事である。

どんな神学者も、あの日、カルバリで三位一体の神の内部に起きたことの本質を、適切に説明することはできない。私たちが持っているのは、見捨てられたと感じた子どもの発した苦痛の叫びだけである。地上における自らの使命にそのような死も含まれていると、イエスが予期していたなら、まだよかったのだろうか。イサクが父親の手で祭壇に縛りつけられたとき、父親アブラハムはただ命令に従っているだけであることを知っていたら、まだよかったのだろうか。もしも天使が現れず、アブラハムが愛するひとり息子の胸にナイフを突き刺していたらどうなっていただろう。ほんとうにどうなっていたのだろう。それがカルバリで起きたことであり、子なる神は、見捨てられたと感じたのだった。

その瞬間、父なる神は何と叫ばれたのか、私たちには知らされていない。私たちにできるのは、想像することだけである。子なる神は「私たちのためにのろわれたものとなって」とパウロはガラテヤ人への手紙の中で述べている（三・一三）。そして、コリント人への手紙第二にこう書いた。「神は、罪を知らない方を、私たちの代わりに罪とされました」（五・二一）。私たちは、神が罪についてどのように感じておられるのか知っている。

見捨てられた思いは、おそらく両方を傷つけることとなった。

ドロシー・セイヤーズは書いている。「イエスは、歴史の中に日付を持っている唯一の神である……。ニケア信条の中で二つの言明がどうということもなく、横に並べて置かれているが、これほど驚愕すべき語句の配置はない。『全能の父なる神……ポンテオ・ピラトのもとに苦しみを受け。』世界中で一日に何千回も、それほど有名ではないローマ総督の名前をクリスチャンたちは暗唱している。……それはただ、その名前が神の死んだ日付を、若干のずれはあるにしても、定めているからである。」

*

あれだけの恥辱と悲しみがあったにもかかわらず、どういうわけか、カルバリと呼ばれた丘の上で起きた出来事が、ほぼ間違いなく、イエスの生涯で最も重要な事実になった。福音書や使徒の手紙を書いた人々にとって、全キリスト教徒にとって、そしてそうした事柄を私たちが思索するかぎり、神にとってもまた重要なのである。

キリスト教徒が十字架の屈辱を甘受するには時間がかかった。教会教父たちは、十字架の屈辱を芸術に描くことを、ローマ皇帝コンスタンティヌスが統治するまで禁じていた。キリスト教を公認したコンスタンティヌス帝は十字架の幻を見たことがあり、十字架刑も廃止した。

こういうわけで、四世紀になって初めて、十字架は信仰の象徴になった（Ｃ・Ｓ・ルイスが指摘しているように、キリストの磔刑が芸術の主題として多く用いられるようになったのは、本物の十字架刑を見た者がこの世にいなくなったからである）。

しかし今では、このシンボルは至る所にある。芸術家は金を打ち延ばしてローマの処刑道具のかたちをつくり、野球選手はバットを振る前に十字を切る。お菓子屋は受難週にクリスチャンが食べるようにとチョコレートの十字架まで作っている。奇妙に思われるかもしれないが、キリスト教は十字架の宗教になったのだ。現代語で言えば、絞首台、電気椅子、ガス室の宗教に。

通常、私たちは犯罪者として死んだ人のことを失敗者と考える。パウロは後にイエスについて深く思いをめぐらせて言った。

「神は、キリストにおいて、すべての支配と権威の武装を解除してさらしものとし、彼らを捕虜として凱旋の行列に加えられました。」

（コロサイ二・一五）

パウロは何を言おうとしたのだろう。

私は、権力の武装を解除した、現代の人々を考えることもある。マーティン・ルーサー・キングを刑務所の独房に閉じ込めた、人種差別主義者の警官たち、ソルジェニーツィンを国外に追放したソ連政府、ハベルを投獄したチェコ政府、ベニグノ・アキノを暗殺したフィリピン人、ネルソン・マンデラを投獄した南アフリカ共和国当局――これらの人々はみな、問題を解決しているつもりでいたが、解決するどころか、自身の暴力と不正をあらわにする結末を迎えた。道徳には、軍縮を推し進める力がある。

イエスが死んだとき、荒々しいローマ兵でさえ、心を突き動かされてこう叫んだ。

「この方はまことに神の子であった。」（マタイ二七・五四）

このローマ兵は、残忍な同胞と、いまわの際にあえぎながら彼らを赦した犠牲者との著しい違いを、あまりにも明瞭に見たのだった。横木に釘ではりつけにされた、青ざめた人物は、この世を支配する権力者たちが敬虔や正義という己の高尚な約束を破った偽ものの神々であることを明らかにしたのである。無宗教ではなく、宗教がイエスを糾弾した。無法ではなく、法がイエスを処刑した。当時の政治、宗教の支配者たちは、裁判を不正に操作したりイエスに罰を下したり、また暴力で彼に対抗することによって現状を支持し、自分たちの権力だけを守ろうとする姿を暴露したのである。イエスに対する一つ一つの暴行が、彼らの非合法性を明らかにした。

イエスの両側ではりつけにされた強盗たちは、二種類の反応の仕方を見せている。一人はイエスの無力さを嘲った。「自分のことも救えないメシアだって？」もう一人は異なる種類の力を認め、思い切って信仰に賭け、イエスに「あなたの御国の位にお着きになるときには、私を思い出してください」と懇願した（ルカ二三・四二）。嘲ることなく、イエスを王と呼んだ者はほかにいない。死を間近にした強盗は、イエスの王国の本質を、ほかのだれよりもはっきりと見たのである。

ある意味で、この二人の強盗は、十字架について歴史がつねに決定してこなければならなかった選択を示している。私たちは、イエスの無力さを神が不能であることの一例だと見るのだろうか、あるいは神の愛を証明するものだと見るのだろうか。ユピテル神のような力の神々に育まれてきたローマ人は、木に吊るされているしわくちゃの死体の中に、微塵も神々しさを認めることができなかった。力ある神ヤハウェの話に育まれてきた敬虔なユダヤ人は、弱さと恥辱の中で死んだこの神の中に崇拝されるべきものを何一つ見なかった。殉教者ユスティヌスの『トリュフォンとの対話』が表しているように、十字架上のイエスの死は、ユダヤ人に対して、イエスのメシア性について決定的な申し立てをした。キリストの十字架上の死は、律法ののろいを成就していたのである。

そうであっても、時が過ぎるうちに、この世の道徳の情景を一新させたのは、この丘の上の十字架だった。スコット・ペックは書いている。

「愛の基本原理については、この戦いを長年続けてきた一人の年老いた聖職者の言葉以上に、具体的に語る言葉を私は知らない。この聖職者はこう語っている。『悪に立ち向かうにはいくつもの方法があり、悪を征服するにはさまざまな方法がある。しかし、そうした方法は、いずれも、悪を封じこめる唯一究極の道は、意志を持った生きている人間の内部で悪を窒息させることだ、という真理の一面を示しているにすぎない。意志を持った生きている人間のなかに、あたかも海綿《スポンジ》が血を吸収するように、あるいはその心臓にやりが突き刺さるように悪が吸い込まれたときに、悪は力を失い、それ以上生きつづけることができなくなる』

悪の治療は——それが科学的なものであれ、ほかのかたちのものであれ——個人の愛によってのみ達成しうるものである。……どのようにして起こるのか私は知らない。しかし、それが起こることだけは知っている。……こうしたことが起こるときには、つねに、世界の力のバランスにわずかながらも変化が見られるのである。」

力のバランスは、あの日カルバリで大きく変わったのだ。それは、悪を吸収した方がただ者ではなかったからである。ナザレのイエスも、キングやマンデラ、ハベル、ソルジェニーツィンのような罪のない犠牲者だったのなら、彼は歴史にその痕跡を残した後、徐々に姿を消したことだろう。その人から宗教が生まれるようなことはなかった。しかし弟子たちが、神ご自身が弱さという方法を選択されたということに気づき始めたことによって、歴史が変わった（弟子たちが確信するには復活が必要だった）。十字架によって、神とは愛のために喜んで力を放棄する方なのだと、神の定義が改められた。ドロテー・ゼレの言葉によると、イエスは「神の一方的な武装解除」となったのである。

力は、たとえどんなに良い意図を持っていたにせよ、苦しみを引き起こす傾向がある。愛は傷を受けやすいが、苦しみを吸収する。カルバリと呼ばれた丘の上で父と子が一つになったとき、神は愛のために力を捨てたのだった。

※　イエスが死んだ責任はすべてユダヤ人種にあるというのは、歴史上最大の中傷である。現代イタリア人に、一九世紀も前に彼らの先祖が犯した行為の責任があるとは、だれも

考えない。ヨセフ・クラウスナーは書いている。「ソクラテスの死に対する、ギリシア人の国民としての罪に比べれば、イエスの死に対する、ユダヤ人の国民としての罪は、はるかに小さなものであった。しかし、ギリシア人ソクラテス殺しの仕返しを、その同胞である現代ギリシア民族にしようと、今日だれが思うであろう。ところが、千九百年が過ぎても、この世はイエスの死の仕返しを、イエスの同胞であるユダヤ人にし続けてきたのである。ユダヤ人はすでに罰金を払っているし、なおおびただしい罰金を払い続けている。」 これは、イエスが「イスラエルの失われた羊」のために来たと言った事実を軽視するものであり、初期クリスチャンのほぼ全員がユダヤ人であった事実をも軽んじている。

※※ 注解者たちの批評はこうである。マタイやマルコの福音書にある記録こそ、私たちがカルバリで起きたことを確実に伝えている記事を持っているという、最も強い証拠である。どんな理由があって、新しい宗教の創始者たちは、死のうとしている自分たちの英雄の口に、あのような絶望的な言葉を語らせたのだろう――理由は一つ、それがまさに彼の言ったことだったからである。

※※※ 歴史家マイケル・グラントによると、コンスタンティヌス帝はイエスという人物には何の興味も持たなかったし、イエスが十字架にはりつけにされたことには当惑を感じた。大きな皮肉《アイロニー》だが、「十字架を苦しみの象徴としてというよりは、コンスタンティヌス帝が勝利したことを確証する、魔術的効果をもたらすトーテムとして」見たことから、コンスタンティヌス帝は十字架を、犠牲的な愛と屈辱の象徴から、勝利の象徴へと変質させ、兵士たちの楯に十字架を描かせた。

11　復活――想像を絶する朝

受難週は疲れ果てる。キリストの十字架上の死を幾度経験しても、イエスの復活に対する不安は消え去らない――今年は復活が起こらないだろうと恐怖し、あの年に復活は起きなかったのではと、恐怖する。キリスト降誕の絵には、だれでも感傷的になれる。どんな愚かな者でも、クリスマスにはクリスチャンであるような気がするものだ。しかし、イースターこそ最も重要な出来事である。復活を信じないなら、あなたは信者ではないのである。

――ジョン・アーヴィング『オウエンのために祈りを』

幼いころ、私はイースターを復活ではなく、死と結びつけていた。それは、ある晴れたイースターの日曜日、一度だけ飼った猫に降りかかった出来事のせいだった。ブーツは生後六週間の子猫で、身体は黒かったが、四本の足はどれも白い「ブーツ」をはいていた。

まるで、ペンキを入れた小皿にそっと足を踏み入れたかのようだった。子猫は網戸で囲ったベランダのダンボール箱の中で暮らし、杉のけずりくずを詰めた枕の上で寝ていた。広い外の世界に出す前に、ブーツが自分の身を守ることができるかどうか確認するべきだ。母はそう言って、イースターの日曜日に、ブーツを庭に放してみることにした。

やがてその日がやって来た。ジョージアの春の陽光に誘われて、花々は満開だった。ブーツはその日初めて草の葉の匂いをくんくんと嗅ぎ、初めて見るタンポポに突進したり、初めての蝶々に忍び寄り、宙に飛んで捕まえそこなったりした。近所の子どもたちがイースターエッグハントをしに来るまで、私たちは楽しくブーツを眺めていた。

隣家の遊び友だちが何人かやって来たとき、思いもよらないことが起きた。彼らの飼っていたパグズという名のボストンテリヤがわが家の庭に入り込み、ブーツをこっそり狙っていたのである。パグズは低いうなり声を上げると、ブーツ目がけて走り出した。私は悲鳴を上げ、みんなとブーツのほうへ駆け出した。すでにパグズは小さな子猫を口にくわえ、靴下のようにして揺さぶっていた。私たちはその場を取り囲み、金切り声を上げ、パグズを脅かそうと上下に飛び跳ねた。しかし、パグズはおかまいなしにブーツを振り回した。そのたびにブーツの歯がきらりと輝き、ふわふわした毛の房が飛び散った。やがてパグズはだらりとした子猫を草の上に落とすと、小走りに去って行った。

そのときには、はっきりと表現できなかったが、あのイースターに真昼の太陽の下で学んだことは、「元に戻らない」という醜い言葉だった。

その日の午後は奇跡を求めて祈り続けた。「ちがう！　こんなはずはない！　嘘だと言ってくれ！」ブーツは生き返るかもしれない——日曜学校の先生は、イエスさまのそんな話をしなかったっけ。それとも、この朝の出来事はどうにかして消去されて、巻き戻しになって、あのひどい情景をなしにして再生することになるのかもしれない。そうしたら、ブーツは網戸で囲ったベランダに住まわせて、絶対外には出さないんだ。隣近所の人たちに相談して、パグズのために柵を作ってもいい。その後何日か、一千もの案が脳裏に去来したが、現実が勝利をおさめ、私は観念してブーツの死を受け入れた。ブーツは死んでしまって、もう元には戻らなかった。

そのときから、子ども時代のイースターの日曜日には、原っぱの死という記憶の染みがついた。年月が経つにつれ、私はこの「元に戻らない」という言葉を身に染みて知ることになる。

＊

先にも述べたように、私は少し前、続けざまに三人の友人を亡くした。一人は退職した男性で、健康状態は申し分なかったのに、奥さんと外食した後に、駐車場で倒れてそのまま亡くなった。もう一人は四十歳の若々しい女性で、教会の伝道集会に行く途中、霧の中でタンクローリーに追突され、炎の中で絶命した。三人目は友人のボブで、ミシガン湖の湖底でスキューバダイビング中に命を落とした。その年、三つの人生が終わった。私は三つの葬式全部で話をした。そして何を言おうか言いよどんでいるときに、いつもあの古くて醜い「元に戻らない」という言葉が、それまでにないほど大きな力で押し寄せてきたのだった。何を言おうと、何をしようと、私がほかの何よりも望んでいたこと、つまり友人たちを元に戻すことはできなかった。

ボブが最後のダイビングをした日、私は何も知らず、シカゴ大学のカフェで、ロロ・メイの『美は世界を救う』を読んでいた。その本の中には、有名なセラピストが生涯にわたる美の探究を回想する場面がいくつかある。特にギリシアのアトス半島の先端にある、二十もの修道院が建つアトス山を訪れた時のことが詳しい。彼はそこで、ギリシャ正教のイースターの一夜をあげた祝祭に出くわした。教会の中にはお香の匂いが漂っていた。唯一の光と言えば、ろうそくだった。礼拝のクライマックスで、司祭はイースターエッグを一人に三個ずつ手渡した。すばらしい彩色が施され、ヴェールにくるまれていた。司祭が「クリストス・アネスティ!」(「キリストは復活した!」)と言うと、ロロ・メイをはじめ、そこにいる人はみな慣例に従い「まことに主は復活した！」と応答した。

ロロ・メイは書いている。「そのとき私は、主が復活するということが私たちの世界にどんな意味を持っているのか、という魂の真実の問題に向かい合っていたのでした。」そのくだりを読んだ直後、帰宅してボブの死を知った。痛ましい知らせを聞いた後も、ロロ・メイの疑問が心から離れなかった。キリストの復活は、私たちの世界にどんな意味があったのか。

ボブの死を嘆き悲しむ中で、イースターの意味を新しい光のもとに見いだし始めていた。私は五歳だったイースターの日曜日、もう元に戻らないことについて、厳しい教訓を得た。大人となった今、イースターが実際、元に戻せるという見事な約束を差し出しているのを見た。何も――死でさえも――最後ではなかったのだ。それすら、元に戻すことができたのだった。

ボブの葬式で話をしたとき、ロロ・メイの疑問を私たちの特別な悲しみと関連づけて言い換えた。もしもボブが生き返ったら、どんな意味があるだろう。私たちはチャペルに座っていた。三日間悲しみに暮れて感情が麻痺したようになっていた。死は圧倒的な重みをもって、私たちの上にのしかかっていた。駐車場へ歩いて行って、そこで驚くことにボブを見つけたら、どんなだろう。「ボブ！」あの弾むような歩き方で、あの口をゆがめる笑い方をする、あのきれいな灰色の目をしたボブだ。あれはほかのだれでもない、ボブに違いない、生き返ったんだ！

そのイメージが、イエスの弟子たちが最初のイースターに感じたことについて、ヒントを与えてくれた。彼らもまた、三日間、嘆き悲しんだ。けれども日曜日になると、新しい、澄んだ快い音が、山の空気を打つのが聞こえた。イースターは、新しい希望と信仰を表明している。神はかつてエルサレムの墓場で行ったことを、大きな規模でくり返すことができるし、またそうするつもりでおられるのだ。ボブのために、私たちにために、この世界のために。困難をものともせず、元に戻せないはずのものが、元に戻るのである。

＊

初期クリスチャンは、復活にすべてを賭けていた。使徒パウロがコリント人に対して、「そして、キリストが復活されなかったのなら、私たちの宣教は実質のないものになり、あなたがたの信仰も実質のないものになるのです」（Ⅰコリント一五・一四）と言ったほどである。それを離れては私たちの信仰が実質のないものになるという、この出来事は、ほんとうに起きたのだろうか。どうしたら確信が持てるのだろう。

イエスの復活を割り引いて考える人々は、弟子たちを二者択一の仕方で描く傾向にある。

幽霊話が大好きな、だまされやすい田舎者と描くか、復活という筋書きを利用して、自分たちの新しい宗教を勢いよく発進させようとした、したたかな策謀家と描くかである。聖書は、それとは明らかに異なる描き方をしている。

最初の理論に関して言うと、福音書は弟子たち自身がイエスの復活の噂をだれよりも疑ったと言っている。特に「疑い深いトマス」と言われる弟子は名高い懐疑論者だった。だがほんとうのところ、弟子たちにはみな、信仰が欠けていたのである。女たちが空っぽの墓から持ち帰った途方もない知らせを、弟子たちは「たわごと」と言って、だれも信じなかった。イエス自身が目の前に現れても「ある者は疑った」（マタイ二八・一七）。信じまいとする弟子たちの頑迷さを、イエスは叱責しなければならなかった。そんな十一人の弟子たちを、だまされやすいとは言えそうもない。

もう一つの、弟子たちは策謀的だったとする理論も、よく調べると成り立たない。たとえ弟子たちが完璧に真相を隠した話をでっち上げようとしていたのだとしても、それは惨めな失敗に終わったからである。チャールズ・コルソンは、ウォーターゲートビルに不法侵入して無益な陰謀に加わった人物だが、隠蔽工作が成功するのは、加担者全員が自信と力量をうかがわせる態度を持ち続ける時のみであると言っている。弟子たちはそんな一致した態度をとらなかった。

福音書に記されている弟子たちは、錠のかかった部屋に縮こまり、自分たちもイエスと同じ目に遭うのではないかと、おびえていた。恐ろしくてイエスの埋葬に行くことすらできず、イエスの遺体の面倒を何人かの女性に見てもらうことにした（皮肉《アイロニカル》なことに、イエスは安息日にはあわれみのわざもしてはいけないという規定と戦っていたにもかかわらず、従順な女性たちは日曜の朝まで、遺体の防腐処置をするのを待っていた）。弟子たちには、復活が起きたと見せかけたり、命を賭けて遺体を盗んだりすることなど、とてもできなかったようだし、その絶望的な状態では思いつきもしなかった。

四福音書すべてが、復活の最初の目撃者は女性たちだったと言っている。それは、一世紀の陰謀者ならだれ一人作り上げなかったであろう事実である。ユダヤの法廷は、女性の証言を受け入れることすらしなかった。慎重に真相を隠したのなら、この事件を女性の持ってきた知らせを中心に作り上げたりせず、ペテロかヨハネ、あるいはニコデモにスポットライトを当てたほうがまだましだったろう。福音書はこの事件の数十年後に書かれたため、著者たちにはそうした異例な点を正す時間がたっぷりあった。もちろん、彼らがありのままの事実を記録していたのでなく、伝説を捏造していた場合の話であるが。

陰謀であった場合も、最初の目撃者たちの話をうまく整えていたことだろう。白い衣を着た人は二人いたのか、それとも一人だけだったのか。なぜマグダラのマリアはイエスを園の番人と間違えたのか。彼女は一人だったのか、それともサロメともう一人のマリアといっしょだったのか。空の墓を発見した部分の記事は息も絶え絶えで、断片的なものに聞こえる。女たちは、「恐ろしくはあったが大喜びで」とマタイは言い（マタイ二八・八）、「すっかり震え上がって、気も転倒していた」とマルコは書いている（マルコ一六・八）。イエスはあらゆる疑問を静める、ドラマチックに演出された登場の仕方はしなかった。最初のころの報告はまばらで、神秘的であり、混乱しているように見える。陰謀者たちであれば、歴史の重大な分岐点だと後に主張することになる出来事を、もう少し上手に描けていたはずだ。

要するに、福音書は弁証論のような手法でイエスの復活を述べているのではない。弁証論では、議論は各要点を証明するために配置されている。しかし福音書は、だれも予想していなかったような、中でもイエスの臆病な弟子たちにはまったく予想もできなかったような、衝撃的な侵入として、復活を描いている。最初の目撃者は、だれもがするような反応を見せた。呼び鈴が鳴ってドアを開けたとき、玄関に友人のボブが忽然と現れたら、私もやはり恐れおののき、そして大喜びすることだろう。恐れは、人間が超自然的存在に出くわした時にとる、反射的な反応である。だが、その恐れも大きな喜びが圧倒した。弟子たちの聞いた知らせは、耳を疑うほど良いもので、しかしあまりにも良い知らせなので、真実に違いなかったからである。イエスが生きていた！　女たちが恐れと喜びに震えながら、弟子たちにその知らせを伝えようと走ったとき、〝やがて来たる救い主〟という夢が波のように押し寄せてきた。

実際、当然のことながら陰謀は存在した。イエスの弟子たちではなく、墓が空っぽだったという、面食らうような事実を扱わねばならなかった権力者たちが、実行に移そうとしていた陰謀である。封印された墓を指さしたり、遺体を作り出したりさえすれば、復活に関する途方もない噂をやめさせることができただろう。しかし、封印は解かれ、イエスの遺体はなくなっていたため、正式な筋書きを考える必要があった。女性たちがその発見を報告しようと駆け出した時でさえ、番兵たちは行うべきダメージコントロール、つまり言い訳の練習をしていたのである。

イエスの墓の外に立って警護していた番兵たちは、歴史上最大の奇跡を目撃した唯一の人々だった。マタイは、地が揺れ、現れた天使が稲妻のように輝いたとき、彼らは震えて死人のようになったと書いている（二八・四）。しかし、ここに仰天するような事実がある。その日の午後になって、自らの目でイエスが復活した証拠を見た兵士たちは、「夜、私たちが眠っている間に、弟子たちがやって来て、イエスを盗んで行った」という祭司らのせりふをくり返し、嘘の話をしたのである（同一三節）。その言い訳には明らかな弱点があるが（眠りを妨げずに、巨大な石を転がしてどけたとは。それに、寝ていた兵士たちがなぜイエスの弟子たちとわかったのだろう）、そう言いさえすれば番兵たちは困難を免れた。イエスの生涯におけるほかのすべてのことと同じように、復活も対照的な反応を引き出した。信じた人々は変えられた。彼らは希望と勇気を吹き込まれ、世界を変えるべく外へ出て行った。信じなかった人々は、強烈な証拠を無視する方法を見つけた。イエスはそれも預言していた。

「もしモーセと預言者との教えに耳を傾けないのなら、たといだれかが死人の中から生き返っても、彼らは聞き入れはしない。」

（ルカ一六・三一）

＊

イースターの反対側から福音書を読み、カレンダーにイースターが印刷されている私たちは、弟子たちにとって信じることがどれほど「難しい」ことだったか忘れている。空っぽの墓に説得力はなかった。その事実は、「イエスはここにいない」のを証明しただけであり、「イエスがよみがえった」ことは証明しなかったのである。こうした懐疑論者たちを説得するには、三年間彼らの主人であった方と、直接、親密に出会うことが必要とされるだろう。そして次の六週間、イエスはまさにそれを行ったのである。

作家フレデリック・ビュークナーは、復活の日曜日の後に、イエスが人目を奪うような現れ方をしなかったことに衝撃を受けている。空に合唱する天使がいたわけでもなければ、遠路はるばる贈り物を持って来た王がいたわけでもなかった。内輪で食事をしていたとき、二人の男が道を歩いていたとき、園で女が泣いていたとき、何人かの漁師が湖で仕事をしていたときなど、イエスは、ごくありふれた状況の中に姿を現した。

その出現の中に、イエスがまるで復活した身体を持つ鳥のような自由を楽しんでいるかのような、気まぐれな性質が見える。たとえばルカは、エマオへ向かう路上で、二人の寂しげな弟子たちのそばに、イエスが突然やって来たという感動的な記事を書いている。その弟子たちは、女たちがイエスの墓が空なのを発見したことも、ペテロがその目でイエスを見たということも知っていた。しかし、そんな噂をだれが信じるだろう。死とは定義上、元に戻らないことではないか。「しかし私たちは、この方こそイスラエルを贖ってくださるはずだ、と望みをかけていました」と(ルカ二四・二一)、彼らのうち一人は明らかな失望を見せながら言う。

少しして食事の時に、この見知らぬ人はパンを裂くという行為で彼らを釘づけにした。するとと輪がぴしっとつながった。傍らを歩いていたのは、そして今テーブルに座っているのはイエスなのだ！　ほんとうに不思議なことに、客がだれだかわかった瞬間、イエスは消えていた。

二人は急いでエルサレムへ戻り、鍵をかけたドアの向こうに集まっている十一人の弟子を見つける。彼らの打ち明けた信じがたいような話を、ペテロはすでに知っていた、イエスはそこに、どこかに生きているということを確証するものだった。懐疑論者たちさえ、その点を論じているのだが、イエスは警告もなしに彼らのど真ん中に姿を現すのである。イエスは宣言する。「わたしは幽霊ではありません。わたしの傷痕に触れなさい。これはほかならぬわたしなのだ！」　それでもなお、イエスが焼いた魚を一切れ食べるまで、疑いは残った。幽霊は魚を食べない。幻は食べ物を消すことはできない。

そんな調子の生活が、ほぼ六週間続く。イエスはそこにいて、そしていなくなる。イエスの出現は幽霊のようではなく、生身の人間との出会いだ。イエスはいつでも自らを明かにすることができる。十字架にはりつけにされた傷痕のある生きた人間など、ほかにはいない。けれども、弟子たちはすぐにはイエスだとわからないことが多い。それでイエスはわざわざ、彼らの懐疑主義のレベルまで下りて来る。面目を失ったペテロにとって、それは六人の友人を前にした、苦くも甘いリハビリテーションの場であった。

十数回に及ぶイエスの出現には、明確なパターンがある。イエスは遠くの地域や、閉じこもった室内にいる少人数のグループを訪れるのだ。こうした私的なランデブーは、イエスをすでに信じていた人々の信仰を強めたが、私たちの知るかぎり、イエスを信じなかった人で死後のイエスを見た者は一人もいない。

処刑と復活の記事を続けて読むと、なぜイエスはもっと頻繁に姿を現さなかったのだろうかと思うことがある。なぜ、友人たちだけに限定して訪れたのだろう。なぜ、ピラト邸の玄関やサンヘドリンの前で、イエスを非難した人々を、今度は縮み上がらせるような大きな音をとどろかせて姿を見せないのか。もしかすると、そのことを知る手掛かりは、トマスの疑いが永遠に溶けてなくなった日、イエスがトマスに言った言葉の中に見つけられるのかもしれない。

「あなたはわたしを見たから信じたのですか。見ずに信じる者は幸いです。」

（ヨハネ二〇・二九）

こういう言い方が許されるなら、復活と昇天の間の六週間という幕間に、イエスは信仰に関する「イエス自身のルールを破った」のである。イエスは、どんな弟子も決して否定できないほど明瞭に、自らを現した（そしてだれも否定しなかった）。ひとことで言えば、イエスは目撃者たちの信仰を圧倒したのだ。復活のイエスを見た者はだれでも、信じるか信じないかという選択の自由を失った。イエスは今や議論の余地ない存在だった。つねに協力を拒んでいたイエスの兄弟ヤコブでさえ、イエスの出現の後は降参し、エルサレムの教会の指導者となり、ヨセフスによれば、初期キリスト教殉教者の一人となったのである。

イエスは尋ねた。「あなたはわたしを見たから信じたのですか。」これら特権にあずかったわずかの人々は、とうてい信じないわけにはいかなかった。しかし、ほかの人々はどうだろう。イエスがよく知っていたように、イエス自身が姿を現すことはすぐになくなり、「見ずに」いた者だけが残された。教会が立つのも倒れるのも、これら目撃者たちが、今日の私たちを含めて復活のイエスを見なかった人々にどれだけの説得力を持つかにかかっていた。イエスは六週間かけて自らを永久に明らかにしたのである。

イエスは、すすり泣く頼りない弟子の一団を、恐れを知らない伝道者に変えた。イエスが死ぬとき、彼を見捨てた十一人の男たちが、今や復活のキリストへの信仰を公言しながら、殉教者の墓へ赴いた。これらわずかな証人たちが、最初にエルサレムで、そして次にローマで、暴力による抵抗を打ち負かす力を発揮した。こうした著しい変化の連続が、キリスト復活について特に説得力のある証拠を提供している。臆病と無能で知られた男たちの急激な変わりようを、ほかの何が説明するだろう。

メシアを名乗った人はほかにもいて、実際イエスから百年の間にメシアだと自称したユダヤ人が十五人はいた。彼らは星が消滅するように、一瞬の輝きを見せただけで姿を消してしまった。しかし、イエスに対する熱狂的な忠誠は、イエスの死とともに終わることはなかった。何かが起きていた。一切の前例を超えた何かが起きていた。弟子たちは、下手に取り繕った陰謀論のために命をささげるつもりはないはずだ。殉教した預言者たちの墓をユダヤ人は敬慕しているが、死んだイエスのこともその一人として尊ぶほうが簡単だったに違いない。

イースターの日曜日の出来事の、地を揺るがすような重大さを理解するには、鍵を閉めたドアの向こうに縮こまっていた弟子たちの様子を描いた福音書の記述を読み、さらに進んで、同じ男たちが通りや牢獄で公然とキリストをほめたたえている「使徒の働き」の記述を読めばすむことである。キリストの復活が信仰の発生地である。C・H・ドッドは言う。復活は「教会の中で生まれた信仰ではない。復活の信仰を中心に、教会そのものが生まれたのである。復活の信仰は『与えられた』ものであり、それが教会の信仰の土台となった」。小説家ジョン・アップダイクは同じ真理をもっと詩的に述べている。

「間違えてはいけない、

もしイエスがほんとうによみがえったのなら、
それはイエスの身体も同じなのだ。
もしその細胞の死滅が逆進しなかったら、
その分子が再結合しなかったら、
そのアミノ酸が再び燃えなかったら、
教会は崩壊するのだ。」

＊

「見ずに信じる者は幸いです。」　イエスはイースターの奇跡という、手に触れることのできる証拠でトマスの疑念を沈黙させた後、そう言った。復活のイエスは五百人ほどの人に現れたが、彼らを除くと、今まで生きてきたどのクリスチャンも「幸い」の範疇に入る。私は「なぜ信じるのか」と自問する。——私は懐疑主義者であり、一点の曇りもなく証明され得ないものは容易に受け入れられない点で、ほかのどの弟子よりもトマスに似ている。

復活に賛成する議論を比較考量してきたが、それらの議論は実際感動的である。イギリスのジャーナリスト、フランク・モリソンはその古典『動いた墓石』（清水氾訳、みくに書店、一九六七年）の中で、こうした議論のほとんどを扱っている。モリソンはキリストの復活を神話だと割り引いて考えようと試みたが、証拠は彼を違うかたちで納得させた。しかし、多くの知的な人々が同じ証拠を見て、信じるのは不可能だと思ったことも事実である。復活に関する多くの事柄は信仰を招くものであるが、強制するものではない。信仰は拒否の可能性も必要とする。そうでなければ、信仰ではない。それでは何が、イースターを信じる信仰を私に与えるのだろう。

私が素直に信じようと思うのは、一つには非情に深い部分でイースターの話が真実であってほしいと願っているからだと認めよう。信仰は切なる思いという下層土から発芽し、人間の中の何かこの上なく重要なものが、死の支配に強い抗議の声を上げる。希望が、ピラミッドの中に宝石や戦車を隠しておくエジプトのファラオのかたちを取ろうが、あるいは最後の十億分の一秒まで自分たちの肉体をできるだけ生きた状態に保ち、それから二重に封印した柩の中に防腐処置剤とともに入れるという現代アメリカ人の強迫観念のかたちを取ろうが、私たち人間は、最後は死に支配されてしまうという考えに抵抗する。私たちは違うふうに信じたいのである。

三人の友人を失った年が思い出される。何よりも、いつか友人たちを取り戻すことになるというイースターの約束のゆえに、イースターが真実であってほしい。私はあの「元に戻らない」という言葉を永遠に葬り去りたいのである。

おとぎ話を信じたいのですね、と言われることだろう。しかし、私だけではない。おとぎ話を生み出さなかった時代などあっただろうか。初めにベビーベッドの中で、両親や祖父母たちからおとぎ話を聞かされ、そしてまたそれを自分の子どもたちにくり返して聞かせる。子どもたちも、またその子どもたちに話してやる、という具合に続いていくのである。この科学の時代においてさえ、莫大な収益をあげている映画のいくつかは、おとぎ話のバリエーションである。『スター・ウォーズ』、『アラジン』、『ライオン・キング』、しかりである。驚くべきことに、人類の歴史に照らしてみると、大抵のおとぎ話はハッピーエンドで終わっている。あの古い、希望という本能が渦巻いている。人生のように、おとぎ話にも多くの戦いや痛みが入っているが、それでもなお、おとぎ話では微笑みが涙に取って代わるように、解決がもたらされる。イースターもそうであり、ほかの多くの理由だけでなく、この理由のためにも、イースターは真実の音を響かせている。※※

イエスが十字架にはりつけになったとき、群衆は十字架から下りて自分を証明してみろと、イエスを挑発した。しかし、実際に起ころうとしていたこと、つまりイエスが死んで、それから生き返るということは想像もできなかった。だが一旦シナリオが演じ切られると、イエスをいちばんよく知っていた人々にとって、それは完全な意味をなした。このスタイルは、神のパターンと性格に合致していた。神はいつも、どんな代価を払ってでも人間の自由を尊重し、ゆっくりと困難な方法を選択してこられた。ドロシー・セイヤーズは書いている。「神は悪の事実を廃棄しなかった。神は悪の事実を変えたのだ。……神はキリストの十字架刑を止めなかった。キリストは死者の中からよみがえった。」この英雄は、あらゆる結果を負ったが、それでもどういうわけか勝利したのだった。

私が復活を信じるのは、ひとえに神を知るようになったからである。私は神が愛であることを知っているし、私たち人間が、愛する人々にずっと生きていてほしいと願っていることも知っている。私は友人たちを死ぬに任せはしない。会えなくなってからも、彼らは長く私の記憶と心の中に生き続ける。どんな理由があるにせよ――人間の自由が核心にあるのだと思うが――人生の絶頂期にある男がスキューバダイビングで命を落とし、教会の伝道集会に向かっていた女性が、衝突事故で炎上した車の中で息絶える星の存在を、神は許しておられる。しかし、神はそのような破滅した惑星に満足してはおられないと思う。そのように信じていなければ、私は愛の神も信じていないことになるだろう。神の愛は、克服の道を見つけるものだ。ジョン・ダンは、「死よ、驕《おご》るなかれ」と書いた。神は死に勝利させはしないのだ。

イースターの話で、いつも興味をかき立てられる箇所がある。イエスはなぜ、十字架刑による傷痕をそのままにしておいたのか。イエスならどんな復活の身体でも望みどおりに持つことができただろう。それなのに、イエスは何よりも見て触ることのできる傷痕によってそれとわかる身体を選んだ。なぜなのか。

イースターの話は、イエスの手や足、脇腹の傷痕なしには不完全であろうと思う。人間は空想にふけるとき、真珠のようにきれいな歯としわ一つない肌とセクシーな理想的な体型を夢見るものだ。完全な肉体という、不自然な状態を夢見るのである。しかしイエスにとっては、骸骨と人間の皮膚の中に閉じ込められることこそ、不自然な状態だった。傷痕はイエスにとって、この惑星で過ごした人生の象徴であり、あの幽閉と苦しみの日々を永遠に思い出させるものである。

私はイエスの傷痕に希望を持っている。天国から見れば、イエスの傷痕はこの宇宙の歴史の中でかつて起きた出来事の中でも最も恐ろしい出来事を代表している。しかし、十字架刑というその出来事さえ、イースターは思い出に変えたのだ。イースターがあるので、私たちの流す涙も、受ける打撃や心の痛み、亡くした友人や愛する者たちを思う胸の痛みすべても、いつかイエスの傷痕のように思い出になる。そんな希望を持つことができるのだ。傷痕は決して完全には消え去らないが、しかしもはや痛むことはない。私たちは再び造られた肉体と、再び造られた天と地を持つことになる。新しいスタート、イースターのスタートが待っているのだ。

＊

人間の歴史を見るには二つの方法があると、私は結論した。一つ目の方法は、戦争や暴力、汚らしさ、苦痛と悲劇と死に焦点を当てることである。そのような観点からすると、イースターはおとぎ話を思わせる例外、神の名による驚くべき矛盾であるように見える。いくらか慰めをもたらすが、正直に言うと、友人たちを失ったとき、たとえようもない大きなその悲しみに、死後の生への希望など、なぜかどれも薄っぺらで実体のないものに思われた。

世界を見るもう一つの方法もある。イースターは出発点であり、愛する者たちを神がどう扱うかが明白に示されている事実であると考えるなら、人間の歴史は矛盾したものであり、イースターは究極の実在を予告しているものということになる。そうすると、日々の生活という堅い外皮の下には、希望が流れているのである。

おそらくこれが、鍵をかけた部屋の中で、イースターの日曜日の不可解な出来事について論じていた弟子たちに生じた、見方の変化を物語っているのだろう。ある意味では何も変わっていなかった。ローマは依然パレスチナを占領していたし、ユダヤ教指導者たちの首にはまだ懸賞金がかかっており、死と悪はなお外の世界を支配していた。しかし、まったく新しい認識から受けた衝撃が、長くゆるやかに流れる喜びへと少しずつ変わっていった。神にあんなことがおできになるのなら……。

※　復活は実際、民衆による反逆行為に等しかった。復活には、ピラトの封印を破ったり、衛兵を殴り倒したりする行為が含まれていたからだ。この場合、権力者たちに対する勝利は、積極的な抵抗を意味していた。

外典の「ペテロの福音書」には、墓で起きた出来事を奇抜に書いた箇所がある。光る雲の中から光り輝く二人の人物が下りて来て、多くの人々が集まって事の次第を目撃した。石はひとりでに転がり、二人の輝く人々は三人目の人物を支えながら墓から現れた。三人目の後には魔法の十字架があった。二人の頭は「天に届いた……が、三人目の頭は二人によって導かれていた……それは天を通り越していた」。これは、本物の福音書であれば巧みに避ける類の煽情的作品である。

※※　おそらく今世紀最大のおとぎ話のつくり手であるトールキンは、しばしば、おとぎ話は「現実世界」の重圧から注意をそらす「逃避者」のやり方だとの非難に直面した。彼の答えは単純だった。すべてのものは、自分が逃げているものに依存している。私たちは脱走兵の逃走と、囚人の脱走を非常に違ったふうに見る。「刑務所にいることに気づいた男が、逃げ出して家へ帰ろうとするからといって、どうして叱責されなければならないのだ？」

第三部　イエスは何を手放したのか

12　昇天──空っぽの青空

しかし、神ご自身が肉に下られたのは、
証明するため……
神の霊が肉体に宿るとき、
力のかぎりに生まれる命に、
さらに新たな力を与え続ける。

──ロバート・フロスト

時おり考える。もしもイエスが死からよみがえっていなかったら、この世は今、どこが違っているだろう、と。弟子たちはエルサレムの通りで、新しい信仰を命がけで布教することもないだろうが、イエスを忘れることもないだろう。彼らはイエスに三年間つき従った。イエスは（イースターがなければ）メシアではないかもしれないが、それでも最高に知恵のある教師として弟子たちに深い感銘を与え、だれも説明できない力を持っていることを証明した。

しばらくして心の傷が癒え始めると、弟子たちはイエスを記念する方法を探すことだろう。イエスの教えを集め、私たちが現在手にしている福音書のどれかに似たかたちに書きためていっただろうが、物議をかもすような主張は削ったことだろう。あるいは、ほかの殉教した預言者たちを尊敬していたユダヤ人とともに、イエスの記念碑を建てようとしたかもしれない。もしそうだったら、現代に生きる私たちもその記念碑を訪れ、ナザレの大工もしくは哲学者について知ることができるだろう。私たちはイエスの教えを好きなように取捨選択することができる。イエスは孔子やソクラテスと同じように、世界中で評価されるだろう。

多くの点で、私には復活しなかったイエスのほうが受け入れやすいものに思われる。イースターはイエスを危険な存在にする。イースターがあると、イエスの途方もない主張に耳を傾けなければならないし、その教えからあれこれ選り好みすることもできなくなってしまう。そのうえ、イースターが存在したとすると、イエスはそこら中を自由に動き回っていることになる。弟子たちと同じように、私もイエスがどこに出現するかわからないし、どう話しかけてくるのか、どんな質問をされるのかもわからない。フレデリック・ビュークナーが言うように、イースターは「たとえ私たちが本物の釘を使って十字架に打ちつけようとしても、イエスを釘づけにすることはできない」ことを意味するのである。

イースターはイエスの生涯をまったく新しい光で照らし出す。イースターがなければ私は、ほんの数年間伝道生活を送って若くして死んだイエスの生涯を悲劇とみなすだろう。この世界のあんなに狭い地域の、あんなにわずかの人々に影響を与えて、あっという間にいなくなってしまうなんて、何ともったいないことか！　しかし、イースターというレンズを通して同じ生涯を見てみると、それがイエスの当初からの計画だったことがわかる。イエスは、自分のメッセージを人々に伝えられる弟子が十分集まるまでの間だけ、この世にいたのである。ウォルター・ウィンクは言った。イエスを殺すことは、たんぽぽをなくそうとしてたんぽぽの綿毛を吹き飛ばすようなものだった、と。

死からよみがえって、残った信者たちの疑いを雲散霧消させてから、イエスはたった四十日だけ地上にとどまり、そしてその姿を永遠に消した。復活と昇天の間は幕間であって、それ以上のものではなかった。

弟子たちの生涯の中で、イースターの日曜日が最高に刺激的な日だったとすると、イエスにとって最も刺激的だったのは昇天した日であろう。はるばる天から下りて来て、あれだけのものを放棄した創造主イエスは、今や帰還しようとしていた。それはまるで、長きにわたった血みどろの戦いを終え、海を渡って故郷に戻ろうとする兵士のようだった。また宇宙服を脱ぎ捨て、懐かしい地球の空気をたっぷり吸い込もうとする宇宙飛行士のようでもあった。ついにわが家に帰るのだ。

弟子たちとの最後の晩餐でイエスのささげた祈りにも、この観点が表れている。

「あなたがわたしに行わせるためにお与えになったわざを、わたしは成し遂げて、地上であなたの栄光を現しました。今は、父よ、みそばで、わたしを栄光で輝かせてください。世界が存在する前に、ごいっしょにいて持っていましたあの栄光で輝かせてください。」（ヨハネ一七・四、五）

イエスはこう祈った。「世界が存在する前に」とは！　昔を回想する老人のように、いや、昔を回想する老いることのない神のように。エルサレムのうっとうしい部屋に座っていたイエスは、天の川やアンドロメダができる前の時代に思いを馳せていた。恐怖と脅迫で暗く彩られたこの世の夜に、イエスはかつて退けた栄光を再びわがものとするため、帰郷の準備をしていたのである。

＊

イエスが天に昇った日、弟子たちは親をなくした子どものように唖然として突っ立っていた。彼らを落ち着かせるために送られて来た二人の天使たちは、わかりきった質問をした。

「ガリラヤの人たち。なぜ天を見上げて立っているのですか。」　（使徒一・一一）

空には何もなく、空っぽだった。それでも彼らは、これからどうすればいいのかわからず、立ち尽くしたまま見つめていた。

本書を執筆しながら幾度となく、あの弟子たちと同じように空っぽの青空を一心に見つめているように感じた。私はイエスのしるし、何らかの目に見える手掛かりを探している。イエスが後に残した教会で周囲を見回すと、目を背けたくなる。弟子たちと同じように、私も空に昇った方を実際にこの目で一目見たくて仕方がない。あらためて思う。イエスはなぜ去らなければならなかったのか、と。

だが福音書を読み返し、イエス自身が地上での時間をどう見ていたか探ってみると、イエスは明らかに、この別れを最初から計画していたようだ。イエスは弟子たちの成功を何より喜び、失敗を何より不安がった。イエスは、己の使命を人々に伝えたら再び去って行くつもりで地上にやって来た。天使たちは「なぜ天を見上げて立っているのですか」と優しく咎めたが、それはイエス自身が言ったも同然だった。

イエスは初めて弟子たちを送り出すとき、鞭打ちや公衆の面前での拷問というかたちで抵抗を受けることもあろうと警告した。「わたしが、あなたがたを遣わすのは、狼の中に羊を送り出すようなものです」（マタイ一〇・一六）。

こうした不吉な警告を読むとき、遠藤周作の小説『沈黙』の悲惨な場面を思い出さずにはいられない。ポルトガル人宣教師は縛られたまま、幕府の役人たちが日本人クリスチャンを順に拷問にかけて海に投げ込む様子を見せられる。役人たちは、宣教師が棄教するまでクリスチャンを殺し続けると言い放つ。「お前は彼等のために死のうとてこの国に来たと言う。だが事実はお前のためにあの者たちが死んでいくわ。」

イエスがこの世に放ったことは、彼自身ばかりか、彼のもとに集まったこの世で最も親密な友人たちにもこれほど悲惨な結果をもたらすことになった。この事態を、イエスはその透徹したまなざしで、どう見ていたのか。

「兄弟は兄弟を死に渡し、父は子を死に渡し、子どもたちは両親に立ち逆らって、……わたしの名のために、あなたがたはすべての人々に憎まれます。」

（マタイ一〇・二一〜二二）

子どもたちをギャングに引き渡す親、兵隊を砲火飛び交う最前線に送り出す将軍にも等しいその観点を、私は最後の晩餐の出来事に重ねようとした。そのときイエスは、だれも誤りようのない言葉で、自分の去りゆく計画を打ち明けて言った。

「しかし、わたしは真実を言います。わたしが去って行くことは、あなたがたにとって益なのです。」

（ヨハネ一六・七）

自分の仕事をほかの人々の身体が進めていく。そのために地上を後にすることが、かねてからのイエスの計画だった。彼らの身体が。私たちの身体が。キリストの新しい身体が。そのとき、弟子たちにはイエスの言っていることがわからなかった。「イエスさまがいなくなるのが、どうして良いことなんだろう。」彼らは、父なる神が子なる神に与えた使命を、子なる神が今や弟子たちに託しているという、その激しい変化を理解することなく

「あなたがたのために裂かれた身体」を食べた。イエスは「あなたがわたしを世に遣わされたように、わたしも彼らを世に遣わしました」と祈った（同一七・一八）。

イエスは地上にいた痕跡をあまり残さなかった。本も書かなかったし、パンフレットさえ作らなかった。放浪者だったので、家庭も残さなければ、博物館に奉られる類の遺留品さえ残さなかった。結婚も定住もせず、名家をつくることもなかった。実際私たちは、イエスが人間の中に残した痕跡以外には彼について何も知らない。それがイエスの計画だったのだ。律法も預言者も光線のように、来たるべき方に焦点を当ててきた。しかし今、光はプリズムに当たるように、波や色を持った人間というスペクトルの中で屈折して、輝くのだろう。

六週間を経て、弟子たちは「あなたがたにとって益なのです」というイエスの言葉の意味を理解するのである。アウグスティヌスが言ったように、「あなたは私たちの目の前で昇天し、私たちは後ろを向いて嘆き悲しみました。しかしあなたが私たちの心の中にいることに気がついたのです」。

＊

イエスはこの昇天以来、自分が地上で生きた人生をもう一度生きる、ほかの身体を探している、と言ったら言い過ぎだろうか。受肉は、神がこの世に臨在を確立するための根本的な方法であったが、教会は受肉をさらに拡張する役割を果たしている。ジェラード・マンリ・ホプキンズの造語によると、私たちは「キリスト以後」なのだ。

「……キリストはあらゆる場所で働かれる。
目はうるわしく、その肢体は美しい。
しかしそれはキリストの自身のものでない。
人のかたちを通して、御父のために。」

教会は神の住む場所である。イエスが幾人かにもたらした、癒し、恵み、神の愛という福音のメッセージを、教会は今すべての人にもたらすことができる。イエスが感覚の麻痺した弟子たちの視界から消える直前に与えたのは挑戦、もしくは大きな委任だった。「一粒の麦がもし地に落ちて死ななければ、それは一つのままです。しかし、もし死ねば、豊かな実を結びます」(ヨハネ一二・二四)。イエスはそう言ったことがあった。たんぽぽ式の伝播である。

少なくとも、理論はそんなものだ。しかしほんとうのところ、私は自分自身を、イエスが重力をものともしない、翼のない生き物のように天に昇ってゆくのをあっけにとられて見ていた弟子たちの立場に置かなければならない。「主よ。今こそ、イスラエルのために国を再興してくださるのですか」（使徒一・六）。弟子たちはそう尋ねたばかりだった。そして今度はこれである。イエスは行ってしまった！　私は弟子たちの狼狽に同情する。私もまた、邪悪と暴力と貧困の世界に秩序を強いる、力のメシアに憧れているからだ。イエスの弟子たちから二千年後に生きている私は、後ろをふり返って、このような世界で教会がほとんど変わっていないことに驚きを覚える。イエスはなぜ、私たちを置き去りにして、私たちだけで戦いに臨むようにしたのだろう。イエスがいなくなったことが、どうして益となるのだろう。

実際、私にとって昇天は、信仰上最大の戦いである。昇天が起きたかどうかではなく、昇天はなぜ起きたのかが問題なのだ。私にとって昇天は、痛みの問題より、科学と聖書の調和の困難さより、また復活やほかの奇跡を信じること以上に問題である。イエスが昇天したという認識――イエスの昇天に関する疑問に答えようとする本も記事も読んだことがない――を受け入れるのは奇異に思われる。しかしイエスがこの世を去った後で起きたことは、私の信仰の核心部を攻撃するものなのだ。昇天などなかったら、そのほうが遥かによかったのではないだろうか。イエスが地上にとどまっていれば、私たちの質問に答え、疑念を晴らし、教義や方針に関する論争を解決に導くことができるだろうから。

ナザレのイエスに受肉する神、という事実を受け入れるほうが、私の通う教会の人々――そして私自身――の中に住む神を受け入れるより、ずっと易しいと思う。しかし、神は私たちの中に住まわれる。それこそ、私たちが信じるよう求められていることである。私たちはそのように生きることが求められている。新約聖書は、宇宙の未来は教会によって決定されていると宣言している（ローマ八・一九～二二、エペソ三・一〇参照）。イエスは自分の役割を果たし、そしていなくなった。後は私たちにかかっている。

C・S・ルイスは書いている。


「神々や、女神たちになるかもしれぬ人たちの中に生きるということ、今、あなたが話しかけることのできるいちばん退くつで、いちばんつまらない人でも、いつか、今それと分かりさえすれば、強烈に崇拝したい気になるような、そんな人になるかもしれず、それともその人が今仮に会うとすれば悪夢の中でしか会わぬような、ぞっとするほど腐りはてたものになるかもしれぬと思い起こせば由々しきしだいではありません。終日わたしたちは、多少なりとも、いずれか一つのさだめへの道を相助け導き合っているのです。」

イエスの時代にあった、ローマの異教精神のような古代宗教では、天上の神々の行動が下界に影響するものと信じられていた。ゼウスが怒れば、雷鳴がとどろいた。陸橋から下の車に向かって石を落とす子どものように、神々は地上に激変をもたらしていた。「天のごとく、地にはなる」が古代の図式だった。しかしイエスは、その図式を「地のごとく、天にはなる」に変えた。イエスは弟子たちに語った。「あなたがたに耳を傾ける者は、わたしに耳を傾ける者であり、あなたがたを拒む者は、わたしを拒む者です」(ルカ一〇・一六)。信じる者が祈ると、天国が答える。罪人が悔い改めると、天使たちが喜ぶ。伝道が成功すると、サタンが稲妻のように落ちる。信じる者が反逆すると、聖霊が悲しむ。私たち人間が地上で行うことが、宇宙に決定的な影響を及ぼす。

私はこうした事柄を信じるが、それでもどういうわけかそれを「忘れて」しまってばかりいる。自分の祈りが神には重要であるのを忘れてしまう。自分が隣人たちを永遠の目的地へと導いていることを忘れている。今日の選択が、宇宙を統べ治める主なる神に喜びや悲しみをもたらすことを忘れてしまう。私は、樹木もあれば、さまざまな電子機器もある世界に住んでいる。そして、この物質的宇宙の現実は、そのすべてを覆っている霊的宇宙の存在を信じる気持ちを圧倒しがちである。私は空っぽの青空を見つめ、そこに何も見いださない。
イエスは昇天することによって、忘れ去られる危険を冒したのである。

*

少し前にマタイの福音書を読んでいたとき、イエス自身が、まさにその忘れ去られてしまうという窮状を予見していたことに気づいて驚いた。マタイの福音書の最後のほうに、イエスのたとえ話の最後の四つが書かれている。その背後には、ある共通のテーマが潜んでいる。主人が家を空けて出て行く、主人がしもべに管理を任せて留守にする、花婿の到着が遅く、客はうとうとして寝入ってしまう、主人がしもべたちにタラントを分配して出かけて行く。これらはみな、去り行く神というテーマが軸になっている。

実際、イエスの話は「今、神はどこにいるのか」という現代の中心的疑問を先取りして論じていた。ニーチェ、マルクス、カミュ、ベケットらの出した現代の答えは、家主は私たちを見捨て、私たちに自由に決まりを作らせたというものである。「隠れたる神」(Deus absconditus)というわけだ。アウシュヴィッツやルワンダのような場所に、私たちはそうしたたとえ話が別のかたちで生きているのを見た。それは、君主たる家主を信じることをやめたとき、一部の人々がどのような行動に出るかを見せつける実例だった。ドストエフスキーが言ったように、神が存在しなければ、どんなことでも許されるのだ。

さらに読み進むうちに、もう一つのたとえ話にぶつかった。イエスが最後に教えたと思われる、羊と山羊のたとえ話である。

「人の子が、その栄光を帯びて、すべての御使いたちを伴って来るとき、人の子はその栄光の位に着きます。そして、すべての国々の民が、その御前に集められます。彼は、羊飼いが羊と山羊とを分けるように、彼らをより分け、羊を自分の右に、山羊を左に置きます。

そうして、王は、その右にいる者たちに言います。『さあ、わたしの父に祝福された人たち。世の初めから、あなたがたのために備えられた御国を継ぎなさい。あなたがたは、わたしが空腹であったとき、わたしに食べる物を与え、わたしが渇いていたとき、わたしに飲ませ、わたしが旅人であったとき、わたしに宿を貸し、わたしが裸のとき、わたしに着る物を与え、わたしが病気をしたとき、わたしを見舞い、わたしが牢にいたとき、わたしをたずねてくれたからです。』

すると、その正しい人たちは、答えて言います。『主よ。いつ、私たちは、あなたが空腹なのを見て、食べる物を差し上げ、渇いておられるのを見て、飲ませてあげましたか。いつ、あなたが旅をしておられるときに、泊まらせてあげ、裸なのを見て、着る物を差し上げましたか。また、いつ、私たちは、あなたのご病気やあなたが牢におられるのを見て、おたずねしましたか。』

するとと、王は彼らに答えて言います。『まことに、あなたがたに告げます。あなたがたが、これらのわたしの兄弟たち、しかも最も小さい者たちのひとりにしたのは、わたしにしたのです。』

それから、王はまた、その左にいる者たちに言います。『のろわれた者ども。わたしから離れて、悪魔とその使いたちのために用意された永遠の火に入れ。おまえたちは、わたしが空腹であったとき、食べる物をくれず、渇いていたときにも飲ませず、わたしが旅人であったときにも泊まらせず、裸であったときにも着る物をくれず、病気のときや牢にいたときにもたずねてくれなかった。』

そのとき、彼らも答えて言います。『主よ。いつ、私たちは、あなたが空腹であり、渇き、旅をし、裸であり、病気をし、牢におられるのを見て、お世話をしなかったのでしょうか。』

すると、王は彼らに答えて言います。『まことに、おまえたちに告げます。おまえたちが、この最も小さい者たちのひとりにしなかったのは、わたしにしなかったのです。』

こうして、この人たちは永遠の刑罰に入り、正しい人たちは永遠のいのちに入るのです。」

（マタイ二五・三一～四六）

この最後のたとえ話は、私のよく知るものだった。これはイエスの語った話の中で、どれよりも説得力があるし、また戸惑いを覚えさせるものである。しかし、この話がそれに先立つ四つのたとえ話と論理的につながりがあることに、以前は気づいていなかった。

羊と山羊のたとえ話は、ほかの人々から出された疑問を二つの仕方で、直接述べている。留守にしている主人、いなくなった神という問題である。まずこのたとえは、文字どおり代償を払うべき裁きの日に、主人が戻って来ると感じさせるものである。出かけていたお方が、力と栄光のうちに戻り、地上で起きたすべてのことに決着をおつけになる。天使は言った。

「ガリラヤの人たち。なぜ天を見上げて立っているのですか。あなたがたを離れて天に上げられたこのイエスは、天に上って行かれるのをあなたがたが見たときと同じ有様で、またおいでになります。」

（使徒一・一一）

第二に、このたとえは今私たちの生きている何世紀にもわたる幕間、神が不在であるかに見える中間の時に言及している。その最も現代的な質問に対する答えは、深遠であると同時に衝撃的である。神は決して失踪しているわけではない。見知らぬ者、貧しい者、飢えた者、囚人、病人、この世の見すぼらしい者といった、とうていあり得ないような者に姿を変えておられるのだ。「まことに、あなたがた告げます。あなたがたが、これらのわたしの兄弟たち、しかも最も小さい者たちのひとりにしたのは、わたしにしたのです。」私たちがこの世で神の臨在に気づくことができないとすると、それは間違った場所を見ているからなのかもしれない。

この箇所について、アメリカの偉大な神学者ジョナサン・エドワーズは、神は貧しい人々を神の「受け手」に任命したと言った。私たちは、直接的に神の益となることをして愛を現すことができないので、神は私たちに貧しい人々の益となることをしてほしいと願っておられる。貧しい人々には、クリスチャンの愛を受け取る仕事が任されている。

ある晩、漫然とテレビのチャンネルをいじくっていたら、若きヘイリー・ミルズ主演の子ども向け映画らしきものが目にとまった（『汚れなき瞳』ブライアン・フォーブス監督、英、一九六一年）。腰を落ち着けて、どんな筋書きの映画なのか画面を注視した。ミルズと二人の友人は、田舎の納屋で遊んでいるうちに、わらの中で眠りこけているホームレスのような人（アラン・ベイツ）に出くわす。「あなた、だれなの。」ミルズが尋ねる。彼は、はっと目を覚まして子どもたちを見るとつぶやいた。「ジーザス・クライスト（なんてこった！）」

その人のもらした驚きの間投詞を、子どもたちは文字どおり受け取った。その男がイエス・キリストだと信じてしまったのだ。それから映画の終わりまで、子どもたちは畏れと尊敬、愛をもって彼と接する。毛布を差し入れ、いっしょに座って、自分たちの暮らしを話して聞かせる。逃亡中の受刑者だったこの男は、こんなあわれみを受けたことがなかった。そのうち、子どもたちの優しさが彼をすっかり変えてしまうのである。

この話はミルズの母親によって書かれたものである。貧しい人々や困っている人々について イエスの語った言葉を、私たちみなが文字どおりに受け取ったらどんなことが起きるか、たとえ話を作って描こうとしたのだった。困っている人々に仕えることで、私たちはイエスに仕えるのだ。アメリカからやって来た、ある裕福な訪問者は、マザー・テレサがなぜコルカタの貧しい人々にそこまで熱心に身をささげているのか理解に苦しんだ。マザーは答えた。「まず私たちはイエスのことを黙想します。そして、外に出て行って、姿を変えたイエスを捜すのです。」

マタイの福音書二五章の最後のたとえ話をよく考えると、神について私の持つ疑問の大半は、実際まっすぐ自分のところに戻って来るブーメランのような疑問であることがわかってきた。神はなぜ、ブルックリンのゲットーやルワンダの死の川のほとりに赤ん坊が生まれるのを許すのか。神はなぜ、刑務所やホームレスのシェルター、病院や難民キャンプの存在を許すのか。イエスはなぜ地上に生きている間、この世のごたごたを一掃しなかったのか。

このたとえ話によると、イエスは自分が後に残してゆく世界には、貧しい者、飢えた者、囚人、病人がいることを知っていた。この世の老いさらばえた状態にイエスは驚かなかった。イエスはそうした世界に対応する計画を作った。計画には長期と短期があった。長期計画には、地球という星を正しいものにするために、イエスが力と栄光のうちに帰還することが入っている。短期計画とは、帰するところ宇宙の解放を告げる人々に、この計画を委ねることを意味している。イエスは、私たちが彼の後を引き継ぐために昇天したのである。

「痛むとき、神はどこにいるのか。」私はよく疑問に思った。答えは別の問いになる。「痛むとき、教会はどこにいるのか。」

＊

この「痛むとき、神はどこにいるのか」という質問は、もちろん、一言で言えば歴史の問題であるし、昇天が私の信仰上最大の戦いになっている理由でもある。この世を去るとき、イエスは御国の鍵を私たちのおぼつかない手の中に残していった。

イエスを探究しながら、私にはもう一つ、追いかけているテーマがあった。私には、「教会自体によって」つけられたほこりやよごれの層を取り除く必要があったのだ。私の持っていたイエスのイメージは、アメリカ南部の原理主義的な教会が持つ人種差別、狭量、つまらない律法主義のせいで曇っていた。ロシアやヨーロッパのカトリック教徒は、イエス像の回復に、かなり異なるプロセスを経る。「ほこりだけではなく、あり余る黄金も真実の姿を覆い隠すことがあるからだ。」スイス人ハンス・キュンクは彼自身の探究についてそう書いた。多くの、あまりにも多くの人々が、イエスを探究することを断念してしまう。教会に嫌悪感を抱くと、多くの人々は決してイエスのところまで行けないのである。

「クリスチャンが必死なってキリストの後に続いていこうとする姿は、なんと哀れなものだろう」とアニー・ディラードは述べている。彼女の言葉は、現代の政治集会で配られる類のTシャツを思い出させる。「イエスは私たちを……その弟子たちから救う」と書かれているものだ。それから二人の少女が想像する御国を描いている『乙女の祈り』（ピーター・ジャクソン監督、一九九四年）というニュージーランド・米合作映画のせりふもよみがえる。「クリスチャンがいないから――その分、天国みたいだわ！」

この問題は早くから出現していた。コリントの教会を評してフレデリック・ビュークナーは書いている。「パウロがその不朽の隠喩で書いたように、彼らは実際キリストの身体――キリストの目、耳、手――だった。しかし、彼らはキリストの身体を、目は充血、耳はロバ、手は不器用といった状態にしたまま、堕落した世の中で神の仕事を進めていこうとしたのだった。」四世紀、立腹した聖アウグスティヌスは、手に負えない教会についてこう書いた。「地上にあまねく主の家が建てられねばならないと、雷鳴をとどろかせながら渦巻く雲がある。そしてこの蛙どもは沼地に座ってゲコゲコ鳴いている。『おれたちだけがクリスチャンだ！』と。」

そうした多彩な引用で、数ページを埋めることもできるが、それらはみな、神の評判が私たちのような者に委ねられるときに出てくる危険を強調するものである。イエスと違い、私たちが神の言葉を完璧に表現することはない。私たちは言葉の配列を間違えたり、口ごもったり、いろいろな言語をごたまぜにしたり、間違った箇所にアクセントをつけたりしながらしゃべる。この世がキリストを捜すときに見いだすのは、プラトンの洞窟の比喩のように、光によって作られる影だけであり、光そのものではないのである。

私たちはなぜもっと、イエスが描いた教会のように見えないのだろう。なぜキリストの身体はほんの少ししか彼に似ていないのだろう。イエスが十字軍や宗教裁判、クリスチャンの奴隷貿易、アパルトヘイトのような不幸を予見できていたのなら、そもそも彼はなぜ昇天したのだろう。

私はそうした問いに対し、自信を持って答えることができない。私自身もこの問題の一部であるからだ。詳しく調べてみると、この疑念は痛ましいほど私個人の特色を帯びている。なぜ、私はイエスと似たところがほんの少ししかないのだろう。かろうじて提供できるのは、イエスの昇天から生じた問題と折り合いをつけるのに役立った、三つの観察結果だけである。

第一に、教会は暗闇だけでなく光ももたらした。イエスの名によって、聖フランシスコは物乞いに接吻して上着を与え、マザー・テレサは死を待つ人々の家を作り、ウィルバーフォースは奴隷を解放し、ブース大将は都会に救世軍を設立し、ドロシー・デイは飢えた者を養った。そのような仕事が続けられている。私はジャーナリストとして、少しばかりの報酬と名誉を受けてイエスの名による奉仕に励んでいる教育者、都会の牧師、医師や看護師、言語学者、救援者、エコロジストたちを世界中に見てきた。他方、ミケランジェロやバッハ、レンブラント、大聖堂の石工のような多くの人々が、その創作の中でも最高のものを「ただ神の栄光のために」ささげた。地上に伸ばした神の手は、イエスの昇天以来広い範囲に及んでいる。

教会の成功に対し、失敗がどれくらいになるかを計る損得勘定書を作っても、何にもならないだろう。最終的な言葉は神ご自身の裁きから来る。ヨハネの黙示録の最初の数章は、神が教会をいかに現実主義的に見ているかを表しているが、それでも聖書はほかの箇所で、神にとって私たちは喜びであると明言している。私たちは神の「宝」であり、「かぐわしいキリストのかおり」であり、私たちのことを「主は喜びをもって……楽し」むのである。私にはそうした言葉の深さを測ることはできない。ただ信仰を持って受けとめるだけだ。神を喜ばせるものを知っているのは、神だけである。

第二に、イエスは自分の身体を構成する各部分について全責任を負っている。「あなたがたがわたしを選んだのではありません。わたしがあなたがたを選び」(ヨハネ一五・一六)とイエスは弟子たちに言った。そして、この弟子たちはまさにイエスをいら立たせ、イエスから最大に必要とされた時に見捨てた役立たずだった。ペテロを考えると、その騒々しさ、愛、性急さ、お門違いの情熱、不信仰ゆえの裏切りなどは、一九世紀に及ぶ教会の歴史を予見させる萌芽のようなものだ。彼のような「岩」の上に、イエスは教会を建

て、地獄の門が教会に打ち勝つことはないと約束したのである。※

弟子たちといっしょにいるイエスを見るとき、私は希望を抱く。イエスを裏切った夜ほど、弟子たちがイエスを失望させたことはなかった。しかし、イエスが「その愛を残るところなく示された」のも（同一三・一）、またイエスが弟子たちに御国を授けたのもそのときだった、とヨハネは言う。

結局、教会の問題は一クリスチャンの問題と何ら変わらないのである。きよくない男や女の寄せ集めが、どうしてキリストの身体となることができるのか。私はそれに、違う問いで答えよう。私自身のような罪深い男が、どうしたら神の子どもとして受け入れられるのか。一方に奇跡が起これば、もう一方も可能になる。

キリストの花嫁と神殿について語る使徒パウロの高揚した言葉は、コリントのような場所の、恐ろしく欠点のある人々の集団に向けたものだった。

「私たちは、この宝を、土の器の中に入れているのです。それは、この測り知れない力が神のものであって、私たちから出たものでないことが明らかにされるためです。」

（Ⅱコリント四・七）

これは、パウロがそれまで記したものの中でもまさに的確な発言の一つだった。

フラナリー・オコナーは、人間の堕落した性質を美化することなく、正面から見つめた小説家だ。彼女はあるとき、教会の現状を不服とする読者からの手紙にこう答えた。「教会に対するあなたがたの不満は、すべて、罪の理解が不完全であることに起因しているように、私には思われます。」オコナーは次のように書き出している。

「……教会が天の御国をいまこの地上に置くこと、聖霊がすべての肉に直ちに移されることが、実際あなたの要求していることのようです。聖霊が何かの表面に自らを現すことはまれです。人間が神の創られた状態にすぐに戻ることをあなたは求めています。あなたは死を引き起こすあの恐ろしいほどの人間のプライドを考えに入れていません。キリストは地上ではりつけにされました。そして教会もやがてはりつけにされます。……教会は、キリストを三度否認し、水の上を自分ひとりでは歩くことのできなかったペテロの上に建てられました。あなたはペテロに続く者として、水の上を歩くよう期待されています。人間はみな、恵みに激しく抗うものです。恵みは私たちを変え、その変化には痛みが伴うからです。聖職者たちもほかの人々と同じように恵みに抗うのです。教会を自分の望むようなものとするには、神が人間の問題に絶えず奇跡のお節介を焼いて介入することが必要です。……」

オコナーは、印象深い二つの表現を用いて、神が人間の歴史に目を向けたときに、ある選択をせまられたととらえている。それは、「人間の問題に絶えず奇跡というお節介を焼いて」関わるか、それとも、神の子が地上でそうだったように、神自身も「やがてはりつけにされる」ことにするかという選択である。若干の例外はあっても、自己犠牲の愛を本質とする神は後者を選択した。キリストは自分の身体である教会の傷を負っている。それはちょうど、彼が十字架の傷を負ったのと同じである。私は時おり考える。どちらの傷が強く痛むだろうか、と。

※　チャールズ・ウィリアムズによれば、「当時のユダヤ教指導者たちに対するイエスの意見から判断すると、イエスは教会の役員たちに大きな期待をかけなかったように思われる。イエスがいちばんしたかったのは、地獄の門は教会に勝利しないと約束することだった。教会の歴史を見ると、地獄の門は勝利しなかったと、概ね感じられるのである」。

13　王国――雑草の中の麦

人間の喜劇には大して魅力を感じない。私は完全にはこの世のものでない……別の場所からきた者だ。そして、この別の場所を壁の向こうに探すのは、価値あることだ。しかし、どこにあるのだろう。

――ユージン・イヨネスコ

子ども時代に通っていた教会は、毎年秋になると預言大会を開催した。有名な銀髪の男性たちが、縫い合わせたシーツに野獣や軍隊が蛍光色で描かれた預言の図表を演壇の上に広げ、私たちの生きている「終末の日々」について詳しく説明した。

まっすぐな線がモスクワからエルサレムまで引かれ、いずれ総勢百万人の軍隊がどのようにイスラエルに集結するかが、語られた。私は、怖がりつつも魅了されて話に聞き入った。ＥＥＣ（現在ではＥＵ）に加盟する十か国が、ダニエル書の十の角を持つ野獣の預言を成就したころだという。まもなく私たちはみな、野獣のしるしである数字のスタンプを額に押され、ベルギーのどこかにあるコンピューターに登録されるだろう。核戦争が勃発し、地球は壊滅の危機に瀕するが、最後の瞬間にイエスその人が戻って来て、義の軍隊を導くだろう。

このシナリオは、ロシアが衰退しＥＥＣ加盟国が十か国以上に膨らんだ今の情勢からはかけ離れたものに思われる。しかし私の心に焼きついているのは、そうした特定の預言よりも、預言によって感情が被った影響のほうである。私は恐怖とともに、とてつもない希望を抱えながら成長した。高校では私は中国語を、兄はロシア語を勉強した。どちらの国から侵略軍がやって来ても、兄弟の一方が相手軍と意思疎通を図れるようにしたかったからだ。叔父はその程度では収まらず、家族もろともオーストラリアに移住してしまった。そのように恐怖の真っ只中にありながら、私たちには希望もあった。この世はそのうち終わると確信してはいたが、私の子ども時代の信仰は、ともかくイエスが勝利するという信念の上に築き上げられていた。

後に教会史を読んで、終末思想に沸き立った時代は多々あったことを知った。キリスト教が始まって最初の数十年、一〇世紀の終わり、一三〇〇年の終わりごろ、ナポレオンの時代、第一次世界大戦、ヒトラーとムッソリーニによるローマ・ベルリン枢軸の時代などである。最近では一九九一年に湾岸戦争が起きたとき、ヨハネの黙示録に書かれている終わりの時を引き起こす者として、サダム・フセインに反キリストの烙印が押された。いつの時代も、クリスチャンは恐怖と希望を抱き、そして迷いからおどおどと目覚めるといった、激しい感情を経験した。結局、終わりの時はまだ来ていなかった。

また、ユダヤ人が、まったく同じサイクルを何度も経験してきたこと、それも紀元一世紀を超える悲痛な経験はなかったことを知った。そのとき、大勢のユダヤ人はメシアが現れてローマの恐怖から解放してくれるものと期待していた。それはナザレの男が最初に火をつけ、そして打ち砕いた希望だった。イエスと、昇天した後に彼が残した使命を理解するには、もう一度イエスの時代に戻り、自分をその時代に置き、イエスがほかの何よりも好んで語った神の国の話に耳を傾ける必要がある。イエスが神の国について一世紀に語った言葉が、二〇世紀今日の私に大きく関わっている。

*

ダニエル書やエゼキエル書は私の子ども時代、預言大会でひときわ重視されていたが、イエスの時代のユダヤ人たちもそれらの言葉を熱心に研究していた。※細かい部分については意見の分かれることもあった――当時、北欧は異民族がいっぱいいる森であって、「共同市場」ではなく、ロシアは未知の国だった――が、双方の思い描くメシアは一致していた。だれもが、勝利をおさめる英雄を期待していたのである。「神の国は近づいた！」と宣言する人がいれば、聴衆の心の中に、立ち上がって指揮を執り、歴史上最強の帝国を打ち負かす政治指導者のイメージが確実に呼び覚まされたのだ。

そのような環境にあって、イエスはメシアという言葉の持つ爆発的な力をよく理解していた。ウィリアム・バークレーの見解によると、「もしもイエスが、自分はメシアであると公言していたら、無益に殺戮へとなだれこむ勢いを決して止められなかっただろう」。イエス自身はメシアという称号を使わなかったが、ほかの人々からメシアと呼ばれれば、それを受け入れた。そして福音書は、イエスの弟子たちが自分たちの師こそ、長く待たれた王にほかならないと、徐々に理解していったことを記している。

イエスはどぎまぎさせるような言葉を使って、弟子たちがイエスは王であると信じるように仕向けた。イエスはいちばん最初のメッセージで宣言した。「天の御国が近づいた」（マタイ三・二）。イエスがそう語るたびに、呼び起こされる記憶があった。色鮮やかな旗、華麗な軍隊、ソロモンの時代の黄金や象牙、イスラエル国家の復興。これから起きようとしていることは、過去のいかなる出来事をも超えるものであると、イエスは言った。

「あなたがたに言いますが、多くの預言者や王たちがあなたがたの見ていることを見たいと願ったのに、見られなかったのです。また、あなたがたの聞いていることを聞きたいと願ったのに、聞けなかったのです。」

（ルカ一〇・二四）

また別の時に、イエスは挑発するように告げている。「ここにソロモンよりもまさった者がいるのです」（マタイ一二・四二）。

熱心党もイエスの聴衆に混じっていた。よく組織されたゲリラで、ローマに戦いを挑もうと躍起になっていたのだが、彼らが驚いたことに、反乱の兆しはいつになっても見えなかった。やがてイエスの行動パターンは、伝統的なタイプの指導者を捜し求めていた者をことごとく失望させる。イエスは大衆の望みをかなえようとするのでなく、むしろ彼らから逃げ出す傾向にあった。イエスはソロモン王をありふれた百合と比べ、イスラエルの黄金時代の記憶を侮辱した。群衆が力ずくで王冠をかぶせようとすると、イエスは不可解にも身を引いた。そしてペテロがイエスを守ろうとして刀を振り回したとき、イエスはその被害者の傷を癒したのであった。

イエスは不可思議な、違った種類の御国のことを話していることが明らかになり、群衆は落胆した。ユダヤ人が願っていたものは、目に見える王国に期待していたものだった。つまり、鶏肉の入った鍋と仕事の保証、侵入者を妨げる強い軍隊である。イエスは己の欲を否定し、十字架を背負い、富を放棄し、敵をも愛する御国を告げた。イエスが詳しく説明すればするほど、群衆の期待は崩れていった。

イエスが木の横げたに釘で打ちつけられるころには、みな希望を失い、散って行った。一世紀のユダヤ人に、苦難のメシアという概念はなかったと、学者たちは報告している。十二弟子はどうだったかというと、イエスが差し迫った死について幾度となく、またどれだけはっきり警告しても、彼らの心には浸透しなかった。メシアが死ぬなど、だれ一人、夢にも思わなかった。

国という言葉で、イエスと群衆はまったく異なるものを意味していた。イエスは、メシアかくありなんとユダヤ人が思っていたイメージとは違っていたために、拒絶された。

長いこと不思議に思ってきたことがある。群衆の期待を知りながら、なぜイエスは「国」という言葉を用いて弟子たちの希望をつのらせていったのか（マタイの福音書だけで、この言葉は五十三回も使われている）。イエスはだれもが誤解する言葉を、何としても自身に関連づけようとした。「神の国」という言葉で、イエスは何を意味していたのか。

人々の期待に応えられなかった人物が、王として歴史に知られるようになったとは大きな皮肉《アイロニー》である。この王という言葉の一形態が、彼の「姓」になったほどなのだ。キリスト、あるいはギリシア語のクリストスは、ヘブル語のメシアを翻訳したもので、油注がれた者の意であり、古代の王の戴冠の仕方に言及した言葉である。今、クリスチャン（Christians）と称する私たちはみな、イエスの時代の人々を困惑させたこの言葉の反響音を運んでいるのである。私たちは神の国を、いくらかましに理解しているだろうか。

*

イエスは神の国を明確に定義したことはなかったが、一連の話を通して神の国の光景を告げ知らせた。イエスは、心に残るイメージを選んでいる。農作業や魚釣り、パンを焼く女性、真珠を買う商人など、日常生活を描写したものだ。

天の御国は種まきに行く農夫のようである。農夫ならだれでも知っているように、植えた種のすべてが実を結ぶわけではない。岩の間に落ちる種もあれば、鳥や野鼠に食べられる種もあり、また雑草が生い茂る場合もある。これらはすべて農夫にとって当たり前であろうが、伝統的な王国を建設しようとする者には異端に見える。王はその力、自らの意志を大衆に押しつける能力、敵を撃退する力強さによって判断されるのではないか。イエスは、神の国は到来するが、人はその力に抵抗することができると言った。神の国は謙遜でつつましやかで、悪と併存する。反乱に熱を入れている愛国的ユダヤ人が絶対に喜ばないメッセージだった。

からし種を考えてみるといい。あまりにもちっぽけな種なので、地に落ちると人からも鳥からも気づかれないままだ。ところが時が経つと、この種は生長して茂みとなり、庭でいちばん背丈がある植物になる。茂みは大きく青々と茂り、その枝には鳥が来て巣を作るほどだ。神の国はそんなふうである。最初はあまりに小さいので人々は蔑み、大きく育つなどと考えもしない。しかし困難も何のその、神の国は成長して世界中に広がり、病人や貧しい人々、囚人や愛を知らない人々のために木陰をつくる。

天の御国は、めずらしい宝石を専門に扱う実業家のようなものだ。ある日、彼は王女さまが心底羨ましがるほど豪華な真珠を見つける。その価値を知る彼は、仕事をすべて清算してまで手に入れようとする。真珠を購入するには持ち物をすべて売り払わなければならないが、それを微塵も後悔しない。この取り引きを、まるで我が人生最大の偉業を成し遂げるように行う。この宝は彼より長く生きる。家名が消滅した後も長く存続する。神の国はそんなふうである。自分を捨て、自分の十字架を背負うという犠牲は厳しい投資だが、その結果は後悔ではなく、言葉で形容できないほどの喜びとなる。

これらはイエスの語った話である。しかし、あらためて神の国のたとえ話を吟味すると、自分の理解がそうした素朴なイメージからいかに離れていたかに気づくのだ。私は、ユダヤ人が思い描いたと同様の、目に見える強大な王国を想像しがちだ。「このしるしによって征服する」をスローガンに、コンスタンティヌス帝が鎧に十字の紋章をつけた軍隊を率いて進む姿や、子どものころに見た、預言大会の図表に描かれていた軍隊を思い浮かべるのだ。明らかに今一度、神の国を語るイエスに耳傾ける必要がある。

＊

文字どおりの「王」がほとんど見られない二〇世紀という時代に生きる私たちは、権力と分裂という言葉で王国を考える。私たちは革命の申し子だ。二世紀前のアメリカとフランスでは、抑圧されていた人々が立ち上がり、支配権力を打倒した。後にロシアや中国のような場所で、マルクス主義者たちは一種の宗教と化したイデオロギーを携えて反乱を先導した。実際、彼らは歴史の総体を階級闘争、もしくは弁証法的唯物論からとらえた。「労働者よ、団結せよ！」とマルクスは叫び、その人たちは流血の世紀に大いに貢献したのだった。

私はある時期、解放の神学の目を通して福音書を読もうと試みた。けれども最終的に、神の国はたとえどんなものであろうと、断固として暴力的革命を呼びかけるものではないと結論せざるをえなかった。一世紀のユダヤ人は、確かにそうした大変革を期待していた。戦場は明瞭だった。抑圧されたユダヤ人対悪者のローマ人である。ローマ人は税を徴収し、奴隷売買をし、宗教を規制し、異なる意見を無効とする異教徒だった。こうした状況下にあって、熱心党はマルクスにきわめてよく似た呼びかけをした。「ユダヤ人よ、団結せよ！　鎖を投げ捨てよ！」　しかしイエスの説く御国のメッセージは、分裂を良しとする政治観とは共通点がなかった。

福音書を読むと、イエスは二方向のメッセージを語っているように思われる。抑圧者に対しては、警告と裁きの言葉を用いた。政府の有力者には、やんわりと軽蔑的な態度をとり、ヘロデを「あの狐」（価値のない、あるいは重要でない人物を表現するときにユダヤ人が用いる言葉）と言って片づけ、「彼らにつまずきを与えないために」神殿税を納めることに同意した。イエスは政治を重要視しなかった。しかし結局、イエスを抹殺しようとしたのは行政だった。

イエスの聴衆は主として抑圧された人々だったが、イエスは彼らに、安心と慰めのメッセージを提供した。イエスは貧しい人々や迫害されている人々のことを「幸いです」と言った。抑圧されている人々を煽動して蜂起させ、鎖を投げ捨てさせようとしたことは一度もなかった。熱心党をいらだたせたに違いない言葉を用いて、イエスは「敵を愛しなさい」と命令した。イエスは強要ではなく、愛という、違った種類の力に頼ったのである。イエスに圧政からの解放を期待した人々は、イエスの選んだ仲間たちを見ては戸惑った。イエスは搾取される側ではなく、搾取する側の外国人と明らかに仲間である取税人の友として知られるようになった。イエスは当時の宗教体制を糾弾したが、ニコデモのような指導者には尊敬の念をもって接した。そして金銭や暴力の危険性について語ったが、若い裕福な役人やローマの百人隊長に対しては、愛とあわれみを示した。

要するに、イエスはその人に同意するにせよ、しないにせよ、人の尊厳を重んじたのである。イエスの御国は、人種や階級といった仕切りに基づくものではなかった。五人の夫を持った混血の女であろうが、十字架の上で死にかけている盗人であろうが、だれでもイエスの御国には喜んで迎え入れられた。どんな区別やレッテルよりも人間のほうが重要だった。

私は自分の固く信じる大義に夢中になるたびに、イエスのこうした性質を思い出して罪責感に苛まれる。分裂政策に加わり、ピケラインの向こう側にいる「敵」に向かって叫ぶのはなんと容易なことだろう。中絶手術を行う診療所から出て来た女性（そして、その医師）、乱れた性生活を送り、死を迎えようとしている人間、神の被造物を搾取している裕福な地主。こうした人々を愛しなさいと、神の国が要求していると思い起こすのは、なんと難しいことか。そうした人々に愛を示せないなら、ほんとうにイエスの福音を理解しているだろうかと自問しなければならない。

政治運動は本来、線引きをし、区別をつけ、判断を下すものだ。それとは対照的に、イエスの愛は線を越え、区別を飛び越し、恵みを分け与える。論点がいかに価値あるものであろうと――右翼陣営の堕胎反対にしろ、左翼陣営の平和と正義推進にしろ――政治運動は、愛を窒息させる覆いのような力に自らを引き込んでしまう危険を冒している。私はイエスから、どのような活動に加わるにせよ、それが愛や謙遜を放逐してはならないこと、そうでなければ天の御国を裏切ることになると学んでいる。

＊

神の国も権力機構の一つとみなす誘惑に駆られたら、エルサレムで行われた裁判の記事に戻ればいい。二つの王国が驚くべき方法で並べ置かれた場面である。重大な局面を迎えたその日、「この世の王国」の支配者たちはイエスとその御国に、真っ向から対立した。

ヘロデとイエスという二人の王は、著しく異なる種類の力を具現していた。ヘロデはその意志を強行させるローマの兵士軍団を従えていた。歴史は、彼がその力をどのように使ったかを記録している。ヘロデは兄弟の妻を盗み、逆らう者をことごとく投獄し、パーティーの余興にバプテスマのヨハネの首をはねた。イエスにも力があったが、彼はそれを、飢えた者に食べ物を与えたり病人を癒したりといった、あわれみ深い仕方で用いた。ヘロデは黄金の冠、宮殿、護衛兵、そして目に見えるあらゆる王族のしるしを持っていた。しかしイエスにとって、正式の戴冠式、あるいはメシアの「油注ぎ」に最も近いものは、評判の悪い女が彼の頭に香油をふりかけるという、面食らうような場面で起きた。イエスは「ユダヤ人の王」という称号を刑罰として得た。その「王冠」は茨でできており、さらに痛みを加えるだけのものだった。天使の軍団を呼んで助けてもらうこともできたのに、それをしなかった。

イエスは一貫して、強制的な力を使おうとしなかった。弟子の一人が裏切るのを知りながら、裏切られるままになった。そして抵抗せず、捕らえようとする者に身を差し出した。クリスチャンの希望がこの男の上にあることに、私は絶えず驚きを覚える。この人のメッセージは拒絶され、その愛は鼻であしらわれた。またこの人は犯罪者であると非難され、死刑を宣告されたのだ。

イエスの示した手本はわかりやすいものだったのに、多くの弟子たちがイエスでなく、ヘロデのやり方を選んでしまった。近東を略奪した十字軍、剣を向けて新世界を改宗させたスペイン人たち、奴隷貿易に協力したクリスチャンのアフリカ探検家たち。私たちは今でも彼らの犯した過ちの後遺症を感じている。教会がこの世の王国の道具を使うとき、それはほかのどんな権力機構に劣らず無益なものとなるか、あるいは暴君的なものになることを、歴史は明らかにしている。そして教会が国家といっしょくたになるときは必ず（神聖ローマ帝国、クロムウェルのイングランド、カルヴァンのジュネーヴ）、信仰の力が被害を受ける。皮肉《アイロニー》にも、私たちがどれほど強力に自分の見解をほかの人々に押しつけようとすればするほど、私たちのこの世を大切にする気持ちは下降する。

狼の中の羊、庭にまかれた小さな種、パン種の中のイースト菌、肉にふられた塩。イエス自身による神の国の比喩《メタファー》は、内側から働く一種の「秘密の力」を描いている。イエスは、誇らしげに既成権力の座に加わる教会のことなど口にしなかった。神の国はこの世の王国とは反対で、少数者の運動であるときにこそ力を発揮するようだ。成長して、もはや少数派でなくなるとき、神の国は実際微妙に変わってしまうのである。

この理由で、近年アメリカのクリスチャンの間に沸き上がっている力について懸念していると、一言もの申したい。彼らは政治的手段にますます神経を傾けているようだ。かつてクリスチャンは無視されるか、そうでなければ軽蔑された。今、抜け目のない政治家はこぞってクリスチャンのご機嫌とりをしている。特に福音派の人々は、ある種の政治的立場をとっていると見られているため、ニュースメディアが「福音派」と「宗教右派」を置き換え可能な言葉として使っているほどだ。「福音派のクリスチャンとは、どのようなものか」とだれかに尋ねれば、「家族を重視する価値観を支持し、同性愛者の権利や堕胎に反対する人のこと」といった答えが返ってくる。

こうした傾向に私は頭を抱える。イエスの福音はそもそも政策要綱宣言ではなかったからだ。俗世間に生きるクリスチャンが直面している問題はきちんと取り上げられ、検討され、法制化されなければならないし、民主主義はクリスチャンに自分たちを表現する権利を与えている。しかし、この世の王国に多くのものをつぎ込むあまり、いちばん大事な仕事を無視してはならない。神の恵みと赦しにのみ基づく異なる種類の王国を人々に紹介することが、何より重要なのだ。道徳を強いる法案の可決は悪を抑えるために必要な働きだが、人間の問題を解決することはない。今から一世紀後に、その歴史家たち全員が、一九九〇年代の福音派は家族の大切さを強調したと言えるなら、私たちはイエスから授けられた、「罪人たち」に神の和解の愛を伝えるという使命が遂行できなかったことになるだろう。

イエスは、「もしあなたがたが法案を可決し、非道徳性を抑えつけ、家族や政府の然るべき有様を取り戻したら、あなたがたがわたしの弟子であることを、すべての人が認めるのです」とは言わなかった。そうではなく、「もしあなたがたの互いの間に愛があるなら」と言ったのである（ヨハネ一三・三五参照）。イエスがこの言葉を語ったのは、死の前夜である。その夜、ローマの力とユダヤ人宗教権威者たちの総力に代表される人間の力が、神の力と正面衝突した。イエスは生涯を通して、頑迷な宗教体制と異教の帝国に対する「文化戦争」の一形態に巻き込まれていた。しかしそれに対して、自分の命を反対者たちにささげることで答えた。十字架の上で、イエスは彼らを赦した。イエスは何よりも、愛を証明するためにやって来た。「神は、実に、そのひとり子をお与えになったほどに、世を愛された」からである（ヨハネ三・一六）。

＊

総督ピラトがイエスに、おまえはユダヤ人の王なのかとあからさまに尋ねたとき、イエスは答えた。

「わたしの国はこの世のものではありません。もしこの世のものであったなら、わたしのしもべたちが、わたしをユダヤ人に渡さないように、戦ったことでしょう。しかし、事実、わたしの国はこの世のものではありません。」

（ヨハネ一八・三六）

「この世のものではない」国への忠誠は、キリスト教の殉教者たちに勇気を与えてきた。彼らは創始者が死んで以来、この世の王国の抵抗を受けてきた。武器を持たない信仰者たちは、この言葉をコロセウムで自分たちを迫害するローマ人たちに対して使い、トルストイは皇帝の権威を弱体化するために使った。また市民権を求めてデモ行進した人々は、アメリカ南部や南アフリカの人種隔離法《アパルトヘイト》に挑んだ。この世のものではない国は、国や帝国の、そして時には律法の境界を超越する支配を語っている。

イエスはまた別の機会に、パリサイ人から神の国はいつ来るのか聞かれたとき、こう答えた。

「神の国は、人の目で認められるようにして来るものではありません。『そら、ここにある』とか、『あそこにある』とか言えるようなものではありません。いいですか。神の国は、あなたがたのただ中にあるのです。」

（ルカ一七・二〇〜二一）

明らかに神の国は、この世のどんな国とも違う規則によって動いている。神の国には地理上の境界線も首都も議事堂も、目に見える王のしるしもない。神の国に従う者は、境界を示す柵や壁で敵と分離するのではなく、敵のただ中に生きる。神の国は人間の内側に宿り、成長する。

イエスに従う私たちは、このようにいわば二重市民権を所有している。私たちは家族や町や国民の身分という外側の国に生きているが、一方でそれと同時に神の国にも属している。「カイザルのものはカイザルに返しなさい。そして神のものは神に返しなさい」という命令の中で、イエスはそれが結果としてもたらす根本的な緊張を強調していた。初期クリスチャンにとって、神の国への忠誠は、カエサルの目に見える王国との宿命的対立を意味することがあった。歴史家ウィル・デュラントは『文明の話』の中で次のように結論している。

「人間の記録の中で、あの幾人かのクリスチャンの有様ほど偉大なドラマは存在しない。彼らは皇帝たちによって次々に蔑まれ抑圧され、あらゆる試みにはかり知れない粘り強さをもって耐え、静かに増殖し、敵が混沌を生み出しているとき、秩序を築き上げた。剣には御言葉で、蛮行には希望をもって戦い、そして最後に歴史上最強の国家を打ち負かした。カエサルとキリストは闘技場で向かい合い、キリストが勝利した。」

私たちは、この自分たちの生きる時代に、二つの国が衝突する鮮やかな実例を見た。アルバニア、ソ連邦、中国といった共産主義諸国では、政府がキリスト教会を地下に追いやり、教会は文字どおり完全に姿を消した。一九六〇年代、七〇年代の迫害の波の中で、たとえば中国人の信仰者たちは罰金、投獄、拷問の憂き目に遭い、偏狭な規制は宗教活動を禁止した。しかし、政府のこの圧迫にもかかわらず、教会史上、最大と言える霊のリバイバルが起きた。五千万人もの信者たちが、目に見えない国に忠誠を誓った。目に見える国がそのせいで彼らを苦しめているというのに、である。

事実、教会があまりにも外に向かい、政府と馴れ合うようになると問題が出てくるようだ。あるアメリカの立法補佐官が中国を視察した後で言ったように、「中国の地下教会の、政治に無関心な体質の中には、私たちへの警告の言葉があると思う。彼らは指導者たちのために熱心に祈るが、慎重に彼らからの独立を守っている。私たちは参加型民主主義の中に生きるという特権を持っているが、十年近くもアメリカの政治の場で働いてきて、この世における目先の利と、自分たちクリスチャンの特権を交換する信者たちを少なからず見てきた。私たちは絶えず自らに問わなければならない。私たちの第一の目的は政治を変えることだろうか、あるいは政治の内外に、キリストを見上げて生きるように変えられた人生を見ることだろうか」。

この補佐官の問いを言い換えると、私たちの第一の目的は外的、政治的な国を変えることだろうか、あるいは神の超越的な国を進めていくことだろうか、となる。アメリカのような国では、この二つは容易に混同されてしまう。

私は星条旗の隣に「クリスチャンの旗」を誇らしげに掲げる教会で育ち、そのどちらにも忠誠を誓っていた。人々は旧約聖書の言葉を、アメリカに当てはめようとしていた。だが、それらは明らかに神がイスラエル国家という、目に見える地上の国を通して働かれた時代に対して書かれたものだ。たとえば、国家的な信仰復興の常套句として次の言葉がよく引用された。

「わたしの名を呼び求めているわたしの民がみずからへりくだり、祈りをささげ、わたしの顔を慕い求め、その悪い道から立ち返るなら、わたしが親しく天から聞いて、彼らの罪を赦し、彼らの地をいやそう。」

（Ⅱ歴代七・一四）

この原則は、もちろん一般的なものにも適用できるだろうが、特定の国に対する約束であり、神と古代ユダヤ人との契約関係の一部として与えられたものである。それは、ソロモンが、神の地上に住まわれる場所として神殿をささげる時の話であった。神がアメリカとも同様の契約を取り計らっていると仮定する理由があるだろうか。

実際、神がアメリカやほかの国を一つの民族だとしているしるしが現在あるだろうか。イエスはそうした国家主義的な考えを矯正するためにも、神の国のたとえ話を語っていたのである。神は、国家を通してではなく、国家を超越した国を通して働いている。

今イエスの神の国の話を静かに考えてみると、今日のクリスチャンの間にある多くの不安は、目に見える国と見えない国の二つを混同するところから発生しているように感じられる。選挙の時期が来るたびに、クリスチャンは、候補者のだれかれがホワイトハウスにふさわしい「神の人」かどうか論争を繰り広げる。イエスの時代に自分を置いてみたとき、ティベリウスやオクタヴィアヌス、ユリウス・カエサルはローマ帝国にふさわしい「神の人」だろうかと考え込んでいるイエスの姿を想像しがたい。ローマの政治は、神の国には何ら実質的関連がないものだった。

今日、アメリカはますます世俗化の一途をたどっているため、教会と国家は目指している方向が違っているように見える。神の国についてのイエスのメッセージを理解すればするほど、私はそうした動向に驚かなくなった。精力を集中させるべき真の挑戦は、アメリカをキリスト教化させることではなく（負け戦となるのが常だ）、ますます対立の深まっている世界に神の国をつくる努力をすることだろう。カール・バルトが言ったように、

「（教会は）……契約の道と対立するような（この世）独自のあり方とは徹底的に異なるまったく新しいしるしをこの世にもたらすために存在している。この新しいしるしは（この世の）流儀とは根本的に違っている。それはこの世の流儀とは矛盾した、約束にあふれた流儀なのだ」。

皮肉《アイロニー》にも、アメリカがほんとうに危うい道徳の坂道を滑り落ちているのならば、教会はそれこそ「約束にあふれた……新しいしるし」を作り上げることが許されるだろう。ローマでも中国でもそうだったように。正直なところ、大多数の人々が十戒に従い、お互いに礼儀正しく振る舞い、一日に一回は頭を下げてどうということもない、党派心とは無関係の祈りをささげるような国に住みたいと思う。私は自分の育った一九五〇年代の社会的風潮にある種の郷愁を感じている。しかし、たとえあの環境が戻らないとしても心配するつもりはない。アメリカが転げ落ちてゆくなら、私は神の国が進んでゆくようせっせと祈るだろう。地獄の門が教会に勝利することがないのであれば、現代の政治状況も大した脅威ではないわけだ。

＊

一九三三年、マルティン・ブーバーが、ドイツのシュトゥットガルトで新約聖書学者と議論した。論点は、彼のようなユダヤ人は、なぜイエスに敬意を表しながらも受け入れることができないのか、であった。ブーバーは言った。断固としてメシアの到来を待っているユダヤ人は、クリスチャンの目に強情に映るに違いない。なぜイエスをメシアと認めないのか。

「教会は、キリストが来たという信仰、そしてこれは神が人類に贈った贖いであるという信仰の上に存在している。私たちユダヤ人は、これを信じることができない……。私たちは、世界の歴史はその根底を覆されていないこと、つまり世界は贖われていないことをもっと深く、もっと正確に認識している。私たちは世界が贖われていないことを『感知』している。」

ブーバーのこの標準的な発言は、続く数年間に辛辣さを加えるようになる。一九三三年はアドルフ・ヒトラーがドイツで政権を掌握した年であり、この世が贖われていないことに疑いの余地がないことがわかったからである。真のメシアが、どうしてそのような世界の存続を許せるのか。

ただ一つ可能な説明は、神の国は段階を追ってやって来るというイエスの教えにある。

神の国は「今」あるが、同時に「まだ」来ていない。現在あると同時に未来にもある。イエスは神の国が「近い」とか「あなたがたのただ中にある」と言って、現在の側面を強調することがあった。別の時には、弟子たちに「みこころが天で行われるように地でも行われますように」（マタイ六・一〇）と祈りなさいと教えて、神の国が未来にあることを示した。マルティン・ブーバーが、神の意志は、見たところ地上では天上でのようには行われていないと述べているのは正しい。神の国はいろいろ肝心な点で、まだ完全には到来していない。

おそらくイエス自身は、ブーバーのこの世の状態に対する評価に同意したことだろう。イエスは弟子たちに言った。

「あなたがたは、世にあっては患難があります。」（ヨハネ一六・三三）

目前に迫っている災いについても警告を発している。

「また、戦争のことや、戦争のうわさを聞くでしょうが、気をつけて、あわてないようにしなさい。これらは必ず起こることです。しかし、終わりが来たのではありません。」

（マタイ二四・六）

悪の存在は、今後も歴史に絶えざる抗争があり、この世が贖われているように見えないことを裏づけている。神の国はしばらくの間、神に対する活発な反抗と併存しなければならない。神の国は、サタンの支配する王国内部で働く秘密の侵攻勢力のように、ゆっくりとささやかに進展する。

C・S・ルイスはそれを次のように表現した。

「なぜ神は、敵の占領下にあるこの世界に、姿を変えて上陸し、悪魔をひそかにやっつけるために秘密結社のごときものを作る、というようなまわりくどいやり方をしたのか。なぜ力ずくで上陸し、侵略しないのか。神はあまり強くないからか。クリスチャンたちは、神がやがて力ずくで上陸してこられる、と考えている。それがいつかはわからないけれども。だが、神がなぜそれを遅らせておられるのかということについてなら、われわれにもどうやら想像がつく。

神はわれわれに、自発的に神の陣営に加わるチャンスを与えようとしておられるのである。……神はかならず侵略してこられる。だが、神が正面切って堂々とこの世界に介入してくることを望む人たちは、神が実際に介入してきた時どういう事態が起こるか、ほんとうにわかっているのだろうか。神の介入が実現する時、それは世の終わりである。作者が舞台に出てきたら、芝居はもう終わったのである。」

イエスに最も近い弟子たちは、国に関するこの二重の見方を把握するのに困難を覚えていた。イエスが死んで復活した後、弟子たちはやっと、メシアが、征服する王としてではなく、謙遜と弱々しさの衣を着けた王としてやって来たことを理解したが、そのときでさえ、彼らはある思いにとりつかれていた。

「主よ。今こそ、イスラエルのために国を再興してくださるのですか。」
（使徒一・六）

明らかに彼らはローマの支配に取って代わる、目に見える王国を考えていた。イエスはその質問を払いのけると、自分の語った言葉を地の果てまで伝えに行けと命じた。そして弟子たちが驚いたことに、イエスは昇天して彼らの視界から消えてしまった。少し後で、天使たちが言った。「あなたがたを離れて天に上げられたこのイエスは、天に上って行かれるのをあなたがたが見たときと同じ有様で、またおいでになります」（同一一節）。弟子たちが切望していたような国は確かに到来するのだが、それはまだなのだった。

告白すると、私は長年イエスの再臨について考えるのを避けていた。子ども時代の教会が預言マニアだったことへの反動も、ある程度はあった。再臨の教義には、空飛ぶ円盤を信じる人々を惹きつける類の話のような、うさんくさい印象があった。イエスの再臨の詳細についてはなお確信を持っていないところもあるのだが、再臨は神の国になくてはならない完成点だと、今考えている。教会がキリスト再臨への信仰を失うほど、また教会がもう一つの世界を守る最前線でなくなったり、この世の快適な部分に満足したりするほど、私たちはすべてを支配する神への信仰を失う危険を冒しているのである。

神はご自分の性質を率直に話された。新約聖書は「すべてが、ひざをかがめ、すべての口が、『イエス・キリストは主である』と告白」する時代を指し示している（ピリピ二・一〇、一一）。もちろん、それはまだ起きていない。イースターの数十年後、使徒パウロは、全被造物がまだ実現していない贖いのために、産みの苦しみに呻いていると語った。イエスの最初の到来は地球という星の問題を解決したのではなく、むしろこの世にかけられた迷妄ののろいを断ち切ろうとする、神の国の理想とする情景を見せたのである。

神の国は、キリストが再臨したとき、初めてその全貌を現すだろう。それまでの間、私たちは、未来はどのようになるか、そのひな型を求めてつねに福音書に立ち返り、より良い未来に向かって働くのだ。ユルゲン・モルトマンは、旧約聖書の「主の日」は恐怖の念を抱かせるが、新約聖書の「主の日」は確信を抱かせると言った。新約聖書の記者たちは「主の日」の主を知るようになったからだ、というのがその理由だ。彼らは、待ち望むべきものを知ったのである。

イエスは地上に生きていたとき、目の見えない人に光を取り戻し、身体の麻痺した人を歩かせた。イエスは病気も障がいもない国を治めるために戻って来る。イエスは地上で死に、復活した。再臨のとき、もはや死は存在しないだろう。イエスは地上で悪霊を追い出した。再臨のとき、悪を破壊するだろう。イエスは地上に、飼い葉おけの中で生まれた赤ん坊の姿をしてやって来た。イエスはヨハネの黙示録が描いているような、光り輝く人物として再び来られるだろう。イエスが地上で始動させた国は、終わりではなく、終わりの始まりにすぎなかったのだ。

実際、教会が、今この世は「そうではない」が、未来にどうなるかを示す別社会を創るとき、神の国は成長するだろう。それをバルトは、「(この世の)流儀とは根本的に異なる新しいしるし、そして約束にあふれているところがこの世の流儀と相容れない新しいしるし」と規定した。どんな人種の人々も、どんな社会階級の人々も歓迎する社会、分裂ではなく愛によって特徴づけられる社会、最も弱いメンバーのことをいちばん心にかける社会、利己主義と堕落に心奪われた世界にあって、正義と公正を尊ぶ社会、メンバーが互いに仕える特権を求めて競うような社会。それこそ、イエスが神の国によって意味したものである。

ヨハネの黙示録の四頭の馬に乗る人々は、世界がどのように終わるのかを予告している。戦争、飢饉、病気、死である。しかしイエスは自ら、世界がどのように回復するのか予告している。イエスは馬上の四人の仕業をひっくり返す。つまり平和をつくり、飢えた者に食べさせ、病人を癒し、死者に命を与えることによって世界を回復させるのである。イエスは神の国のメッセージを、自分がそれを生きることで、近くにいた人々の中で神の国を現実的なものとすることによって、強力なものとした。苦痛も涙も死もないという、預言者たちのおとぎ話のような預言は、架空の世界のことではなく、「この」世のことを言っていたのである。

イエスの後継者である、教会に連なる私たちには、神の国のしるしを見せるという仕事が残されている。そしてそれを見ている世界は、私たちによって神の国の真価を判断するだろう。私たちは過渡期に生きている。死から生への、人間の不正から神の正義への、古いものから新しいものへの変わり目に生きているけれども、それは悲しいことにまだ不完全で、神がいつの日か完全になされることの手掛かりを与えながら、ここやあそこに、時々顔を見せている。神の支配はこの世界に侵入しており、私たちはその使者となり得るのである。

※　旧約聖書を倦まずたゆまず夢中に研究した律法学者たちには、イエスがそれらの預言の成就であることがわからなかった。彼らが最初の到来のしるしを解釈しそこなったことは、今日再臨のしるしを自信満々に宣言している人々に警鐘を鳴らすものではないだろうか。

14　イエスのもたらす違い

他の神々は強かったが、あなたは弱かった。他の神々は馬に乗ったが、あなたは王座につまずいた。しかし、私たちの傷に物言えるのは、神の傷だけだ。そして傷を持つ神はあなたのほかにいない。

――エドワード・シリトー

スコット・ペックは、福音書に疑いの目をもって近づいたと書いている。記者たちが未解決の事柄をうまくつなぎ合わせてイエスの伝記を潤色し、広報記事に仕立てたのではないかと思っていたのである。しかし福音書そのものが、すぐにその考えの誤りに気づかせた。

「福音書の中に発見した男の並はずれた『現実味』によって、途方もない衝撃を受けた。私が発見したのは、絶えず落胆を味わった男だった。事実、どのページからも彼の落胆が飛び出してくる。『あなたがたに何と言えばよいのだろう。何度、同じことを言わなければならないのか。あなたがたを理解させるには、何を言えばよいのか。』　また、私が発見したのは、悲しんでいることが多く、時に意気消沈し、よく心配したり恐れたりする男だった。……ものすごく孤独な男だったが、しばしば、どうしようもなくひとりになることを必要とした。私が発見したのは、信じがたいほど現実味のある男で、だれかが考え出した男であるはずなどなかった。

はじめに考えていたように、福音書の記者たちが広報活動と潤色に熱中していたのなら、彼らはクリスチャンの四分の三が今なお作り上げようとしているようなイエスを作っていただろう。……顔には優しい笑みを絶やさず、幼子の頭をなで、動じることのない、確固たる冷静沈着さをもって地上を歩き回るイエスをだ。……だが、福音書のイエス――キリスト教の中でも、最もよく秘密が守られている人物だと言う人もいる――は、私たちが通常、この世の言葉で考えるような『心の平和』をそれほど持っていなかった。そして私たちもイエスの弟子であるかぎり、おそらく心の平和を持つことはないのだろう。」

スコット・ペックが垣間見たような「ほんとうのイエス」は、どうしたら見ることができるのだろう。私は意識的にイエスを「地べたから」見ることで、ガリラヤやユダヤに繰り広げられた驚くべき出来事を直接目撃するのはどんなものか、できるかぎり把握しようと努めてきた。私もまたスコット・ペックのように、自分の発見に驚愕した。

東方正教会のイコン、ヨーロッパ大聖堂のステンドグラスの窓、そしてアメリカのロー・チャーチの日曜学校の絵画はどれもみな、穏やかで「飼いならされた」イエスを平面上に描いている。けれど、私が福音書で出会ったイエスは、飼いならされた人物とはとても言えなかった。あまりにも正直なため、まったく機転のきかない者と思われた場面もあった。イエスのそばにいて心地よい思いをした者は少なかった。心地よい思いをしたのは、だれからも快く思われないタイプの人々だった。イエスは、予測がつかない、束縛しがたい、理解することさえ難しいことで有名だった。

私の結論は、イエスについて調べると、答えと同じくらい疑問も出てくるということだ。イエスを自分のための存在にすることができなかったのは確かだ。他者のための存在にするなど、なおさらできようはずもない。イエスを何かの範疇に入れようとしたり、閉じ込めようとしたりする試み一切を、はなから疑問視する気持ちが今の私には備わっている。イエスはかつて生を受けたほかのだれとも根本的に違っている。チャールズ・ウィリアムズの言葉で言うと、その違いは「命ある者の一例である人と、命そのものである人」との違いなのである。

イエスについて得た知識のまとめとして、一連の印象を提供しよう。これらの印象は決して全体図を形作るものではなく、イエスの生涯のさまざまな断面である。それらは今も、これからも、私に刺激を与え続けるのではないかと思う。

◆罪人たちの罪なき友

イエスが地上にやって来たとき、悪霊は彼を認め、病人はその周りに集まり、罪人はその足や頭に香油を浴びせかけた。一方、神はこうあるべきと厳格な先入観を持っている敬虔なユダヤ人は、イエスを不快に思った。敬虔なユダヤ人がイエスを拒絶したとすると、今の信心深いタイプの人々も、実は正反対の不信心なことをしている可能性がありはしないだろうか。私たちは、自分たちの崇高な期待にあてはまるイエス像を不滅のものとしているが、それが福音書に活き活きと描かれているイエス像と一致していない可能性はないだろうか。

イエスは罪人の友だった。彼は卑屈な取税人を、神を畏れるパリサイ人以上に称賛した。イエスがメシアであるとはっきり打ち明けた最初の人物は、結婚に五回失敗し、今また別の男と暮らしているサマリアの女だった。死の間際に、イエスは霊的に成長するチャンスがゼロに等しい強盗に赦しを与えた。

とはいえ、イエス自身は罪人ではなかった。彼は「もしあなたがたの義が、律法学者やパリサイ人の義にまさるものでないなら、あなたがたは決して天の御国に、入れません」と教えた（マタイ五・二〇）。パリサイ人たちは、イエスがモーセの律法を破った証しをいたずらに探し求めた。イエスは彼らの特定の伝統を平然と無視したが、裁判で問題となった唯一の「犯罪」は、メシアを名乗ったことだった。

イエスが罪人への寛大さと罪への敵愾心をゆるぎなくあわせ持っていたことには、驚きを感じる。教会史の中では実際、その反対を見ることが多いからだ。「罪を憎んで人を憎まない」ことをほめそやしながら、私たちはこの原則をどれほど実行しているだろう。

キリスト教会はつねに、道徳に関するイエスの強い言葉を和らげる方法を見つけてきた。三世紀にわたり、クリスチャンは「悪い者に手向かうな」というイエスの命令を文字どおりに受け取る傾向があったが、教会は結局「正義の戦争」や「聖なる戦い」という教義までつくり出した。クリスチャンの小集団は、折に触れて、富を手放せというイエスの言葉に従ってきたが、こうした人々のほとんどは、裕福な体制側の教会から遠いところで生きてきた。イエスは同性愛には触れなかったが、今日、同性愛を激しく非難するクリスチャンの多くが、離婚を否定するイエスの直截な命令を無視している。私たちは相変わらず罪を定義し直し、強調点を変えている。

同時に、組織化した教会は、罪深い外の世界に対抗する場所に自らを位置づけることに多大なエネルギーを使っている（「モラル・マジョリティ（道徳的多数派）」という言葉に魅力を感じるのは、すでにそこに入っている人だけである）。最近、エイズ患者の支援グループの話をもとに作られた劇を観に行った。舞台監督は、ある地方牧師の次のような話を聞いて、この劇の上演を決めたのだと言った。牧師は、若い独身男性の死亡記事を読むたびに、祝杯を挙げたという。その人が死んだのは、神がその言動に反対しているしるしだから、というのだ。私は、教会がますます罪人の敵と見られてしまうことを恐れた。

教会は罪の定義を変更し続けている。罪人はそんな教会から、愛されていないと感じることがあまりにも多い。これはイエスのパターンの正反対だ。何かが歪んでしまった。

サルマン・ラシュディは、『恥』（栗原行雄訳、早川書房、一九八九年）という初期の著作の中で、歴史の真の戦いは、富者と貧者の間や、社会主義者と資本主義者の間、黒人と白人の間ではなく、彼の言う享楽主義者とピューリタンの間で行われると言った。社会の振り子は、「何だっていいじゃないか」と言う人々と、「いや、駄目だよ」と言う人々の間を行ったり来たりしている。たとえば、王政復古対クロムウェル、米国自由人権協会対宗教右派、現代の世俗主義者対イスラム原理主義者等だ。その後まもなく、ラシュディの指摘を証明するかのように、イランはラシュディの首に百万ドルの懸賞金をかけた。ラシュディは一線を越えてしまったのである。

歴史には律法主義の先例も、退廃主義の先例も、豊富に見られる。しかし、高水準の道徳的純潔を守りながら、そうした水準に至らない人々に恵みを示すには、どうすればよいのだろう。どうやって罪を励行することなく、罪人を抱きしめるのか。キリスト教史には、イエスの示した型を模倣している例はほとんど見当たらない。

イエスの生涯を研究しながら、キリスト教信仰の最初の三世紀に関する長々しい研究もいくつか読んだ。初期の教会は、道徳的純潔を大いに奨励し、滑り出しは好調だった。バプテスマを受けようとする人々は長期間指導を受けねばならず、教会の規律は厳しく強制された。ローマ皇帝がたびたび行った迫害は、教会から「なまぬるい」クリスチャンを一掃するのに効果的だった。しかし、異教徒の見物人たちでさえ、抑圧されている人々の面倒をみたり病人や貧者のために自らをささげたりと、ほかの人々に手を差しのべるクリスチャンの生き方に魅力を感じた。

大きな変化はコンスタンティヌス帝とともに起きた。彼はキリスト教を初めて法律上正当と認め、キリスト教を国家が支援する宗教とした。当時、彼の統治はキリスト教信仰最大の勝利に見えた。コンスタンティヌス帝は国家予算を使って教会を建て、クリスチャンを迫害するどころか、教会会議を開催したのである。悲しいかな、この勝利には損失も伴った。二つの王国が混乱したのである。国家は、司教やそのほかの教会役員を任命し、じきにローマ帝国そっくりのヒエラルキーができあがった。司教も、道徳を教会だけでなく社会一般にも押しつけるようになった。

コンスタンティヌス帝以来、教会は社会の「道徳警察」になろうとする誘惑に直面してきた。中世のカトリック教会、カルヴァンのジュネーヴ、クロムウェルのイングランド、ウィンスロップのニューイングランド、ロシア正教。これらはみな、キリスト教の道徳形式を法制化しようと試みた。そして、どれもが神の恵みを伝える難しさがわかったのである。

イエスの生涯に目を向けると、イエスが示してくれた神のバランスから、私たちがどれほど隔たってしまったかがわかる。現代アメリカの教会の説教を聞き、読み物に目を通すと、イエスよりコンスタンティヌスを感じることがある。ナザレの男は、罪人たちの罪なき友だった。罪人であるという自覚があるか、そして罪人の友として生きているか。このことは二つの点で、私たちの罪を悟らせるものである。

たのだ。

◆神の人

時々考えるのだが、もしも神が「思考一式を授けるから、おまえたちはじっくり考えて検討して、承諾するか拒否するか決めなさい」と言ってくれていたなら、事はもっと簡単だっただろう。しかし神はそうなさらなかった。神は、人のかたちをとってご自分を現したのだ。

「イエスは救う」と宣言しているバンパーステッカーがあるが、イエスをソクラテスやナポレオン、マルクスに置き換えたら、どんなに馬鹿げて聞こえることだろう。ブッダは、弟子たちが自分の教えを尊び、自分のたどった道に従うかぎり、自分のことは忘れても構わないと言った。プラトンの主張は、ソクラテスのそれと似通っていた。しかし、イエスは自分を指さし、こう言ったのである。「わたしが道である」（ヨハネ一四・六）。

神学書では、先在性、神の本質、キリスト両性論といった概念が多くのスペースを占めているが、イエスの生涯を「地べたから」見ていく間、私はそうした神学概念を強調しないようにした。イエスの神性と人間性の詳細をつかむのに、教会は五世紀を必要とした。私は新約聖書の福音書以外のところに記され、ほかの部分やニケアやカルケドンの会議で正式に認められた精錬された説明ではなく、慎重に、マタイ、マルコ、ルカ、ヨハネの示した観点にとどまるようにした。

そのようにしても、福音書自体がイエスの二つの本性という神秘を示している。家族や故郷を持っていたガリラヤのこのユダヤ人は、どうして「全能の神」として崇拝されるようになったのか。答えはシンプルだ。福音書、特にヨハネの福音書を読めばいい。イエスはペテロがひれ伏して拝したとき、それを受け入れた。身体の麻痺した男や姦淫を犯した女や他の多くの人々に向かって、「あなたの罪は赦された」と命じるように言った。エルサレムに向かって、自分は彼らの前に立っているラビではなく、歴史を支配する神であるとでも言うように、「わたしが預言者、知者、律法学者たちを遣わす」と言った（マタイ二三・三四）。自分の正しさを疑われると、「わたしと父とは一つです」とそっけなく答えた（ヨハネ一〇・三〇）。また別の時には、「アブラハムが生まれる前から、わたしはいるのです」と、人々が的を外さぬよう「わたしはある」という神を表す神聖なヘブル語を使って述べた（同八・五八）。敬虔なユダヤ人は的を外さなかった。彼らはイエスが神を冒瀆したと思い、罰しようと幾度か石を拾い上げた。

イエスが自分について語った大胆不敵な主張は、歴史の中心問題となりうるものだ。それはキリスト教と他の宗教を分ける点である。イスラム教徒や、またこのごろではユダヤ人もますますイエスを偉大な教師かつ預言者として尊敬するようになっているが、ユダヤ人にとって、モーセがヤハウェを自称するのが信じられないことである以上に、イスラム教徒にとってムハンマドがアッラーを名乗るというのは信じがたいことである。同様に、ヒンズー教徒は輪廻転生を信じているが、神の受肉は信じていない。一方、仏教徒には、すべてを支配する神が人間になるなどという考えを生み出すカテゴリーは存在しない。

イエスの弟子たちは、新宗教の打ち上げをはかろうとして、イエスが自身について語った大胆な言葉を、後から加えたのだろうか。そうは思えない。今まで見てきたように、弟子たちは策謀者には不向きであり、実際、イエスは神であるという考えに抵抗したと福音書は描いている。何といっても、弟子たちはみな、この世で最も厳格に一神教を信じる民族に属していた。イエスの主張をすべて聞き、イエスの起こした奇跡をすべて見た後、イエスが彼らと過ごした最後の夜になってやっと、一人が師に尋ねた。「私たちに父を見せてください」と(ヨハネ一四・八)。

彼らは、まだ理解することができないでいた。イエスの答えはすこぶる明確なものだった。

「わたしを見た者は、父を見たのです。」　(同九節)

最後の晩餐でのイエスの言葉がわからず、頭を掻いていた、その同じ弟子たちが、数週間後にはイエスを「きよい、正しい方」、「主」、「いのちの君」であると公言していた（使徒三・一四、一五）。福音書が書かれる時までには、弟子たちはイエスを「すべてのものがそこから造られる方、神であることば」とみなしていた。ヨハネは後の手紙の中で、わざわざ「初めからあったもの、私たちが聞いたもの、目で見たもの、じっと見、また手でさわったもの、すなわち、いのちのことばについて」と指摘している（Ⅰヨハネ一・一）。黙示録はイエスを、顔が「強く照り輝く太陽のようであった」（一・一六）、燃えるような人物に描いているが、著者ヨハネは、つねにこの宇宙的キリストを、弟子たちが聞き、目で見、触れもした、実際のガリラヤの男に結びつけていた。

イエスの弟子たちは、なぜこうした見解をつくり上げようとしたのだろう。師のために自らの命を喜んで投げ出したムハンマドや仏陀の弟子たちにも、そのような論理の飛躍は見られなかった。イエスの弟子たちはなぜ、自分たちもすぐには受け入れなかった、きわめて納得しがたいことを信じろと私たちに要求するのか。なぜ、イエスを受け入れやすくするのでなく、受け入れがたいものにするのか。

陰謀論に代え、イエス自身がこの大胆な主張の源であると認めても、問題を大きくするだけだ。私は福音書を読み進めるときに、コーランやウパニシャッドを読むのと同じように、外部者の目で読もうとすることがある。そうした視点をとると、「わたしが道であり、真理であり、いのちなのです。わたしを通してでなければ、だれひとり父のみもとに来ることはありません」(ヨハネ一四・六)などと主張する人物の傲慢さに幾度となく驚かされるし、気分を害することさえある。数ページ読むだけで、イエスの賢い教えや善行すべてを異様に安っぽいものにしてしまいそうな、こうした言葉のどれかに出くわしてつまずくというものだ。イエスが神でないなら、彼はひどい勘違いをしていることになる。

C・S・ルイスはこの点を大いに強調した。「イエスの道徳な教えの持つ深さ、健全さ、それに抜け目なさ(を私は加えたい)と、他方、もし、彼が神でないとしたら彼の神学的教義の背後に横たわっているとしか思われぬあの途方もない誇大妄想との食違いは、いまだかつて十分に克服されたためしがない」と、『奇跡』の中に書いた。ルイスはこの議論を『キリスト教の精髄』の有名な一節で、より色彩豊かに言い換えている。

「単なる人間にすぎない者が、イエスが言ったようなことを言ったとしたら、そんな者は偉大な道徳的教師どころではない。彼はおかしくなっている――『おれはゆで卵だ』と言ってきかない男と同類の者か――さもなければ、地獄の悪魔か、そのいずれかであろう。

ここであなたがたは、どっちを取るか決断しなければならない。この男は神の子であったし、今もそうだ、と考えるか、さもなければ、気が変になった人もしくはもっと悪質な者、と考えるか。」

大学で『キリスト教の精髄』からの引用を読み、これは大変な誇張だと考えた覚えがある。イエスを偉大な道徳の教師として尊敬しながら、神の子とも気の変になった人とも思わない人は少なくなかった。事実、それは当時の私自身の見方だった。しかし、福音書を研究して、ルイスに同意するようになった。イエスは決して自分ついて曖昧な態度をとったり言葉を濁したりしなかった。彼はこの世を救うために送られて来た神の子だったか、十字架刑を受けるにふさわしいペテン師だったか、どちらかである。イエスの時代の人々は、この二つの選択を正確に理解していた。

イエスの全生涯が生きるも崩れるも、自分は神であるというその主張にかかっていることが今、私にはわかる。イエスの約束した赦しを信じるには、それを背後から支える権威が彼になければならない。父から来て父に帰るというイエスの主張を信じなければ、私は天国についてイエスが言った言葉を信頼することができない（「あなたがたのために、わたしは場所を備えに行くのです」〔ヨハネ一四・二〕）。最も重要なのは、イエスが曲がりなりにも神でなければ、十字架を犠牲的な愛というより、神の残虐な行為として見なければならないということだ。

シドニー・カーターは、次のような穏やかと言えない詩を書いた。

しかし、神は天上だ。
百万の天使が見守る中、
神は何もなさらない。
天使も羽ひとつ動かさない……
はりつけにすべきは神である。
あなたや私の身代わりに。
木に吊るされたこの大工に私はそう言った。

神学的には、カーターの告発に対する唯一の答えは、パウロの言う「神はキリストにおいて、この世と和解されたのです」という、神秘的な教義である。理解しがたい仕方でだが、神ご自身が十字架を経験したのだ。そうでなかったら、カルバリは、私たちが聖金曜日と呼んでいる日ではなく、宇宙規模の子ども虐待の一形態として、歴史に残るだろう。※

◆神の肖像

ハーバード大学でチャプレンを務めたことのあるジョージ・バットリックが、学生たちが彼の研究室にやって来ては、椅子にドスンと腰を下ろし、「私は神を信じていません」と言い切った時のことを回想している。バットリックは心を和ませるように、こんな言葉を返したという。「落ち着いて、あなたが信じていないのはどんな神なのか、言ってごらんなさい。たぶん、その神のことは私も信じていないと思うよ。」それからイエスの話をするのだった。それは、私たちが神について持っている一切合切の思い込みを矯正する作業だった。

神学書は神を定義するのに、神はこれこれではない、というやり方をとることが多い。神は「不」死、「不」可視、「無」限である、という具合だ。しかし、神は積極的な言い方をすると、どんな方なのか。クリスチャンのために、イエスはそうした何より重要な問いに答えている。使徒パウロは大胆にも、イエスを「見えない神のかたち」と呼んだ（コロサイ一・一五）。イエスは神の正確な複製だった。「なぜなら、神はみこころによって、満ち満ちた神の本質を御子のうちに宿らせ」たからだ（同一九節）。

神は一言で言えば、キリストのような方なのだ。イエスは、私たちが生かすも殺すも、愛するも無視するも自由な、皮膚をまとった神の姿を見せている。この目に見える、縮小されたお手本の中に、私たちは神の特徴をより鮮明に見いだすことができる。

イエスが肉体を持ったことで、神について私の持っていた、厳格で不快なイメージの多くは修正された。「私はなぜクリスチャンなのか」と自問することがあるが、心の底から正直に言うと、理由は二つに絞られる。①ほかにこれといった選択肢がないのと、②イエスだからである。聡明で一筋縄にはいかず、穏やかで創造的、捕らえがたく、屈服させがたい。それでいて、矛盾するようだが、謙遜である――イエスは詮索してくれと立ち上がっている。私にとって、イエスこそ理想の神である。

マルティン・ルターは、隠れた神から逃げてキリストのもとへ走れ、と学生たちを励ましたが、それがなぜなのか今の私にはわかる。拡大鏡を使って名画に目を凝らすと、拡大鏡の中心には像がくっきり鮮明に映るが、周辺にいくほど歪んで見える。私にとって、イエスはまさにこの中心だ。痛みとか、神の摂理VS自由意志といった、こうだとはっきり決められない問題について考えるとき、何もかもがぼやけてくる。しかし、イエス自身に目を向け、イエスが実際に痛んでいる人々をどう扱ったか、イエスが自由で勤勉な行動を呼びかけたことなどを注視すると、再びはっきりしてくる。「すでに神はすべてを知っているというのなら、祈って何になるのか」といった疑問のせいで、自分が霊的に物憂い状態に陥るのではないかと、気をもむこともある。しかしイエスはそうした疑問を黙らせる。

イエスは祈った。だから私たちもそうすべきなのだ。

『ステューデント・バイブル』の執筆をしていた数年間、私は旧約聖書漬けだった。「旧《ふる》い契約」を絶えず食しているうちに、正統派ユダヤ人の姿勢に似たものを吸収した。旧約聖書は神と人間との間に横たわる広大な隔たりを力説している。神は至高、全能、超越的であり、人間はどんなに限定された仕方にせよ、神に接触すると危険に陥る。レビ記のような書に書かれている礼拝に関する指示は、放射性物質の取り扱い説明書を思い起こさせる。幕屋には傷のない子羊だけを持って来い。契約の箱には触れるな。契約の箱をつねに煙で覆え。契約の箱を見ると、命はない。至聖所に入ってはいけない。年に一度許された日に、大祭司だけが入ることができる。そのヨム・キップールの日、大祭司が間違いを犯して中で事切れたとき、その遺体を引っ張り出せるように、くるぶしには縄をまき、鈴をつけよ。

イエスの弟子たちは、そうした、神の名を口に出さない、きよめに関する複雑なきまりに従う、モーセの律法の要求に従う環境の中で育った。当時のほかのほとんどの宗教と同じく、礼拝には犠牲が含まれること、つまり何かが死ななければならないことを、彼らは当然と思っていた。彼らの神は人間の犠牲を禁じていたため、祭りの日は神殿の祭壇にささげられるための二十五万頭もの動物の鳴き声がエルサレム中に充満した。犠牲の動物の鳴き声と臭いは、神と人間たちとの大きな隔たりを痛烈な感覚で思い出させた。

旧約聖書の研究に長く携わった私は、ある日、いきなり「使徒の働き」に目を移したとき、著しい違いにショックを受けた。そこでは神に従う者たちは、そのほとんどが善良なユダヤ人だったが、個人の家に集まり、賛美し、神を「アバ」と話し言葉で呼んでいた。恐れはどうなったのか。そして「途方もない神秘」にあえて近づこうとする者すべてに要求された厳粛な儀礼はどこにいったのか。犠牲のための動物を持って来る者などいなかったし、礼拝に死が入り込むのは、人々が共にパンを割いてワインを飲み、イエスのささげた一度きりの犠牲を静かに考える厳粛な時間にかぎられた。

イエスはこのような仕方で、私たちの神の見方に深遠な変化をもたらしたのである。イエスは何よりもまず、神を近くに引き寄せた。彼方にいる畏れ多い神を知るユダヤ人に、神は草原の草に心を留め、雀を養い、人の毛髪の数を数えているというメッセージを伝えた。神の名をあえて口にしないユダヤ人に、アラム語のアバという衝撃的な親密さを表す言葉を紹介した。これは家族の愛を表すよく知られた言葉で、「パパ」のような、多くの子どもが最初に発する幼児語だった。イエスが現れるまで、そのような言葉を宇宙を統べ治める全能の神ヤハウェに当てはめることなど、だれも考えなかっただろう。イエス以後、ギリシア語を話す会衆の中でさえ、この言葉を使うのは当たり前になった。彼らはイエスにまねて、外国語の言葉を借り、神との親密さを表現した。

イエスが十字架にかけられたとき、新しい教会に、それまでになかった親密さをもたらす出来事が起きた。マルコは、イエスが息を引き取ったちょうどそのとき、「神殿の幕が上から下まで真っ二つに裂けた」と記録している（マルコ一五・三八）。この大きな幕は、神の臨在が宿る至聖所を仕切る壁の役割を果たしていた。ヘブル人への手紙の記者が後で記したように、この幕が裂けたのは、まぎれもなくイエスの死によって遂行されたものを物語っていた。もはや犠牲は不必要となった。大祭司が震えながら聖なる部屋に入って行く必要はないのである。

現代に生きる私たちは、この新約の時代になって初めて与えられた親密さの下で、あまりにも長く過ごしてきたため、それを当たり前のことと思っている。私たちは神に向かって合唱し、うちとけた祈りの中で会話をしている。犠牲をささげるという考えは原始的なものに思われる。だれもが、つまり祭司だけでなく、普通の人々もみな神の臨在に直接近づけるようになるため、イエスがどんな犠牲を払ったか、私たちはあまりにも簡単に忘れてしまう。私たちは神を、愛の父、アバだと知っているが、それはひとえにイエスのおかげなのだ。

◆愛する人

自分ひとりで放っておかれたら、私は神についてまったく違った考えに行き着くだろう。私の思う神は静的で変化しない神だと思う。神が「やって来たり」「どこかへ行く」などとは思わないだろう。私の神は何もかも力でコントロールし、反対する者を一瞬のうちに決然と踏み倒すだろう。イスラム教徒の少年が精神科医ロバート・コールズに言ったように、「アッラーは世界中の人に《神は偉大なり》って言う、大きな声で。……そうしないと、無理に言わせせられるか、アッラーが指をならしただけで地獄行きだ。アッラーとけんかしたら負ける。アッラーに服従すれば勝てる」。

しかし、私はイエスのゆえに、神についての自分の本能的な考えを調整せざるを得ない(それがイエスの働きの核心だったのだろうか)。イエスは、私たちを捜しに来る神、子の命を犠牲にしても私たちの自由を尊重する神、攻撃に対して無防備な神をあらわにしている。何よりも、イエスは愛の神を現している。

人間を愛し、また人間から愛されることを切望している神。こんな考えを自分ひとりで編み出せる人がいるだろうか。キリスト教の伝統の中で育った人々は、イエスのメッセージの持つ衝撃性を見過ごしているかもしれないが、実際、人間と神の間に愛があると描くことが普通であったためしはない。コーランは愛という言葉を一度も神に当てはめていない。アリストテレスはぶっきらぼうにこう述べた。「私がゼウスを愛している、と主張するなら、それは、だれにとっても常軌を逸したことだろう。」ついでに言えば、ゼウスが人間を愛しているというのも異常なことだろう。キリスト教の聖書には、目も眩むほどの違いがある。聖書は「神は愛です」と断言し、愛こそイエスが地上にやって来た主たる理由だと言う。

「神はそのひとり子を世に遣わし、その方によって私たちに、いのちを得させてくださいました。ここに、神の愛が私たちに示されたのです。」（Ⅰヨハネ四・九）

ゼーレン・キェルケゴールが書いたように、「枝にとまった鳥、牧場の百合、森の牡鹿、海の魚、そして無数の喜びにあふれた人々が歌っている。神は愛なり！　しかし、このソプラノの下に、まるで響き続けるバスのパートのように、犠牲になった者の『深い淵から』の絶叫が聞こえている。神は愛なり」。

イエス自身が語っている神の愛は、絶望と言えるような性質を表している。ルカの福音書一五章で、イエスは貴重な硬貨を一晩中かけて捜す女や、暗闇の中で迷い出た羊を見つけようとする羊飼いの話をしている。どのたとえ話も、もう一人の罪人が温かく家に迎え入れられたときにわっと始まった、大喜びの天上のパーティーの場面で締めくくられている。最終的に、感情が高まって頂点に達したとき、イエスは失われた息子の話をしている。父親の愛をはねつけ、父から相続した財産を遠くの国で乱費する放蕩息子の話である。

ヘンリ・ナウエンは、ロシアのサンクトペテルブルクにあるエルミタージュ美術館で、レンブラントの名画「放蕩息子の帰郷」を見ながら、何時間も座り込んで考えた。絵を見つめているうちに、ナウエンはこのたとえ話について新しい洞察を得た。それは、イエス自身が私たちのために放蕩者のようになったという神秘である。

「イエスは天の父がいる家を出て、外の国に来、持っていたものすべてを放棄し、十字架を通って父の家に戻った。彼はこのすべてを行ったが、反抗的な息子としてではなく、失われたすべての子どもたちを神のもとに連れ帰るために遣わされた、従順な息子として行った……。イエスは惜しげもなく与える父親の放蕩息子であり、父親から託された物すべてを手放した。私が彼のようになって、彼と共に、その父親の家に帰ることができるようにと。」

要するに、創世記三章からヨハネの黙示録二二章まで聖書は、自分の家族を取り戻したいと必死になっている神の話を語っている。神は息子を地球という惑星への長旅に送り出したとき、和解の決定打を放ったのである。聖書の最後の場面は、失われた息子のたとえ話のように、歓喜のうちに終わっている。家族が再び一つになったのだ。

福音書はほかの箇所で、神が遂行した、この愛の救済計画の大きさについて述べている。

「私たちが神を愛したのではなく、神が私たちを愛し、私たちの罪のために、なだめの供え物としての御子を遣わされました。ここに愛があるのです。」

（Iヨハネ四・一〇）

「人がその友のためにいのちを捨てるという、これよりも大きな愛はだれも持っていません。」

（ヨハネ一五・一三）

「神は、実に、そのひとり子をお与えになったほどに、世を愛された。」

（同三・一六）

オヘア空港の座り心地の悪い人工皮革の椅子で、じれったい思いをしながら、五時間も遅れている飛行機が飛ぶのを待っていた長い夜のことだ。たまたま、同じ会議に出席する、ひとりの聡明な女性と隣り合わせになった。長時間の遅れと時刻の遅さが相まって、憂鬱な雰囲気の中、私たちは子ども時代の失敗や教会に対する失望、信仰についての疑問などをそのときに語り合った。私は当時、『神に失望したとき』という本を書いていて、他の人々の持つ痛みや悲しみ、疑問や答えの得られなかった祈りのことで心に重いものを感じていた。

その女性は、長い時間、黙って私の話に耳を傾けていたが、突然、私の心にずっとあった問題を口にした。「フィリップ、お願いだからあなたを愛する神の愛を受け取ってくれない？　それがとても大事なことだと思うんだけど。」

驚いた。彼女は、私の霊的生活の中にぽっくり開いていた大きな穴に光を射し込んでくれたのだ。これだけキリスト教信仰に浸ってきても、私は何よりもいちばん大切なメッセージを見過ごしていた。イエスの話は祝いの話、愛の話である。それには確かに、私たちだけでなく神にとっての痛みや失望も含まれている。しかしイエスは、私たちを取り戻すためならどんなことでもする神の約束を具現している。私たちを、どうにか神が愛することのできるものにした、というのが、イエスの成し遂げた大仕事である。

小説家であり文芸批評家のレイノルズ・プライスは、それを次のように表現している。

「彼はよく通る声で言った。あなたがたには、人類が物語の中に見つけたいと強く願っている文章が与えられている。『すべてのものを造られた方が私を愛し、私を求めている……』という文章である。この言葉の必要性をこれ以上明確な図式にした書物は、私たちの文化の中ではほかに見られない。とてつもないスケールの、光り輝く弧が描かれている——神の手で造られた弱々しい生き物が宙に放り出され、やがてどこか私たちに似た男に受けとめられるのだ。」

◆人間性の描写

光が部屋の中に射し込むと、窓は、その部屋にあるものを反射する鏡にもなる。イエスの中には、神の見える窓ばかりでなく、私たち自身が映し出される鏡もある。それは、この「貧しく、裸で二本足の動物」を造った神の思いを反映させている。人間は、神に似た姿に造られた。そのイメージがどのようなものかをイエスは明らかにしている。

パスカルは、「受肉は、人間の必要とする救済策の偉大さによって、人間であることがどれほど惨めなものであるかを示している」と言った。イエスは人間としての私たちの失敗を、この上なく心を揺さぶる仕方であらわにした。私たちは多くの失敗を、「人間だからしようがないさ」と言い訳しがちだ。男は酔っぱらい、女は浮気をし、子どもは動物をいじめ、国は戦争をする。そして、人間だからしようがないさ、と言う。イエスはそういう物言いに待ったをかけた。イエスは私たちのあるべき姿を生きて見せることによって、私たちはどのようなものとして造られたか、そしてどれほどその目標から外れてしまったかを示したのだ。

「さあ、この人です（この人を見よ）」（ヨハネ一九・五）と、ピラトは叫んだ。人間性の最高の例を見よ。しかし、彼がどうなったかを見よ。イエスは、この星をウイルスのように汚している嫉妬、権力欲、暴力を暴露し続けた。変なやり方だったが、それが受肉の狙いだった。イエスはこの星に来ると、どういう目に遭うことになるのかを知っていた。彼の死は、最初から決められていた。使徒の手紙に描かれているように、イエスは常識からは考えられない取り引きをするためにやって来た。

「……主は富んでおられたのに、あなたがたのために貧しくなられました。それは、あなたがたが、キリストの貧しさによって富む者となるためです。」

（Ⅱコリント八・九）

「キリストは神の御姿である方なのに、神のあり方を捨てられないとは考えず、ご自分を無にして、仕える者の姿をとり、人間と同じようになられました。」

（ピリピ二・六～七）

「神は、罪を知らない方を、私たちの代わりに罪とされました。それは、私たちが、この方にあって、神の義となるためです。」（Ⅱコリント五・二一）
「また、キリストがすべての人のために死なれたのは、生きている人々が、もはや自分のためにではなく、自分のために死んでよみがえった方のために生きるためなのです。」（同一五節）

私たちの富を貧困に、神性を仕える立場に、完全を罪に、彼の死を私たちの生に――この変換はまったく一方的なもののようである。しかし使徒の手紙のほかの箇所に、受肉は人間にとってばかりでなく、神にとっても意味があったという興味深いヒントを見つけることができる。実際、イエスが地上で耐えた苦しみは、神にとって一種の「学習経験」となった。このような言葉は少しばかり異端的な響きを感じさせるが、私はただ、ヘブル人への手紙に従っているだけである。「キリストは御子であられるのに、お受けになった多くの苦しみによって従順を学び」とある（五・八）。ヘブル人への手紙はほかの箇所で、私たちの救いの君は、苦しみを通して「完全な者とされ」と告げている（同九節）。注釈家たちはこのくだりを避けることが多いが、それはこの部分が不変の神という伝統的な考えと折り合いをつけにくいからだ。私にとって、この部分は、私たちが神と和解できるようになる前に、神の心の中で起こらなければならなかった、ある「変化」を証明するものである。

やがて受肉として知られるようになった妙案が実行に移されている間、神は人間であるとはどういうものなのかを経験された。地上での三十三年間に、神の子は貧困、家庭の波風、社会からの拒絶、悪口、そして裏切りについて学んだ。彼はまた、痛みについても学んだ。告発者から頬に手の跡がつくほど殴られたら、どんな気持ちがするだろう。金属を散りばめた鞭で背中を打たれたら、どんな感じなのだろう。未加工の鉄の大釘で、筋肉や腱や骨を続けざまに打たれたら、どんな感じがするのだろう。神の子は地上で、そのすべてを「学んだ」。

神の性格は、この不完全な星のことを、単純に「大したことではない」と宣言する選択を許さなかった。神の子は、完全な神がそれまで一度もとらなかったような仕方で、自ら悪と向き合わなければならなかった。神の子は私たちの罪を引き受けることによって、罪を赦さなければならなかった。神の子は、自分が死ぬことによって死を打ち負かさなければならなかった。そして自分も人間となることで、人間への共感を学ばなければならなかった。ヘブル人への手紙の著者は、イエスは私たちのために、「共感する」弁護者となったと報告している。共感（sympathy）を学ぶ方法は一つだけである。この言葉のギリシア語の語根、syn pathos が表しているように、「共に感じる、苦しむ」ことである。ヘブル人への手紙が暗示しているように、神は私たちの祈りを新しい仕方で聞いているが、それは、弱く攻撃に対して無防備な人間として神の子がここに生き、祈った受肉によるのである[※※]。

命果てる間際に、イエスは祈った。「父よ。彼らをお赦しください」――彼らすべてを、ローマ兵も宗教指導者も、暗闇の中に逃げた弟子たちも、あまりにも多くの仕方で彼を否定してきたあなたや私のことも。

「父よ。彼らをお赦しください。彼らは、何をしているのか自分でわからないのです。」
（ルカ二三・三四）

神の子は人間となることによって、初めて真実にこう言えたのである。「彼らは、何をしているのか自分でわからないのです。」　イエスは私たちの中に生きた。だから、彼には理解できたのだ。

◆傷ついた癒し人

ゲーテは尋ねた。「そこに十字架が立っている。たくさんの薔薇で飾られている。だれが十字架に薔薇をつけたのか。」

外国旅行の最中に、偉大な宗教の用いる象徴には、驚くべき違いがあることに気がついた。インドでは四大宗教が共存している。大都市ムンバイを足早に歩いていたとき、四大宗教すべての礼拝所が集まっている場所に出くわした。

ヒンズー教の寺院は至る所にあり、通りの呼び売り商人が使うような手押し車に乗った移動式の寺まであった。どんな寺にも精巧に彫られ、鮮やかな色彩を施された像が置かれていた。いずれも、この宗教の何千という男神女神のどれかを表していた。それとまったく対照的なのが、ムンバイ市の真ん中にあるイスラム教のモスクだ。そこにあるのは空に向かって、つまり唯一の神に向かってそびえ立つ尖塔、ミナレットであり、像は一つもない。唯一神アッラーは彫物の像に成り下がることなどあり得ないのだ。ヒンズー教の建物とイスラム教の建物を並べて見て、それぞれの宗教が他方を理解不可能と思っている理由がよくわかった。

その日の午後は、仏教センターにも足を向けた。外の混雑した騒がしい通りと比べると、そこは静かな雰囲気の場所だった。サフラン色のローブをまとった僧たちは、お香のたちこめる暗い静かな部屋にひざまずいて祈っていた。金箔の仏像がその場にそびえ立ち、その仏像の意味ありげな微笑みは、仏教徒の信念を表現していた。充足感を得る鍵は、どんな人生の苦しみをも乗り越える心の強さを育てることにある、というものである。

その後、偶然キリスト教会に行き当たった。そこは偶像を良しとしない種類のプロテスタント教会だった。イスラム教のモスクによく似ていたが、一つ異なるところがあった。教会の尖塔のてっぺんに、大きく華麗な十字架が立っていたのである。

外国では、自分の属する文化から引き離されるため、十字架を新しい目で見ることができた。そして突然、十字架が奇異なものに見えた。クリスチャンはどういう思いにとりつかれて、この処刑法を信仰の象徴にしたのだろう。なぜ、力の限りを尽くして、このみっともない不正の記憶を潰そうとしなかったのか。十字架は歴史の不運なつけ足しにすぎないと言って、復活を強調することもできた。「なぜだ、あの絵のせいで信仰を失ってしまう人々もいるだろうに！」　ドストエフスキーの登場人物の一人は、ホルバインのキリスト磔刑図を見て叫んだ。

もちろん、イエスは私たちが集まって礼拝するとき、自分の死を覚えなさいと命じたという単純な事実はある。イエスはしゅろの日曜日やイースターとの関連で「わたしを思い出して、これをしなさい」と言う必要はなかった。しかし、カルバリでの出来事を忘れてほしくなかったことは明らかだ。クリスチャンは忘れていない。ジョン・アップダイクの言葉で言うと、十字架は、「遊び戯れる、美しく不死身の神々を持つギリシア人や、伝統的に立派なメシアを期待するユダヤ人の気分を深く害した。しかし十字架は、いわば人間の深部にある事実に答えたのである。十字架にかけられた神は、私たち人間が残酷なまでに不完全で無関心だと感じている世界から、私たち人間が神を必要とし、人間が神はここにいると感じる世界の間に橋をかけたのである」。

歩行者や自転車に乗った人、群がる家畜もいるムンバイの街で、なぜ十字架がクリスチャンにとってこれほど重要になったのか、なぜ私にとってもこれほど重要となったのかを理解した。これは、十字架を離れては何の意味もなくなる深い真理を成り立たせている。十字架は、希望がなくなった時に希望を与えてくれるのだ。

使徒パウロは、神が「わたし（神）の力は、弱さのうちに完全に現れるからである」と言われるのを聞いて、自分自身についてこう結論した。

「私が弱いときにこそ、私は強いからです。」 （Ⅱコリント一二・一〇）

そして、「ですから、私は、キリストのために、弱さ、侮辱、苦痛、迫害、困難に甘んじています」(同節)と付け加えている。

パウロは、苦しみや困難と折り合いをつける仏教徒のやり方の数段上をいく神秘を指し示していた。パウロは諦観ではなく、変容を語ったのである。私たちが不適当だと感じること、希望が奪われるようなこと、神はまさにこうしたことを用いて、ご自分の仕事を成し遂げようとされるのである。証拠を求めるなら、十字架を見るといい。

ミルトンやダンテ級の才人に、イエスが死んだ日に地獄で何が起きたか、その情景を描いてほしいものだ。地獄で祝祭が始まったことは間違いない。創世記の蛇が神のかかとに噛みつき、黙示録の竜がついに神の子をむさぼり食った。救いの使命を負って地上に派遣された神の子は、結局ぼろぼろのかかしのようになって、十字架にぶらさげられた。おお、何という悪魔の勝利！

しかし何という短命な勝利。歴史上、はなはだ皮肉《アイロニー》な急変だが、サタンが悪のために良しと思ったものを、神は善のために良しとされた。イエスの十字架の死は、完全な神と宿命的に欠点を持つ人間とのギャップに橋を渡したのである。私たちが聖金曜日と呼ぶ日に、神は罪を打ち負かし、死を敗走させ、サタンに勝利し、家族を取り戻した。その変容の行為において、神は歴史上最悪の行いを取り上げ、最大の勝利に変えられたのである。この十字架という象徴がなくならないのも不思議ではない。イエスが、忘れてはいけないと私たちに命じたのも不思議ではない。

十字架があるから、私は希望を持つ。私たちは神のしもべの傷によって――奇跡によってではなく――癒される、とイザヤは言った。神が明らかな敗北から、そのような勝利を得ることができるなら、これ以上ないほど弱りきった瞬間に強さを引き出すことができるなら、私自身が人生で失敗や困難と思われるものに見舞われたとき、神はどんなことをしてくださるのだろう。

神と人間の関係を何も――神の子殺しでさえも――終わらせることはできない。贖いという秘術において、あの極悪非道の犯罪が、私たちを癒す強さとなったのである。

致命傷を負った癒し主は、イースターに戻って来た。その日は、どんな傷跡も怪我も失望も、違った光の中で見られるようになる、歴史が永遠という展望から見るようになる、その仕方を前もってちらりと見せてくれる日である。私たちの信仰は、信仰が終わりそうに見えたところから始まる。十字架と空っぽの墓の間に、この世に対する希望、そしてそこに生きる私たち一人一人に対する希望という歴史の約束が漂っている。

ドイツの神学者ユルゲン・モルトマンは、聖金曜日からイースターへの大きな隔たりを、一文で表現している。それは実際、人間の過去、現在、未来の歴史を要約したものである。

いている。」

「神は、私たちがいつの日か神と共に笑えるようになるために、今私たちと共に泣

＊

作家であり牧師でもあるトニー・カンポロは、ある初老の黒人牧師がフィラデルフィアの教会で語った話に手を加え、感動的な説教をしている。説教のタイトルは「今日は金曜日だが、日曜日はもうすぐだ」である。このタイトルがわかる人は、説教全部がわかる人である。カンポロは声の速さや大きさを徐々に上げながら、金曜日に見えた世界――悪の力が善の力に勝利し、友人も弟子もみな怖がって逃げてしまい、神の子が十字架の上で死んだ――と、復活の日曜日に見えた世界がいかに違うか、比べて見せた。金曜日と日曜日を両方経験した弟子たちは、もう二度と神を疑うことがなかった。彼らは、神が完全に不在であるように見えても、ほんとうはいちばん近い所におられること、神が徹底的に無力であるように見えても、ほんとうはいちばん強力であること、神が死んでいるとしか思えなくても、よみがえってくることを知ったのである。弟子たちは、決して神なしで考えたりしないことを学んでいた。

しかし、カンポロは一日飛ばしていた。あとの二日は聖金曜日とイースターの日曜日と

いう名で教会のカレンダーに記されている。しかし、私たちはほんとうの意味では、名前のない土曜日に生きている。弟子たちが小さな規模で経験したことを――十字架上で死んだ一人の男を思い、悲嘆にくれた三日間――私たちは今、宇宙規模で生きているのである。人間の歴史は、約束の時と約束の成就の時の間で延々と続いているのだ。世界には、ボスニアやルワンダ、スラム地区のゲットー、地球上で最も豊かな国の満杯な刑務所などが存在する。私たちはそんな世界から、神がきよく、美しく、良いものを創《つく》ることができると、信じることができるだろうか。地球という星は今、土曜日だ。日曜日は来るのだろうか。

あの暗いゴルゴタの金曜日は、ただイースターの日曜日に起きた事件のせいで、グッドフライデー、良い金曜日と呼ばれるのである。それは、宇宙の謎を解くものではと期待させる手掛かりが与えられた日だ。イースターは、いつか神がイースターの奇跡を宇宙規模にまで広げるとはっきり約束して、無秩序と腐敗に向かって縮小していく宇宙に、裂け目を造った。

宇宙のドラマの中で、私たちは名前のついていない中間の土曜日を日々生きていると想起するのは幸いなことだ。ある女性の祖母は、ルイジアナの田舎にある英国国教会の教会墓地で、樹齢百五十年の樫の木の下に眠っている。そのおばあさんの指示に従って、墓石には一言だけ彫られている。「待っています。」

※　フレデリック・ビュークナーによれば、「したがって、新しい契約の新しさは、神がこの世のために血を流すほど世を愛しているという考えではなく、神はここでほんとうに、神が世を愛していると裏づけることを行ったという主張である。病気のわが子に『おまえが良くなるためには、何だってするよ』と言う父親のように、神はついに自分の手の内を見せたのである。イエス・キリストが神のなした業であり、それを行った十字架が新しい契約のもとでの信仰の中心となる象徴なのである」。

※※　病院で働くある医師が言った。「患者たちは祈るとき、実際に死んだ人に向かって話しているのです――アドバイザーやカウンセラー、あるいは死を扱う専門家には当てはまらないことです。」

参考文献

第1章

Charles Dickens, *The Life of Our Lord*. London: Associated Newspapers Ltd., 1934.

Richard H. Campbell and Michael R. Pitts, *The Bible on Film Metuchen*. N. J.: The Scarecrow Press, 1981, p. 54.

Bill Milliken, *So Long Sweet Jesus*. New York: Prometheus Press, n. d.

Quouyrd from *The Greatest Men in History*, in Mark Link, S. J., *He Is the Still Point of the Turning World*. Chicago: Argus Communications, 1971, p. 111.

William Blake, "The Everlasting Gospel," *The Portable Blake*. New York: The Viking Press, 1968, p. 612.

Karl Barth, *The World of God and the Word of Man*. New York: Harper & Row, Publishers, 1957, p. 62.

Cullen Murphy, "Who Do Men Say That I Am?" *The Atlantic Monthly*, December 1986, p. 58.

"Making It Big" *The Reformed Journal*, December 1986, p. 4.

The Chicago Tribune, May 24, 1981.

David Tracy, quoted in Murphy, "Who Do Men Say That I Am?" op cit., p. 38.

J. B. Phillips, *Ring of Truth*. Wheaton, Ill., Harold Shaw Publishers, 1977, p. 79.

Alister McGrath, *Understanding Jesus*. Grand Rapids: Zondervan Publishing House, 1987, p. 52.

Walter Kasper, *Jesus the Christ*. New York: Paulist Press, 1977, p. 46.

Waler Wink, *Engaging the Powers*. Minneapolis: Fortress Press, 1992, p. 129.

Dorothy Sayers, *Christian Letters to a Post-Christian World*. Grand Rapids: William B. Eerdmans Publishing Company, 1969, p. 15.
Barbara Tuchman, *Practicing History*. New York: Alfred A. Knopf, 1981, p. 22.
Blaise Pascal, *Pensées*. New York: E. P. Dutton, Inc., 1958, p. 228.
Jürgen Moltmann, *The Way of Jesus Christ*. San Francisco: Harper-SanFrancisco, 1990, p. 84.

第2章

C・S・ルイス『C・S・ルイス宗教著作集別巻一　偉大なる奇跡』本多峰子訳、新教出版社、一九九八年
マルカム・マガリッジ『イエス――今に生きる人』西村徹訳、新教出版社、一九七七年
Jonathan D. Spence, *The Memory Palace of Matteo Ricci*. New York: Penguin Books, 1984, p. 245.
John Dominic Crossan, *The Historical Jesus: The life of a Mediterranean Jewish Peasant*. San Francisco: HarperCollins Publishers, 1991, p. 31.
Joseph Klausner, *Jesus of Nazareth: His Life, Times and Teaching*. London: George Allen & Unwin, Ltd, 1925, p. 146.
W・H・オーデン『しばしの間は』櫻井正一郎・風呂本武敏訳、国文社、二〇〇〇年
John Donne, "Nativity," *The Complete English Poems*. New York: Penguin Books 1971, p. 307.
Neville Figgis, *The Gospel and Human Needs*. London: Longmans, Green, 1909, p. 11.
Laszlo Tokes, *The Fall of Tyrants*. Wheaton, Ill.: Crossway Books, 1990, p. 186.
David Remnick, "Waiting for the Apocalypse in Crown Heights," *The New Yorker*, December 21,

1992, p. 52ff.
G. K. Chesterton, *Orthodoxy*. Garden City, N. Y.: Doubleday/Image Books, 1959, p. 137.
J. B. Phillips, *New Testament Chritianity*. London: Hodder & Stoughton, 1958. pp. 27-33.
William M. Justice, *Our Visited Planet*. New York: Vantage Press, 1973, p. 167.

第３章

Geza Vermes, *Jesus the Jew: A Historian's Reading of the Gospels*. London: Collins, 1973, p. 9.
Jürgen Moltmann, *The Way of Jesus Christ*, op. cit., p. 168.
Joseph Klausner, *Jesus of Nazareth*, op. cit., p. 27.
Jürgen Moltmann, *The Crucified God*. New York: Harper & Row, 1974, p. 235.
C・H・ドッド『イエス――キリスト教起源の研究』八田正光訳、ヨルダン社、一九七一年
ヤロスラフ・ペリカン『イエス像の二千年』小田垣雅也訳、講談社、一九九八年
Dietrich Bonhoeffer, *Christ the Center*. San Francisco: Harper & Row, Publishers, 1978, p. 61.
マルカム・マガリッジ『イエス――今に生きる人』
Donald B. Kraybill, *The Upside-Down Kingdom*. Scottdale, Pa.: The Herald Press, 1990, p. 38.
Joseph Klausner, *Jesus of Nazareth*, op cit. p. 144.
Vermes, *Jesus the Jew*, op cit., p. 53.
A. N. Wilson, *Jesus*. New York: W. W. Norton & Company, 1992, p. xii.

第４章

The Sermons and Devotional Writings of Gerald Manley Hopkins. London: Oxford University Press,

1959, pp. 180-83.
F. Forrester Church, *Entertaining Angels*. San Francisco: Harper & Row, Publishers, 1987, p. 54.
マルカム・マガリッジ『イエス――今に生きる人』
ジョン・ミルトン『復楽園』石田憲次訳、研究社、一九九〇年
ドストエフスキー『カラマーゾフの兄弟〈上〉』原卓也訳、新潮文庫、一九七八年
Dorothy Sayers, *The Man Born to be King*. Grand Rapids: William B. Eerdmans Publishing Company, n. d. 35.
D. R. Davies, *On to Orthodoxy*. London: Hodder and Stoughton, 1939, p. 162.
George MacDonald, *Life Essential, The Hope of the Gospel*. Wheaton, Ill.: Harold Shaw Publishers, 1974, pp. 24-25.
Helmut Thielicke, *Our Heavenly Father*. Grand Rapids: Baker Book House, 1974, p. 123.

第5章

Sherwood Wirt, *Jesus, Man of Joy*. Nashville: Thomas Nelson, 1991, p. 28.
Alfred Corn, ed., *Incarnation: Contemporary Writers on the New Testament*. New York: Viking Penguin, 1990, p. 21.
C・S・ルイス『C・S・ルイス宗教著作集二　四つの愛』〈新版〉、佐柳文男訳、新教出版社、二〇一一年
John S. Dunne, *The Church of the Poor Devil*. New York: Macmillan Publishing Co., Inc., 1982, p. 11
John Dominic Crossan, *The Historical Jesus*, op. cit., p. xi.

Frederich Buechner, *Peculiar Treasures*. San Francisco: Harper & Row, Publishers, 1979, p. 70.
John Berryman, "Eleven Addresses to the Lord", in *Love & Fame*, New York: Farrar, Straus and Giroux, 1970, p. 92.
ヤロスラフ・ペリカン『イエス像の二千年』
Joseph Klausner, *From Jesus to Paul*, quoted in Everett F.Harrison, *A Short Life of Christ*. Grand Rapids: Wm. B. Eerdmans Publishing Company, 1968. p. 98.
Elton Trueblood, *The Yoke of Christ and Other Sermons*. Waco, Tex.: Word Books, 1958, p. 113.
Jacob Neusner, *A Rabbi Talks with Jesus*. New York: Doubleday, 1993, pp. 24, 29, 31, 53.

第6章

Alister Hardy, *The Biology of God*. New York: Taplinger Publishing Company, 1975, p. 146.
C・S・ルイス『C・S・ルイス宗教著作集八　栄光の重み』西村徹訳、新教出版社、二〇〇四年
J. B. Phillips, *Good News*. London: Geoffrey Bles, 1964, pp. 33-4.
Walter Kasper, *Jesus the Christ*. op. cit., p. 84.
Monika Hellwig, "Good News to the Poor: Do They Understand It Better?" in *Tracing the Spirit*, James E. Hug, ed. Mahwah, N.J.: Paulist Press, 1983, p. 145.
François Mauliac, *What I Believe*. New York: Farrar, Straus and Company, 1963, pp. 47-56.
Henri Nouwen, "Adam's Peace," in *World Vision Magazine*. August-September 1988, pp. 4-7.
Martin Luther King Jr. Quoted in David J. Garrow, *Bearing the Cross*. New York: William Morrow and Company, Inc., 1986, p. 532.

第7章

Virginia Stem Owens "God and Man at Texas A & M," in *The Reformed Journal*. November 1987, pp. 3-4.

Mary Stuart Van Leeuwen, "Why Christians Should Take the Men's Movement Seriously," in *Radix*, Vol. 21, no. 3, p. 6.

John Updike, "Even the Bible Is Soft on Sex," in *The New York Times Book Review*, June 20, 1993, p. 3.

Malcolm Muggeridge, "Books," in *Esquire*, April 1972, p. 39.

William L. Shirer, *Love and Hatred: The Stormy Marriage of Lev and Sonya Tolstoy*. New York: Simon & Schuster, 1994.

Sonya Tolstoy's diary, January 26, 1895.

A. N. Wilson, *The Lion and the Honeycomb: The Religious Writing of Tolstoy*. San Francisco: Harper & Row, Publishers, pp. 147-8.

See Joseph Frank: *Dostoevsky, The Years of Ordeal, 1850-1859*. Princeton, N.J.: Princeton University Press, 1983.

第8章

C・S・ルイス『C・S・ルイス宗教著作集三　痛みの問題』中村妙子訳、新教出版社、二〇〇四年

Wendy Kaminer, from *By the Book: American's Self-Help Habit*, quoted in "Saving Therapy: Exploring the Religious Self-Help Literature," *Theology Today*, October 1991, p. 301.

Hans Küng, *On Being a Christian*. Garden City, N. Y.: Doubleday & Company, Inc., 1976, p. 235.
Marcus J. Borg, *Jesus, A New Vision*. San Francisco: Harper & Row, 1987, 133-34.
Wink, *Engaging the Powers*, op cit., p. 219.
Dorothy L. Sayers, *Are Women Human*. Downers Grove, Ill.: InterVarsity Press, 1971, p. 47.
A. N. Wilson, *Jesus*, op cit., p. 30.
Robin Lane Fox, *Pagans and Christians*. New York: Alfred A. Knopf, 1989.
Robert McAfee Brown, *Unexpected News: Reading the Bible with Third World Eyes*. Philadelphia: The Westminster Press, 1984.
遠藤周作『イエスの生涯』新潮文庫、一九八二年

第9章

C・S・ルイス『C・S・ルイス宗教著作集別巻一　偉大なる奇跡』
Patrick Feeny, *The Fight Against Leprosy*. New York: American Leprosy Mission, 1964, pp. 25, 32.
Donald Senior, C. P., "With New Eyes," in *Stauros Notebook*, Vol. 9, no. 2, p. 1.
Robert Farrar Capon, *Parables of the kingdom*. Grand Rapids: Zondervan Publising House, 1985, p. 27.
Eddie Askew, *Disguises of Love*. London: The Leprosy Mission International, 1983, p. 50.
Jürgen Moltmann, *The Way of Jesus Christ*, op. cit., p. 99.

第10章

M. Scott Peck, *The Different Drum*. New York: Touchstone/Simon & Schuster, 1988, p. 293.
ジョン・H・ヨーダー『イエスの政治――聖書的リアリズムと現代倫理』佐伯晴郎・矢口洋生

訳、新教出版社、一九九二年

Joseph Klausner, *Jesus of Nazareth*, op. cit., p. 82.

Karl Barth, *The Word of God and Word of Man*, op. cit., p. 82.

ヴァルター・カスパー『イエズスはキリストである――現代カトリック・キリスト論概説』犬飼政一訳、あかし書房、一九八〇年

C・S・ルイス『C・S・ルイス宗教著作集七　神と人との会話』竹野一雄訳、新教出版社、一九九六年

Dorothy Sayers, *The Man Born to Be King*, op. cit., p. 5.

Michael Grant, *Constantine the Great*. New York: Charles Scribner's Sons, 1994, pp. 149, 222.

Hans Küng, *On Being a Christian*, op. cit., p. 339.

M・スコット・ペック『平気でうそをつく人たち――虚偽と邪悪の心理学』森英明訳、草思社文庫、二〇一一年

Dorothy Sölle, *Of War and Love*. Maryknoll, N. Y.: Orbis Books, 1984, p. 97.

第11章

ロロ・メイ『美は世界を救う』伊東博訳、誠信書房、一九九二年

Frederick Buechner, *The Face of Jesus*. San Francisco:Harper & Row Publishers, 1989, p. 218.

Hans Küng, *On Being a Christian*, op. cit., p. 365.

Frederick Buechner, *Whistling in the Dark*. San Francisco: Harper & Row Publishers, 1988, p. 42.

C・H・ドッド『イエス――キリスト教起源の研究』

John Updike, "Seven Stanzas at Easter," in *Collected Poems 1953-1993*. New York: Alfred A. Knopf. Used by permission.

J. R. R. Tolkien, "On Fairy Tales," quoted in Robert McAfee Brown, *Persuade Us to Rejoice*. Louisville, Ky.: Westminster/John Knox Press, 1992, p. 145.

Dorothy L. Sayers, *The Mind of the Maker*. London: Methuen & Co. Ltd., 1959, p. 67.

第12章

Frederick Buechner, *The Magnificent Defeat*. New York: The Seabury Press, 1979, p. 86.

Walter Wink, *Engaging the Powers*, op. cit., p. 143.

遠藤周作『沈黙』新潮文庫、一九八一年

"Inversnaid," in Gerald Manley Hopkins, *Poems and Prose*. Baltimore, Md.: Penguin Books, 1953, p. 51.

C・S・ルイス『C・S・ルイス宗教著作集八　栄光の重み』

Gerald R. McDermott, "What Jonathan Edwards Can Teach Us About Politics," *Christianity Today*, July 18, 1994, p. 35.

Hans Küng, *On Being a Christian*, op. cit., p. 132.

Alfred Corn, *Incarnation*, op. cit., p. 36.

Paul Johnson, *A History of Christianity*. New York: Atheneum, 1976, p. 115.

Charles Williams, *He Came Down from Heaven*. London: William Heinemann Ltd., 1938, p. 108.

Flannery O'Connor, *The Habit of Being*. New York: Vintage Books, 1979, p. 307.

第13章

マルカム・マガリッジ『イエス――今に生きる人』

Will Durant, *The Story of Civilization Part III: Caesar and Christ*. New York: Simon & Schuster, 1944, p. 652.

Karen M.Feaver, "Chinese Lessons," *Christianity Today*, May 16, 1994, p. 33.

S・ハワーワス／W・H・モリソン『旅する神の民――「キリスト教国アメリカ」への挑戦状』東方敬信・伊藤悟訳、教文館、一九九九年

Jürgen Moltmann, *The Way of Jesus Christ*, op cit., p. 28.

C・S・ルイス『C・S・ルイス宗教著作集四　キリスト教の精髄』柳生直行訳、新教出版社、一九七七年

第14章

M. Scott Peck, *Further Along the Road Less Traveled*. New York: Simon & Schuster, 1993, p. 160.

C・S・ルイス『奇跡――信仰の論理』柳生直行訳、みくに書店、一九六五年

C・S・ルイス『C・S・ルイス宗教著作集四　キリスト教の精髄』

Gordon Bridger, *A Day That Changed the World*. Downers Grove, Ill.: InterVarsity Press, 1975, p. 56.

Frederick Buechner, *Wishful Thinking*. San Francisco: Harper & Row Publishers, p. 17.

ロバート・コールズ『子どもの神秘生活――生と死、神・宇宙をめぐる証言』桜内篤子訳、工作舎、一九九七年

Aristotle, *Magna Moralia*, Quoted in Diogenes Allen, *Love*. Cambridge, Mass.: Cowley Publications,

1987, p. 115.
Karl Barth, *The Word of God and Word of Man*, p.84.
ヘンリ・ナウエン『放蕩息子の帰郷 —— 父の家に立ち返る物語』片岡伸光訳、あめんどう、
二〇〇三年
Alfred Corn, *Incarnation*, op. cit., p. 72.
Blaise Pascal, *Pansees*, op. cit., p. 143.
Walter Kasper, *Jesus the Christ*, op. cit., p. 182.
Hans küng, *On Being a Christian*, op. cit, p. 142.
Jürgen Moltmann, *The Way of Jesus Christ*, op. cit., p.322.

以上の文献のほかに、イエスをさらに深く知る助けを担った以下の書の著者に感謝したい。

Anderson, Sir Norman. *Jesus Christ: the Witness of History*. Downers Grove, Ill.:InterVarsity Press, 1985.

Baillie, John. *The Place of Jesus Christ in Modern Christianity*. Edinburgh: T&T Clark, 1929.

Bainton, Roland H. *Behold the Christ*. New York: Harper & Row, 1974.

Baker, John Austin. *The Foolishness of God*. Atlanta: John Knox Press, 1970.

Barclay, William. *Jesus As They Saw Him*. Grand Rapids: William B. Eerdmans Publishing Company, 1962.

Barton, Bruce. *The Man Nobody Knows*. New York: Macmillan Publishing Company, 1987.

Batey, Richard. *Jesus and the Poor*. San Francisco: Harper & Row, Publishers, 1972.

Berkhof, Hendrik. *Christ and the Powers.* Scottsdale, Pa.: Herald Press, 1977.

Bright, John. *The Kingdom of God*. Nashville: Abingdon, 1980.

Brown, Colin. *Miracles and the Critical Mind*. Grand Rapids: William B. Eerdmans Publishing Company, 1984.

Bruce, F. F. *Jesus and Christian Origins Outside the New Testament*. Grand Rapids: William B. Eerdmans Publishing Company, 1974.

Bruce, F. F. *What The Bible Teaches About What Jesus Did*. Wheaton, Ill.: Tyndale House Publishers, 1979.

Capon, Robert Farrar. *Hurting the Divine Fox.* New York:The Seabury Press, 1974.

Cullman, Oscar. *Jesus and the Revolutionaries*. New York: Harper & Row, Publishers, 1970.

Ellul, Jacques. *The Subversion of Chritianity*. Grand Rapids: William B. Eerdmans publishing Company, 1986.

Falk, Harvey. *Jesus the Pharisee:A new Look at the Jewishness of Jesus*. New York: Paulist Press, 1985.

Fretheim, Terence E. *The Suffering of God*. Philadelphia: Fortress Press, 1984.

Guardini, Romano. *The Lord*. Chicago: Regnery Gateway, Inc., 1954.

Guthrie, Donald. *A Shorter Life of Christ*. Grand Rapids: Zondervan Publishing, 1970.

Hellwig, Monika. *Jesus,the Compassion of God*. Wilmington, Del.: Michael Glazier,Inc.,1983.

Hengel,Martin. *The Charismatic Leader and His Followers*. New York: Crossroad, 1981.

Kierkegaard, Soren, *Training in Christianity*. Princeton, N. J.: Princeton University Press, 1947.

Ladd, George Eldon. *The Gospel of the Kingdom*. Grand Rapids: William B. Eerdmans Publishing Company, 1959.

Macquarrie, John. *The Humility of God*. Philadelphia: The Westminster Press, 1978.

Macquarrie, John. *Jesus Christ in Modern Thought*. Philadelphia:Trinity Press International, 1990.

Mason, Steve, *Josephus and the New Testament*. Peabody, Mass.: Hendrickson Publishers, 1992.

McGrath, Alister. *Understanding Jesus*. Grand Rapids: Zondervan Publishing House, 1988.

Meier, John P. *A Marginal Jew*. New York: Doubleday, 1991.

Moltmann, Jurgen. *The Trinity and the Kingdom*. San Francisco: Harper & Row Publishers, 1981.

Morison, Frank. *Who Moved the Stone?* London: Faber and Faber Limited, 1944.

Niebuhr, H.Richard, *Christ and Culture*. New York: Harper & Brothers Publishers, 1956.

Oppenheimer, Helen. *Incarnation and Immanence*. London: Hodder and Stoughton, 1973.

Pfeiffer, Charles. *Between Testaments*. Grand Rapids: Baker Book House, 1959.

Stott, John. *Christian Counter-Culture: The Message of the Sermon on the Mount*. Downers Grove, Ill.: InterVarsity Press, 1978.

van Buren, Paul M. *A Theology of the Jewish-Christian Reality: Part III, Christ in Context*. San Francisco: Harper & Row, 1988.

Willis, Wendell, ed. *The Kingdom of God in 20th-Century Interpretation*. Peabody, Mass.: Hendrickson Publishers, 1987.

Wright, N. T. *Who Was Jesus?* Grand Rapids: William B. Eerdmans Publishing Company, 1992.

Ziolkowski, Theodore. *Fictional Transfigurations of Jesus*.Princeton, N.J.: Princeton University Press, 1972.

訳者あとがき

それまで自然に受け入れていたことを、はたと問い直す。そんな瞬間が訪れることがあります。米国南部に生まれ、幼いころから教会生活を送り、バイブルカレッジに進んだフィリップ・ヤンシー氏にとって、イエス・キリストは穏やかで慈愛に満ちた救い主というイメージを持つ存在でした。ところが、ベトナム反戦と性の解放を叫ぶステューデント・パワーが、黒人の公民権運動とも手を携えつつ既成の価値観を転覆させていった激動の六〇年代から七〇年代初頭、イエスのイメージもまた変革の波にさらされます。目まぐるしく変容するイエス像を目にしながら、ヤンシー氏は問わざるを得なくなりました。「実際、イエスとは何者だったのか」と。

現代の日本人が置かれている状況は、著者が本書の執筆を決心したときのそれとは大きく異なります。とりわけ若者のパワーが社会を席巻した六〇年代の熱気など、平成生まれかるテーマを扱うことが多いのですが、探究の姿勢には一種大胆な健全さが感じられます。読み進めるうちにイエスの眼差しがより近くに迫ってきたならば、一世紀のイエスに取材しようとした著者の試みは、成功したと言えるでしょう。

本書は二十年前に刊行された『だれも書かなかったイエス』の改訂版です。いのちのことば社さんから改訳の機会をいただき、原著の内容をより正確に読者の皆さんにお届けできますことを、深く感謝するものです。随所で助言や調査をしてくださった、いのちのことば社出版部の皆さん、中でも辛抱強く訳者に伴走してくださった米本円香さんに心より感謝申し上げます。そして、本書の内容を反映させた粋な装丁を手掛けてくださった長尾優さん、ありがとうございました。二十年あまり前に、出版されたばかりの原書を米国から送ってくださった、町田ホライズンチャペルの渡部伸夫先生、多くご教示いただいた日本アライアンス・ミッションのドナルド・シェーファー先生にもこの場を借りて変わらぬ謝意をお伝えいたします。

二〇一七年　二月

山下　章子

訳者

山下章子（やました・しょうこ）

東京に生まれる。

学習院大学文学部哲学科卒業。

カリフォルニア大学サンタバーバラ校留学。現地にて受洗、フィリップ・ヤンシーの著作に出会う。

英会話学校講師を経て、翻訳者に。

おもな訳書に、『神に失望したとき』『イエスが読んだ聖書』『見えない神を捜し求めて』『いのちが傷つくとき』『「もう一つの世界」からのささやき』『祈り』『この驚くべき恵み』『神を信じて何になるのか』『消え去らない疑問』『隠された恵み』(以上、フィリップ・ヤンシー著)『はい、私は牧師夫人』(以上、いのちのことば社)などがある。

私の知らなかったイエス

2017年4月1日　発行

著　者　フィリップ・ヤンシー
訳　者　山下章子
印刷製本　モリモト印刷株式会社
発　行　いのちのことば社
〒164-0001 東京都中野区中野2-1-5
電話 03-5341-6922（編集）
03-5341-6920（営業）
FAX03-5341-6921
e-mail:support@wlpm.or.jp
http://www.wlpm.or.jp/

ISBN 978-4-264-03610-4